国家级特色专业（汉语言文学）建设系列教材

普通高等学校中文学科通用教材

U0646206

中国现当代文学史简明教程

Zhongguo Xiandangdai Wenxueshi
Jianming Jiaocheng

主　编　席　扬

副主编　方维保　曹书文　黄科安

北京师范大学出版集团
BEIJING NORMAL UNIVERSITY PUBLISHING GROUP
北京师范大学出版社

图书在版编目（CIP）数据

中国现当代文学史简明教程/席扬主编. —北京：北京师范大学出版社，
2013.8（2025.1重印）

ISBN 978-7-303-16640-4

Ⅰ. ①中… Ⅱ. ①席… Ⅲ. ①中国文学－现代文学史－高等学校－
教材 ②中国文学－当代文学－文学史－高等学校－教材 Ⅳ. ①I209.6

中国版本图书馆 CIP 数据核字（2013）第 127813 号

出版发行：北京师范大学出版社 https：//www.bnupg.com
　　　　　北京市西城区新街口外大街 12-3 号
　　　　　邮政编码：100088
印　　刷：北京天泽润科贸有限公司
经　　销：全国新华书店
开　　本：787 mm×1092 mm　1/16
印　　张：16.25
字　　数：284 千字
版　　次：2013 年 8 月第 1 版
印　　次：2025 年 1 月第 12 次印刷
定　　价：39.80 元

策划编辑：马佩林　　　　　责任编辑：马佩林
美术编辑：李向昕　　　　　装帧设计：李向昕
责任校对：李　菡　　　　　责任印制：马　洁

国家级特色专业(汉语言文学)建设系列教材

顾　　问：　陈　洪　朱立元　孟昭毅

　　　　　　丁　帆　钱曾怡

丛书主编：　亢西民

编 委 会：（按姓氏音序排列）

　　　　　　陈勤建　陈志明　亢西民　李家宝

　　　　　　毛巧晖　毛远明　王临惠　席　扬

　　　　　　谢志礼　辛　菊　延保全　张　杰

　　　　　　张天曦

总　序

　　近年来，随着中国高校教育改革的进一步深化，高等教育本科教学质量与教学改革工程的实施，我们欣喜地看到"专业建设"一词越来越多地进入人们的视野，成为众所瞩目的焦点；"专业建设"或"特色专业建设"在人才培养中的核心地位，以及对于高校专业结构优化、人才培养、特色办学、高水平办学所起的重要作用也越来越受到重视，并成为广泛共识。

　　专业建设的重要内容之一是教材建设。作为教育部第一批特色专业（汉语言文学）建设点的项目负责人，本人从2007年就开始筹划汉语言文学专业系列教材的编写工作，并把其作为特色专业建设的重要内容之一列入建设规划。教材编写对于我们高校教师来说，并不陌生。从教以来，我曾多次主持和参与一些专业教材的编写，2003年还曾受命组织编写一套汉语言文学专业的教材丛书；然而，十年过去，教材编写、使用的形势和环境与以前相比，已经发生了很大变化。

　　首先，随着中国高等教育的快速发展，大量院校"专升本"、"中升专"，出现了一大批新的本、专科院校，从而对同一专业（如汉语言文学专业）不同层次与类型的学校的多样化、多层次、高质量教材的编写提出了新的要求。其次，加强对中国大学生实践能力和创新精神的培养成为提升中国高等教育质量、推进高等教育改革的重要目标和方向，这项改革不仅渗透于高等教育的各个环节，同时也要求在教材编写中有所体现。再次，新世纪以来的十年，也是中国高校人文社会科学教学与科研领域飞速发展、气象更新的十年，在20世纪80年代中后期引入中国的新理论、新方法在经过十余年的操练、积淀和本土化改造之后，更趋成熟、稳定，并在批评、研究实践中取得累累硕果；同时，20世纪结束，促使文学史家对这百年的文学历程进行新的梳理与审视，给文学史研究增加了新的视野和景观，不可避免地给文学史教材编写带来内容、结构、方法诸多方面的改变。

　　鉴于上述种种原因，组织编写一套适合地方高等师范院校和普通高校汉语言文学专业教学，最大限度地吸收近年来的科研、教改成果，贴近教学，有利于学生实践能力和创新精神培养，便于教师备课和学生使用的教材，不仅适时也是十分必要的。

本丛书的特色有以下几个方面：

简明实用：从地方高师院校和普通高校教学实际出发，丛书编写不求宏大繁富，但以简明实用为尚；力求在教材的有限篇幅之内，以朴实简洁的语言，对教材内容作出简明扼要、条理清晰、科学准确、完整周密的阐述，以利于教师讲授和学生自学。

便于教学：丛书编写最大限度地贴近教学、服务教学，在简要勾勒知识体系全貌的基础上，尽量突出教学重点、难点，并对重要教学内容进行必要的挖掘、拓展和系统化表述；同时在各个章节之后设计若干思考练习题和拓展阅读内容，以备学生课外学习。

贴近前沿：尽量阅读、浏览、把握学术界最新研究成果，吸收、借鉴被广泛认可的学术观点，力求最大限度地反映国内外学术界的研究水平；采用新的批评理论和方法时，务求将其内化为一种文学素养与能力，做到灵活运用、妥帖得当，力戒机械套用、生拉硬套。

注重实践：丛书编写十分注重对学生实践能力、创新精神以及思考、解决问题能力的培养；理论联系实际，凸显问题意识与探索意识；在史料甄别、使用和阐述过程中，力求体现撰写者的史学观和文学观，以论带史，以观点统帅材料，力戒机械地罗列史料。

本丛书的使用对象主要是地方高师院校、普通高校的汉语言文学专业的学生、中文专业函授学员和广大文学爱好者。本套丛书的撰写者都是国内高校教学科研一线的教授、博士和该领域有所专长的专家学者。由于时间仓促，编写者水平有限，疏漏不足在所难免，敬祈广大读者和使用者提出宝贵意见。

亢西民

2012 年 7 月

目　录

上编　中国现代文学（1917—1949）

下编　中国当代文学（1949—2000）

上编 中国现代文学

ZHONGGUOXIANDAIWENXUE

(1917—1949)

第一章　本时期文学概要

第一节　时代和文学的变化

一般认为，中国现代文学的开端是从 1917 年算起的，到 1949 年结束。这一段时间正是中国历史上的"民国时代"。对于这 30 多年的文学历史，从其发展历程和文学所具有的特征方面看，又可以分为"五四"、"三十年代"和"四十年代"三个时期。在这三个时期里，由于社会生活的剧烈变化，文学观念也在这些变化的影响下显示出种种差异，继而形成三个时期文学总体特征的不同风貌。

五四时期的文学，从时间上讲，一般是指从 1917 年前后到 1927 年前后这一历史阶段的文学。它既与近代启蒙思潮影响下的文学革新存在着精神上的联系，同时又受到近代西方各种进步社会思潮和文化观念的多重影响。五四时期的文学，既是中国文化走向现代化推动的结果，也是中国文学从古代转向现代的开始。

作为与古代文学有着明显差异的五四文学，它的发生与生成，是由中国社会历史发展需求与外来文化观念刺激相交合而形成的多种复杂因素决定的。

首先，**中国社会发展至晚清时期，日趋衰败过程中所逐步孕育而生的改变现状、谋变自强的现实需求，催促着新文化、新观念的产生**。18 世纪至 19 世纪上半叶，世界资本主义的迅速发展与扩张，使中国日益处于被包围和蚕食而走向沦亡的危险境地。这激起了晚清时期一批知识分子和开明官吏的警觉与思考，也形成了当时社会日益扩大的家国担忧与民族焦虑。尤其是中国在两次鸦片战争和其他对抗中的屡屡惨败，民族国家的沦亡正一步步变为现实。无奈的焦虑与失败的痛苦相互激发，开始缓慢而又深刻地改变着中国人的思想、信仰、精神状态和价值取向。由一般士人到手握重权的官吏，"求变"、"谋变"，以"变法"来应对危局的呼声日渐高涨，并开始自上而下地影响着普通人的观念选择与行为动向。正是在这样的情势下，中国近代思想启蒙运动拉开了帷幕。以"看西方"为主导的启蒙思潮中，中国人传统的"天朝中心"观念强烈地摇撼。一贯封闭的中国士大夫阶层和自大昏庸的统治者，不得不"睁眼看世界"，在屡屡失败中不得不承认中华文明之外更为强大进步的"西方文明"。较早的认真比较中西文化优劣、以期"借法图强"的近代启蒙思想家魏源，就提出了"师夷长技以制夷"的口号，这在当时赢得了很多人的赞同。中国在历史上一直是"以夏变夷"的，而魏源则倡言"以夷变夏"，这说明了历史的进步，也预示着中国向西方开放的可能性与必然性。集官吏、商贾、知识分子为一身的启蒙思想家郑观应，在其所著《易言》一书中，更是直接强调要"悉行之西法，舍西法一途，天下无足以图治者"。这些观点在他后来的著作《盛世危言》中得到了进一步发挥，他甚至提议政府应立即在政体与国体上直接效仿西方。作为清末洋务运动的领袖人物——曾国藩、李鸿章、张之洞等，他们的观念转变一直体现在积极筹办洋务的具体行动之中。我们看到，到了"洋务运动"阶段，"向西方学习"已不再只是言论倡导、舆论宣传，而是付诸于"图强"的实际行动。"中体西用"这一观念，经过张之洞在其所著的《劝学篇》一书中的系统而完整的论述，在当时已被越来越多的人所接受。虽然洋务派对全面引入西方意识形态保持着一贯拒绝的态度，但他们以当朝重臣身份大办洋务，已足以说明启蒙与变法的势在必行。

中国近代的启蒙运动可分为两个层次：一是"物质层面"的改革，洋务运动期间达到高潮；二是"制度层面"的革新，"戊戌变法"是这一层面改革的直接体现。作为近代中国资产阶级改良派主将的康有为、梁启超等人，不仅有"公车上书"这样士人干政的壮举，还在于他们比前人更加明确意识到民族国家的危机状态。洋务运动的失败，促使他们超越了物质层面改革中注重引进西方"技"、"艺"的狭隘性，开始有意识地思考中国政治制度的落后与腐朽；同时，他们也试图从文化深层对中西优劣进行比较，并把这一工作看成是推行变法必需的国民精神文化基础。但由于"变法"过程的突然中止，中国近代"谋变图强"的历史课题留给了未来。1911 年的辛亥革命并没有彻底改变中国，社会依然陷于四分五裂之中。这些正反两面的历史，都一并成为新一轮文化启蒙兴起的现实资源。问题的继续存在，必然孕育着新的力量与变化。后来的事实证明，包括作家在内的五四知识分子，不仅继承了近代中国面临的所有问题，也汲取了近代仁人志士的文化激情与思想智慧。

其次，**外来文化尤其是西方资本主义文化的刺激**。近代中国人所感受的文化刺激，虽有一部分是因为西方传教士的传教活动和西方列强对于中国的屡次侵略所造成，但更主要的是留洋归来的知识分子在不同文化环境中的真切比较。中国最早派往海外的人员是外交使者一类。他们对于所在国家尤其是高速发展的西方国家各个方面的亲历亲闻，不断以著述的方式展现在国人面前。这不仅扩大了中国文化人的视野，同时也把大量新的知识传到国内。1862 年京师同文馆的设立，标志着中国开始以"洋人的方式"来认识和了解洋人了。随着出使西方的官员、士人和商贾的增多，中国人开始自己感受西方并能以亲历的方式描述西方。在这些描述中显然有着越来越强烈的中西文化对比的意味。随后，中国政府开始制订派遣留学生到西方发达国家学习的计划，1872 年首批 30 名官派留学生赴美学习。自此以后，西方发达国家的各种科学、教育、社会思想源源不断地进入中国知识领域，成为中国广大知识分子不可不知的新的学问。在这一过程中，中国旧的知识系统的效用在萎缩，新的知识、思想和信仰逐步地建立起来。这些变化必然也影响着包括文学在内的各种文化价值观念和评判方式的转变。同时，应运而生的西方各类科学著作的大量翻译出版，不仅促成中国社会向西方学习的高潮，更重要的是，越来越多的知识分子参与到中西社会、文化的深入比较过程之中。从对西方文化的拒绝，到有限度地引入，再到不得不全面地向西方开放学习，中国人知识与思想的更替，孕育着一个新的时代的到来。

第二节　五四时期的文学

从五四文学发生与生成的过程看，五四新文化运动与五四新文学运动的关系值得关注。五四新文化运动为五四新文学运动的发生提供了历史机遇和替代旧文学的可能性，而五四新文学运动在后来又成为五四新文化运动的主要表现形式，它们共同为新时代的到来奠定了基础。五四新文化运动中的舆论工具，像《青年杂志》《北京晨报》《国民日报》《申报》等，以后都成为五四新文学运动借以发展并壮大自身的有力工具。就文学领域而言，五四新文学的开端是以胡适、陈独秀分别发表在 1917 年《新青年》上的**《文学改良刍议》**和**《文学革命论》**为标志的。前者提出了对中国文学进行改革的具体方式，后者则阐述了"文学革命"的必要性和迫切性。就两文的精神实质看，则鲜明地继承了中国近代以来的文化启蒙主题。他们的立论指向明确，以"白话文学"否定"文言文学"，强调文学的"平民性"，批判传统文学的贵族性质，提倡"写实"和"抒情"的文学，并特别指出文学应当关注现实与个人，剔除文学的伪饰与浮华。这一时期，"旧文学"与"新文学"的有意界划与区别，表明了新文学在建设过程中的批判性和斗争性。从1917年至1925年前后，"新文学阵营"与"旧文学营垒"之间有过三次比较激烈的交锋。维护旧文学的代表人物如林纾、章士钊和"学衡派"，虽然他们的身份、学养和动机各有不同，但反对新文学的立场是一致的。

众多新文学社团的出现，是五四时期文学发展过程中的突出现象。一方面表明新文学阵营在不断扩大；另一方面也证实了新文学因为契合时代需要，从而受到越来越多的关注与效仿。据统计，1921年至1927年间，活跃在全国各地的文学团体有100多个。文学研究会、创造社、新月社、语丝社等影响较大。1921年1月成立的文学研究会，是中国现代文学史上第一个文学社团，该会在鼎盛时会员达170余人，主要代表人物有周作人、沈雁冰（茅盾）、叶圣陶、许地山、郑振铎、朱自清、冰心、黄庐隐等。文学研究会接编并改革了《小说月报》这个老牌刊物，并创办《文学旬刊》《诗》等。文学研究会明确提出，以"研究介绍世界文学，整理中国旧文学，创造新文学"为己任，在创作上奉行"写实主义"，认为"文学是与人生很切紧的一种工作"，这为他们赢得了"人生派"的称誉。1921年7月，创造社在日本成立。郭沫若、郁达夫、田汉等为主要成员。创造社有意与文学研究会相歧异，强调文学之于"内心要求"的对应性，把文学的价值指向个人与自我。因此，人们称创造社为"艺术派"。其实，他们与文学研究会一样，不仅成员之间的艺术观念有着明显差异，而且组织发展过程中前后期也有相矛盾的地方。语丝社是与《语丝》周刊（1924·11）一起诞生的。该社在组织上更显随意，仅是以刊物为纽带。鲁迅、周作人、刘半农、林语堂等为主要成员。它的贡献主要是确立了"杂文"的文学地位，并在小品散文创作上对后世有较大影响。新月社成立于1923年，它在诗歌创作、诗歌批评方面有着较突出的成绩。具有欧美留学经历的徐志摩、闻一多、胡适、朱湘等为该社代表人物，它以《晨报副刊》《新月》《现代评论》为主要阵地。闻一多提出的"新格律诗"主张和徐志摩等人的"新格律诗"创作，对白话诗发展产生过积极影响。

就五四文学创作的总体看，鲁迅的成就最高。他的杂文创作形成了这一时期一种新的文学类型，扩大了散文的范畴。他的小说以"思想深刻"、"格式特别"而著称。此外，鲁迅在抒情散文和散文诗的创作方面也形成了自己鲜明的风格。在中国现代文学史上，鲁迅无疑是最为杰出的作家，他对后世文学产生了很大影响。

在小说领域，郁达夫的小说在风格上另开一路，是浪漫抒情性小说的代表作家。文学研究会中主要以创作小说为主的作家，如叶圣陶、许地山、王统照、黄庐隐等，显示了各自不同的创作追求——叶圣陶的冷静与客观，许地山对于宗教世界与现实关怀的浪漫调适，王统照、黄庐隐作品中的问题意识等。这一时期小说创作的实验性和个人性，既体现了新文学初期的自由创造氛围，也为小说在广泛借鉴基础上走向成熟打下了基础。

诗歌是这一时期最早进行突破的文类，但实际收获却不尽如人意。胡适的《尝试集》，只是做到了"用白话写诗"，缺乏诗味。冰心的"繁星体"小诗，带有对印度诗人泰戈尔的明显模仿。闻一多的诗作远不如他的诗论影响大。徐志摩可算是这一时期在诗歌创作方面风格显著的诗人，他以"情诗"体式对于人生百味的吟咏，在当时和后世赢得了不少读者。李金发的诗歌创作，因其在主题、手法上多借鉴西方现代派诗歌，被时人称为"诗怪"。郭沫若的自由体白话诗，以其大胆夸张、意象恣肆、格调狂放见长，在风格上有着明显的浪漫主义倾向。他的诗作，为白话诗的发展起到了奠基作用。

与小说、诗歌等相比，散文创作成就较高，比较成熟。在此领域，鲁迅贡献最大，周作人有着突出成绩。此外，朱自清、冰心、林语堂、梁遇春、刘半农等，其散文亦有别致之处。

这一时期的戏剧文学主要指话剧创作。因话剧这一门类是从国外引入，在清末和民初曾两度遭遇发展困境。所以，此时的话剧创作的成绩显得单薄。"独幕剧"多而"多幕剧"少，整体上还处于借鉴、摸索、试验的阶段。田汉、丁西林是值得注意的剧作家。

五四文学的总体特征可以概括为以下几个方面：一是**启蒙性**。这是由时代需求和历史问题所决定的。二是**开放性**。此时的文学是在传统与现代、中国与西方等多种关系的对话冲突中发展自身的。三是**大众性**。倡导创作白话文学的目的，就是要让广大民众能够走近文学，从而使文学的社会作用得到发挥。四是**世界性**。五四文学始终是在世界文学尤其是西方文学的影响下发展着，开始参与到世界文学的总体进程之中。五是**复杂性**。这是因为五四文学不仅接过了历史的问题，又必须面对时代的焦虑，在功利性与唯美性两方面摇摆不定、定位困难。时代政治的、经济的、文化的各种思潮的影响，使得五四时期的文学发展表现为内在的艰难与复杂。尤其是"民族性"与"西方性"的问题，成为新文学发展过程中的持续性困扰。同时，五四文学在发展过程中出现的各种新的问题，也成为其后时代文学更新自身的动力。

第三节　三十年代的文学

1927—1937 年的十余年，是中国现代文学的第二个时期，也有人称之为"三十年代文学"。这一时期的文学出现了一些新变化。简要概括起来有以下几个方面：

一、**新文学进一步巩固了统治地位，开始进入平稳发展、全面推进的阶段。**小说、诗歌、散文、戏剧文学、文学批评等主要领域都取得了新的成绩，有了较大的发展。有的领域已经显现出新文学的成熟状态。

二、**由于社会的、政治的、文化的诸多复杂因素，文学领域的"斗争"与论争涉及许多新的内容，出现了一些值得注意的现象和观念。**例如，关于"革命文学"的论争、"左翼作家联盟"的成立、"民族主义文艺运动"与"文艺大众化"讨论等。论争中所提出的"革命文学"、"文艺大众化"、"民族主义文艺"等观念，都对当时文学的发展产生了或大或小的影响，并在以后的文学发展历史中不断得到回应。

三、**五四时期文学各文类之间和各文类内部发展不平衡的状况得以改变。**比如小说领域，长篇创作有了突破性成就，题材内容和艺术风格逐渐丰富。诗歌创作在传统与现代、中国与西方的结合方面，进行了一些新的尝试。散文在新作家、新作品的推动下，朝着风格多元化、情趣丰富化方向发展。戏剧方面，集中表现为话剧创作的本土化努力，一改五四时期以翻译、移植、模仿为主的局面，出现了具有民族风格的成熟作品。文学理论建设开始迈出步伐，文学批评在实践中已开始出现基于不同观念而产生的生动活泼的局面。

四、由于这一时期文学各派别对于新文学未来的目标存有分歧，所以，**三十年代文学开始对五四文学有所反思**。比如如何对待中国文学传统，怎样更加合理地借鉴西方文学，如何处理文学与社会、政治的关系和文学应该具有怎样的功能等，这些问题，成为这一时期文学发展的困扰。

小说是本时期取得显著成就的领域。现代文学小说创作的主要代表作家和作品都在这一时期出现，具有鲜明特征的小说流派或小说类型不断涌现，尤其是长篇小说的创作形成高潮，小说的内容和形式都趋向丰富。以茅盾为代表的"社会剖析派"，善于从宏观的社会生活着眼，以社会主导领域和主要矛盾为内容，艺术表现具有宏大性和复杂性的特点。沙汀、张天翼、吴组缃、叶紫、艾芜、周文、李劼人等作家，大致可以归入这一流派。老舍的小说创作另起一脉，在集中描写旧中国市民生活过程中，集中显现了幽默、机智、生动的创作个性。巴金的小说以"倾诉性"见长，对青年人生命运的关注，使其作品在年轻读者中引起反响。"东北作家群"是这一时期产生的具有流派性质的创作群体。他们的作品集中描写了1931年"九·一八"日寇占领东北之后，民众的亡国奴生活和不甘做亡国奴而进行的浴血抗争。这些可视为后来抗战文学的发端。沈从文被看做"京派"文学的领袖，他取材于湘西乡土的小说，有意传达着自然、朴素而幽静的风致。京派的其他小说作家还有废名、萧乾、芦焚（师陀）、林徽因等，散文家何其芳，批评家李健吾、朱光潜等也常被划入这一流派。丁玲可视为"革命文学"作家。她的创作与"革命加恋爱"类型小说有所不同，注意从女性的情感细部与心理深处展开笔触，透露出一丝新颖，引起人们的关注。蒋光慈、胡也频、洪灵菲、华汉等都写过一些"革命加恋爱"的作品，艺术上均显粗糙。"新感觉派"小说，是后来人们对这一时期刘呐鸥、穆时英、施蛰存等人所创作的作品的一种称谓。此类作品或以现代大都市（上海）的摩登生活为对象，或借用现代心理学视角描写古代人物，作品所表达的思想意识和艺术追求，多有西方式的现代色彩。生活与人的"异化"，是这些作品的共同主旨。张恨水是本时期通俗文学的代表作家。他对近代以来我国都市流行的言情、黑幕与社会传奇等类型小说加以不断改造，有意去除了其中的消遣性，增加了一些严肃的人生内容，借家庭男女离合之情，抒发社会人生忧患之意。因其言情、通俗、情节曲折和故事生动，在当时拥有众多读者。五四时期已享誉文坛的作家如鲁迅、郁达夫等，在这一时期也多有新作。

30年代的新诗，其创作的努力多体现于如何克服过分散文化、如何融合中西诗歌优长、如何创造出具有现代气息和时代风格的白话诗方面。诗人们的积极探索，形成了这一时期多样的风格取向和诗歌流派。"红色鼓动诗"属于"革命文学"思潮在诗歌领域中的表现。这类诗作的诗人身份大都具有鲜明的政治属性，拥有无产阶级的革命理想和现实斗争的激情，注重诗歌的政治宣传和传播阶级信仰的鼓动作用。此类诗作多取材于现实生活中的阶级斗争事件或革命者的政治情怀，追求直接呈现、直抒胸臆、可咏可诵的诗风，这些可以看作是后来新中国成立后"政治抒情诗"的源头之一。"中国诗歌会"成员殷夫、蒋光慈等人对此类诗歌写作比较热衷。"新月派"诗人徐志摩、朱湘、陈梦家、臧克家等，大体上都有追求新诗形式美的共同性，这是承续五四时期"新月社"提出的"新格律诗"主张的表现。艾青被看做30年代"新自由体诗"的代表性诗人。与五四时期郭沫若的"狂放"相比，他是内敛的。抒情结构依赖于情感律动，意境浑厚，含蓄深沉，在40年代形成自己鲜明的"忧郁"风格。戴望舒以《雨巷》一诗闻名诗坛，此诗一咏三叹的"音乐美"，为新诗如何化用中国传统诗歌资源提供了启示。这一时期冯至的叙事长诗、卞之琳的哲理诗等，也是值得注意的诗歌类型。

30年代的散文创作成就，主要体现在一批新晋作家的创作上。何其芳有意以诗歌的结构方式从事散文写作，多以创作者的心象、意绪、情思以及融情于景的意象为描写对象，从而使他的散文富有诗的韵味与精致，属于风格鲜明的美文。多以孩童生活为内容、自觉用宗教情怀审世度人的丰子恺，其散文创作另有一番从容、清静、旷达的风味。林语堂的散文以杂取胜，不拘格套、任意而谈的取材与笔法，在疏爽、洒脱的风格中，有着造语刻意、文气生滞的痕迹。李广田的《画廊集》，收入作者以故乡人事情景为内容的作品。或素描人物、讲述故事，或渲染氛围、描摹风物，透示着乡愁与哀伤，体现出明显的朴实而幽远的艺术个性。此外，本时期的杂文写作蔚然成风，"鲁迅风"成为主调。

"报告文学"在文体上常被归入散文范畴，此时期报告文学的写作有了较大发展，但优秀作品比较少见。

这一时期，戏剧文学进步最大。集中表现为话剧创作的本土化努力，一改五四时期以翻译、移植、模仿为主的局面，出现了具有民族风格的成熟作品。多幕剧创作成为主流，悲剧、喜剧等戏剧风格日趋鲜明。曹禺是本时期戏剧创作上取得突出成就的代表作家，他的《雷雨》《日出》《北京人》《原野》等作品，在借鉴中西戏剧文学优长的基础上力求创新，成为中国现代文学史上戏剧文学的优秀作品。此外，夏衍的现实题材的剧作、李健吾的喜剧作品等也值得注意。

第四节　四十年代的文学

中国现代文学的第三个时期，也称"四十年代文学"，时间上指 1937 年至 1949 年。这是一个以战争为主的历史时期，因此，这一阶段的文学呈现出与前两个时期大为不同的情形。其特点可以概括为：

一、**文学在战争环境中艰难发展**。日本侵略者自 1931 年 9 月武力侵占中国东北三省之后，其妄图吞并中国的野心不断膨胀，几年间不断以武力频频挑起事端，终于在 1937 年发动了全面侵华的战争。由于敌强我弱，大片国土相继沦陷，数百万民众遭到屠杀，财产损失不计其数。面对日本侵略者的暴行，中国人民空前团结，同仇敌忾，掀起了轰轰烈烈的抗日高潮。经过八年艰苦卓绝的顽强斗争，终于在 1945 年 8 月赢得了抗日战争的胜利。残酷的战争环境改变着文学，作家们的文学观念和创作倾向也发生了极大变化，文学变为战斗的武器。宣扬民族意识、振奋民众精神、讴歌抗战英雄、揭露侵略者的罪恶等，成为文学的主导潮流和绝大多数作家的创作追求。因此，为广大民众所喜爱的艺术形式和艺术类型有了较大发展，比如戏剧、电影、朗诵诗、特写、报告文学等。

二、**文学的区域化状态**。这一时期，文学在国民党统治区（"国统区"）、共产党统治区（"解放区"）和日本侵略者占领区域（"沦陷区"）三个区域形成各自不同的特点。国统区集中了当时大多数作家，形成了重庆、桂林、香港、昆明等几个文化中心。作品多以突出民族意识、鼓舞民众抗战和揭露现实弊端、批判民族劣根性等内容为主，历史剧、街头剧、长篇小说和杂文等取得较大成就。解放区在 1942 年 5 月之后，在毛泽东《在延安文艺座谈会上的讲话》指引下，文艺全力向大众化、普及化发展，作品多以表现解放区工人、农民和士兵的敌后抗战、生产劳动、民主建设和移风易俗等为主，总体呈现出昂扬、乐观的风貌。以秧歌剧为主的戏剧、民歌风味的诗歌和以通俗明快为主调的小说等，给人以耳目一新的感觉。沦陷区文坛亦有收获，张爱玲可谓代表。抗战时期的"孤岛文学"是值得注意的文学现象。

三、**文学创作的"力"的追求**。由于战争环境的残酷动荡，民族沦亡的威胁，作家们的首要任务是和广大民众一起反击侵略、保家卫国，创作具有现实直接作用的作品就成为作家们义不容辞的责任，任何与时代无关的吟风弄月，在当时都被视为艺术上的堕落行为。这是在民族危亡时期一个富有良知和正义感的作家的唯一正确的选择。通俗而有力的审美追求，成为此时期文学总体格调的必然，其粗糙也正与此相关。

40 年代的小说依然是这一时期总体文学成就的重要部分。在国统区，一批在 30 年代的小说创作方面已取得明显成绩的作家，这一时期推出了自己的新作，显示了新的艺术追求。比如茅盾的《腐蚀》、巴金的《寒夜》、老舍的《四世同堂》、沈从文的《长河》等，都是有特色的作品；沙汀以长篇"三记"（《淘金记》《困兽记》《还乡记》）闻名，作品对抗战时期西南大后方社会腐败和人性劣迹的细致揭示，显示了作者对现实的认识深度，其隐在的批判性是其特色。比较醒目的小说流派是"七月派"，路翎的创作可谓之代表。绝望中的反抗与知识分子的心理搏斗，是路翎小说所执意关注的侧面，因而具有雄强、冷峻的气息。但是，作品叙述的滞涩感，使人常有不堪卒读之累。此外，艾芜、徐訏等，也是这一时期小说创作方面有特色的作家。解放区的小说代表作家首推赵树理。他在《小二黑结婚》《李有才板话》《李家庄的变迁》等作品中，把中国传统小说艺术、民间评书因素与现代小说因素结合起来，创造出与五四以来欧化小说风格全然不同的新的小说类型。以通俗而新颖、明快而雅致的笔墨，反映了解放区人民在反抗日寇、争取民主斗争中的觉醒过程，成为现代文学史上在文艺大众化方面取得突破的重要作家。孙犁的创作代表了解放区小说的另一种风格，以《荷花淀——白洋淀纪事》为代表的作品，体现出对于女性美德的民族化描写和鲜明的抒情倾向。张爱玲、钱锺书是沦陷区有代表性的小说作家。前者把西方的象征手法熔融在传统叙事笔法之中，营造出冷酷而又苍凉的旧中国都市人生境况；后者则在长篇小说《围城》中，通过大量精妙的比喻，形成鲜明的戏谑讽刺风格。

40年代诗歌的代表诗人有穆旦、田间、李季等。穆旦是"九叶诗派"的代表诗人，"九叶"是指九位诗人——穆旦、郑敏、袁可嘉、杭约赫、辛笛、陈敬容、唐祈、唐湜、杜运燮。他们所共有的西南联大学生身份，使得他们的诗歌创作更多地接受了西方现代以来的诗歌观念和诗艺技巧，其特点是追求现实与象征的结合，力求诗歌能具有超越性与多种意会的可能性。"七月诗派"是与抗战一起诞生的诗歌流派，田间、绿原是其代表，包括阿垅、冀汸、牛汉、鲁藜等。质朴、奔放、抒情是这一流派的共同特征。政治抒情诗在这一流派的创作中有较大发展。田间的《给战斗者》《义勇军》、阿垅的《孤岛》、鲁藜的《泥土》均是佳作。李季作为解放区诗歌创作的代表诗人，其诗歌的民歌风味鲜明，这得益于诗人自觉学习民歌、民谣，继而加以改造转化的创新实践。叙事长诗《王贵与李香香》，集中体现出简明而质朴的诗风。

戏剧文学的成就，在这一时期主要体现在历史剧和讽刺戏剧两个类型创作方面。郭沫若、陈白尘、吴祖光等是本时期值得注意的作家。集诗人、历史学家和剧作家为一身的郭沫若，在这一时期连续创作了《屈原》《虎符》《高渐离》《孔雀胆》《南冠草》等作品。其历史剧创作在选材上注重历史与现实的关联性，在历史事实的基础上融进合理想象与适度夸张，让历史带着现实的气息，借助于抒情性表达对现实的认识，《屈原》是其代表作。阳翰笙、欧阳予倩等也是本时期值得关注的历史剧作家。讽刺戏剧的代表作家陈白尘，以夸张性讽刺和隐喻性地表现社会丑恶现象的《升官图》，显示了五四以来喜剧艺术的发展。解放区的戏曲改革取得了一定成就，在1942年5月之后兴起的"新秧歌剧"创作高潮中，出现了不少群众喜闻乐见的作品，歌剧《白毛女》就是这类戏曲类型的代表作品。

40年代散文领域，杂文是主要类型。本时期值得注意的作家有梁实秋、冯雪峰、聂绀弩等。

第二章　本时期小说

第一节　鲁迅

鲁迅（1881—1936）是中国现代杰出的小说家，其小说作品辑集为三部——《呐喊》《彷徨》和《故事新编》。鲁迅特殊的人生经历、情感体验和个性气质，对中国社会、历史、现实与文化的独到观察和感受，对进化论、以人为本、尊崇个性、阶级对立等思想的接受，诸多因素共同造就了鲁迅小说深沉、复杂、睿智的审美特质。

贯穿《呐喊》与《彷徨》的思想主线是反封建，其中最突出的内容在于揭示封建制度的"吃人"本质。《狂人日记》用隐喻式的写法，对这一内容作了总体概括。狂人看似一个精神病人，实则是清醒而深刻的先觉者。他对众人想把他吃了的敏感，点破了中国传统封建社会践踏人性、戕害灵魂的"吃人"社会的存在实质。自己的大哥想暗中害他，把妹子的肉和在饭里给家人吃，证明家庭也是一个"吃人"组织。他研究史书，发现上面写满"仁义道德"，但字缝里只有"吃人"二字，原来中国的历史和文化一直在"吃人"。《呐喊》《彷徨》中的悲剧人物，几乎都可以看成是封建吃人制度的受害者，个别是被封建势力直接杀戮，更多的是被封建思想所毒害。革命者夏瑜（《药》）被封建政治势力杀害，华小栓（《药》）是封建迷信观念的牺牲品，孔乙己（《孔乙己》）和陈士成（《白光》）是封建科举制度的殉葬品，而闰土（《故乡》）、祥林嫂（《祝福》）则是为封建宗法制度和封建礼教所戕害。

封建制度害人往往是通过制造封建思想来完成。国人长期在封建观念的影响下，已经自觉地把它当作为人处世的准则，对它腐朽及罪恶的吃人内涵浑然不觉。这种蒙昧的精神状态，使得国人把自身送上悲剧人生的舞台，同时也成为他人悲剧的制造者或帮凶。革命不能成功，社会难以进步，民族无法强大，悉因此故。鲁迅对此坚信不疑，故在小说中竭力暴露蒙昧**国民的劣根性**，把他的反封建思想推向深入。《狂人日记》中对吃人者的心理概括："狮子似的雄心、兔子似的怯懦和狐狸似的狡猾"，披露了鲁迅小说描画国民精神病症的最初动向。在《阿Q正传》中，普通国民的精神弱点得到更为具体和丰富的展示。阿Q在未庄算是最贫穷、最卑贱的农民，既受到权势者赵太爷和假洋鬼子的欺凌，也遭到普通人的讥笑和作弄。下人吴妈把他的求爱当作莫大侮辱，雇工王胡仗着身强力壮随意殴打他，就连和他同样弱小的小D也敢于和他对抗。这种处境让阿Q多少感到沮丧和不平，却没有刺激他奋发自强，相反，他发明了一种"精神胜利法"，即以妄自尊大、自轻自贱、欺凌弱小、麻木健忘来消除内心不平。这种弱者的处世哲学看似情有可原，实则荒谬可笑，属于精神萎缩与意志沉沦。只要世上还有不敢正视现实、不图进取、自欺欺人的弱者，阿Q的精神人格就会继续存在，在此意义上，阿Q形象作为一面灵魂之镜，具有某种普遍永恒的警示意义。国民身上林林总总的劣根性，在鲁迅的小说中还有各式各样的披露，诸如孔乙己、陈士成、闰土、祥林嫂、华老栓、看客、七斤夫妇、赵七爷、杨二嫂、爱姑等人的保守、愚昧、狭隘、麻木、无知、迷信、盲从、冷漠、庸俗、刻薄、自私、虚伪、欺善怕恶、外强中干等都是明证。鲁迅对国民劣根性的揭露，不光搜罗和展示现象，还挖掘现象背后的根源。从横向上看，鲁迅注意考察民众落后的思想观念潜滋暗长的温床，以此表明个体的精神病症绝非孤立生成，而是整个封建化社会共同培植的产物。从纵向上看，鲁迅意识到国民劣根性并非成于一朝一夕，而是封建文化痼疾陈陈相因、代代相承的结果。

瞩目国民悲剧、挖掘国民灵魂暗疾并透视其中成因，形成了**鲁迅对待国民的双重态度，即"怒其不争"与"哀其不幸"**。鲁迅既为国民的不幸命运感到深切的悲哀，又冷峻地审视他们的各种缺点，对他们未能觉醒与抗争愤怒不已。鲁迅小说笔下的中国下层民众，几乎都承载了这种相反相成的主体态度。在《阿Q正传》中，鲁迅以现代理性的立场，揭发了阿Q身上的精神病象，给予挖苦、讥讽和针砭，又以人道主义情怀，对他所遭受的屈辱境遇予以无声怜悯。其他人物形象，诸如孔乙己、闰土、陈士成、祥林嫂等，对这些"被侮辱与被损害"的下层人物命运遭际的书写，也都透露出鲁迅爱恨交织的复杂心理。鲁迅之所以"怒其不争"，乃是因为国民的不幸命运与他们的各种性格弱点密切相关。这些性格弱点本来可以发挥主观意志加以克服和摆脱，毕竟个人虽然受到环境的极大制约，但并不完全是被动的存在，可以觉醒和抗争。之所以"哀其不幸"，是由于鲁迅发现下层人物的灵魂中有阴影也有光亮。孔乙己虽然执迷不悟，迂腐可笑，很爱面子，还沾染了好逸恶劳、小偷小摸的恶习，但他也不乏可爱之处，喜欢和小孩子亲近，很少拖欠酒钱，就是证明。少年闰土天真纯朴，聪敏勤快，充满活力，体现出乡村少年所特有的淳朴与美好，即使人到中年，"苦得像一个木偶人"，头脑迷信守旧，也依然葆有乡下人的忠厚老实。祥林嫂观念老旧，笃信神鬼，但其实是一个勤劳质朴、富有爱心的乡下妇女。秉性善良的弱者落得境况凄凉、不得善终的下场，普通人对此尚且难免心生哀感，何况鲁迅是一个深受五四人道主义、人本主义思潮影响的人。鲁迅"哀其不幸"的更重要缘由，在于他发现在下层群体的沦落和罹难中，政治窳败、社会黑暗、文化腐朽、人情淡漠等客观因素难辞其咎，下层民众可以说是黑暗中国的受害者和牺牲品。这种对待下层民众的双重主体态度，反映出鲁迅小说创作兼具全面性与深刻性的思想张力，也是其超越一般揭示底层社会病象小说的重要因素。

国民封建思想的根深蒂固，不仅体现于国民身处其间不知其害，还在于国民对于想解除他们封建思想的先觉者的敌视。在《狂人日记》中，具有现代意识的先觉者与蒙昧落后的普通民众，形成了尖锐的对立。显然，狂人是一位先知先觉者。他从面临迫害的切身感受出发，敏锐地察觉到周围的人都在有意无意地参与"吃人"，或者被吃，他渴望他们能够觉醒、自新，使吃人社会土崩瓦解。但是他们根本不能理解狂人，只是一味把他视为胡言乱语的疯子。狂人越是向他们宣说新思想，他们越是认为他病情严重。狂人的遭遇表明，先觉者与普通民众之间存在巨大隔膜，后者对前者的启蒙、教导无动于衷，双方无法同声相应，甚至形成对立。在先觉者看来，民众积习太深，因循守旧，麻木不仁，令其深感失望、悲哀和愤怒。而在民众眼里，先觉者趋新逐异、离经叛道，非我族类，因而本能地疏远乃至敌视他们。在《呐喊》与《彷徨》的另一些小说中，启蒙者与民众的对立关系，也得到或隐或显的反映。《药》中先驱者夏瑜为革命断头所洒的血，不仅没能感召民众，赢得敬仰，反而被华老栓当做药方，救治他儿子的肺病。先驱者舍身为民，民众却毫不会意领情，甚至视其为活该被杀的乱臣贼子。《示众》着意写"看客"争先恐后，以猎奇的心态欣赏"囚犯"游街示众，正隐喻着庸众对启蒙者的特有态度。《孤独者》中的魏连殳被同族人视为"吃洋教"的"新党"，"向来不讲什么道理"，他的大半生就是在这样的冷眼、误解和敌视中度过。

唯一的亲人祖母死后，他彻底沦为灵魂与生存相分裂的孤家寡人。他像一匹狼在旷野里发出惨伤、愤怒和悲哀的嗥叫。这种孤独的心态，部分就是由启蒙者不为民众理解和接纳造成的。

鲁迅在小说中不仅把批判的矛头指向封建蒙昧的下层民众，也指向了启蒙知识分子自身。鲁迅超乎寻常的清醒，不仅在于他深刻地揭出了普通国民灵魂的病苦，还在于他从不把自身所属的现代知识分子群体置于理性审视之外，敢于曝光这一群体身上的历史重负及精神困境。在《狂人日记》中，狂人不仅发现周围人群目露凶相、心怀鬼胎，结成一张吃人大网，同时发现自己也充当了吃人者的角色。"四千年来时时吃人的地方，今天才明白，我也在其中混了多年。""我未必无意之中，不吃了我妹子的几片肉。""有了四千年吃人履历的我，当初虽然不知道，现在明白，难见真的人！"强烈反对吃人的狂人竟然也曾参与吃人，这说明，先觉者未必没有被封建意识所浸染侵蚀，他们与落后民众在传统观念的承袭上，多少存在相似之处。只要有合适的契机，旧观念就会死灰复燃，消磨乃至腐蚀新式知识分子的意志。《在酒楼上》的吕纬甫曾经是个踔厉风发的青年，"到城隍庙里去拔掉神像的胡子"，"连日议论些改革中国的方法以至于打起来"，但是后来变得"敷敷衍衍、模模胡胡"，靠教学生"子曰诗云"度日，其人生轨迹就像苍蝇一样"飞了一个小圈子，便又回来停在原地点"。他的革新热情之所以大大衰减，部分是因为遇到了很大的社会阻力，但主要还是因为他的思想没能完全摆脱传统观念的束缚。他所热衷的两件无聊的生活琐事：为弟弟迁葬、给邻居阿顺送花，均是为了宽慰母亲，做个孝顺的好儿子。小说通过剖开吕纬甫由奋发到颓唐的心路历程，揭发了知识分子在通向现代的途中难以挣脱旧观念的精神暗疾。

与吕纬甫相比，魏连殳（《孤独者》）这个"新党"对理想虽然更加执着，与黑暗社会斗争的意志也更加顽强，但最终的结果依然是沦落。只要世上有一个人"愿意他活着"，魏连殳就有前行的勇气和毅力，"愿意为此求乞，为此冻馁，为此寂寞，为此辛苦"。然而当"愿意我活下去的人""被敌人诱杀"以后，他便失去了与黑暗现实作战的心理支柱。在难以忍受的孤独中，他带着玩世不恭的心态做出妥协，"做了杜师长的顾问"，"躬行先前所反对的一切"。然而此时他的灵魂却因丧失信仰而无法安宁，最终还是在精神危机中郁郁病亡。想做不断前冲的斗士，却不能单身鏖战；想退而求安，又经不住良知的拷问；能够扛住物质生存的艰难困苦，却无法抵御情感世界的空漠荒凉；最后走向自我毁灭，虽不无抗议与报复的意味，但对黑暗社会终究毫发无损。说到底，魏连殳的灵魂深处依然是软弱的，他与吕纬甫其实并没有什么不同，都不是能够战胜自身性格缺陷、直面惨淡人生的"真的猛士"。

"梦醒以后无路可走"，是鲁迅对先觉者困厄人生和精神困境的总结。先觉者感到"无路可走"，既是因为社会太过黑暗不易改良，旧观念深入人心难以革除，也是因为五四知识分子大多缺乏"韧战"的勇毅与耐力。他们在新文化运动高涨之时，能够意气风发挺身而出，而在落潮以后则经不住复杂现实的消磨纷纷溃退沦亡。如果说鲁迅在下层民众以及旧式知识分子身上看到新理念的生成之艰难，那么在五四新式知识分子身上，则看到了新理念贯彻落实之不易。在《伤逝》中，子君在个性解放思想的影响下，敢于蔑视旧俗，自作主张，与涓生未婚同居。但在成立家庭以后，精神生活却在操持家常事务中逐渐萎靡。至于涓生，在"读遍子君的身体与灵魂"之后，很快对子君萌生厌倦之意，失业所导致的经济窘困，加剧了他把子君视为负担和拖累的看法。他提出分手之后，子君只好回到父母那里黯然而终。"爱情需要时时更新、生长、创造"，否则即使是自主婚恋也会变质、破败。要做到这一点，需要持续不断的艰苦努力。个人的解放依赖于社会的解放，也取决于个人能否战胜人性的弱点。

鲁迅披露的关于五四知识分子的各种思想局限、性格弱点和灵魂暗影，既是鲁迅对同辈知识分子进行观察、思考和分析的结果，也与鲁迅对自我精神世界的审视与解剖不无关系。相对于批判别人，反思自己显然更难，需要有更大的胸襟与情怀，需要有"抉心自食"的意志和勇气，还需要忍受自我厌弃的灵魂痛苦。鲁迅和许多作家不同，他很少以置身事外或高高在上的姿态来写五四知识分子，他透视这一群体精神病症的同时，其实也是在进行自我反思与批判，这一点从叙述的真切、细腻以及深度的情感投入中可以得到证明。然而不能据此把鲁迅与他笔下的知识分子等同，尽管鲁迅同样经历了五四知识分子所普遍遭遇的精神危机，但是鲁迅能够冲出精神迷雾，觉悟到超越性的精神之道。鲁迅思想的深刻、性格的坚强、心智的成熟以及情怀的博大，在挣脱精神困境的过程中得到鲜明展现。在《故乡》中，作为现代知识分子的"我"在暗笑"闰土要香炉和烛台"之余，忽然意识到自己心中一直潜藏的"希望"与闰土"偶像崇拜"背后的"希望"颇为相似，因为"我"的"希望"同样未必能够实现。这是一个能够导致绝望的发现，但它并没有全盘占据"我"的内心，因为"我"转而想到："希望是本无所谓有，无所谓无的。这正如地上的路；其实地上本没有路，走的人多了，也便成了路。"这样的想法里面实际包含着鲁迅"反抗绝望"的人生哲学。鲁迅所服膺的一句诗"绝望之为虚妄，正与希望相同"，其中含义在于：在理想图景迟迟不能出现的情形下，"希望"容易转变为"绝望"，然而"绝望"与"希望"一样，都不过是心造的假象，唯一真实可靠或有价值的是不断向前拓进。《在酒楼上》和《孤独者》中的"我"同样展现了鲁迅在超越自我的过程中的另一个精神侧面。"我"是吕纬甫和魏连殳沦落的见证人，也是鲁迅灵魂困扰的透视镜。在两篇小说的结尾部分都写到"我""愉快"而"轻松"地走自己的路，表明"我"已经超越了吕纬甫和魏连殳，也呈示出鲁迅进行了一次内心的澄清与净化，获得了再次启程前行的意志与动力。这一精神飞跃的过程，是鲁迅小说最为重要的一项精神遗产，具有永恒的启示意义。

　　与鲁迅小说深刻的现代思想内涵相对应的，是鲁迅小说极具创造性的小说艺术。站在今天的立场，可能看不出鲁迅的小说写法有多么新奇，但是如果回到当时语境，鲁迅小说的创新所在则立时凸显。这种创新主要根源于**鲁迅对国外小说艺术的大胆借鉴和充分吸收**。鲁迅从自己的人生体验、个性气质和审美取向出发，对俄国作家果戈理、契诃夫、陀思妥耶夫斯基、安德列夫、阿尔志跋绥夫，波兰作家显克微支，日本作家夏目漱石、芥川龙之介、文艺理论家厨川白村表现出更多的青睐。正是域外文学资源的持续引入，才使得鲁迅的小说写作突破了中国传统小说的写法，表现出新的特质。中国传统小说往往按照时间的先后顺序来讲述故事，追求有头有尾的阅读效果，偏爱曲折、离奇、饶有趣味的情节，写人物更多通过外在言行，很少进行复杂细腻的心理描写。鲁迅的小说在消化国外小说艺术的基础上打破了这种传统。《狂人日记》出之于前所未有的日记体，几乎看不出故事发展的时间顺序，主人公狂人的呓语式独白、自由感想和意识流动成为叙述的主要内容。《孔乙己》与《孤独者》没有面面俱到地讲述主人公一生的故事，而是选取主人公生平几个重要的横截面作重点叙述，以见斑窥豹的手法来表现其命运遭际。《药》的叙述结构独具匠心，具有明暗两条叙述线索。革命者夏瑜被杀作为一条故事暗线，被巧妙地织进华老栓给儿子治病的明线叙述中。《祝福》在"我"回鲁镇的故事链条中，以插叙的方式接入祥林嫂的故事脉络。整体观之，鲁迅小说不追求故事情节的吸引力，并不刻意制造阅读快感，有些小说甚至有意淡化故事情节，其中原因在于鲁迅反对把小说当作消遣娱乐的工具，力图把它纳入思想启蒙和改良社会的范畴，以促动读者对现实的感受和深思作为叙述目标。当然，鲁迅并不是崇洋媚外、数典忘祖的小说家。鲁迅对中国小说有过深入的研究，在其撰写的学术论著《中国小说史略》中，可以集中看出他对中国历代优秀小说的出色品评和由衷赞赏。这种研究潜移默化地影响了鲁迅的小说写作，使它有意无意地**汲取了传统小说的艺术精华**，并实现了中国小说传统在新的背景下的创造性承传与转换。从鲁迅小说刻画人物中常常运用俭省、凝练、含蓄、节制的白描手法，善于抓住富有表现力的典型细节，对人物形象进行生动传神的勾勒，如实状写人物性格的各个侧面，好用冷嘲热讽和富于抒情性的笔法中，都可以看到《世说新语》、"唐传奇"、《儒林外史》《红楼梦》等各时代优秀小说的深刻影响。

与《呐喊》《彷徨》主要从现实取材不同，**《故事新编》**主要是历史题材的小说集，它与一般历史小说强调对史实的充分尊重有所不同，按照鲁迅自己的说法，即"只取一点因由，随意点染，铺成一篇"。之所以采取这种处理方式，是因为鲁迅的写作动机中包含了深刻峻急的现实意图，是为了表达对现实的观照、反思、讽喻及批判。小说因此在整体上体现出古为今用、以今写古、古今交融的写作特点。《补天》重述了开天辟地、女娲造人、采石补天的神话。《奔月》主要写后羿射术高超，勤于打猎，猎物几近绝迹，只好射乌鸦和麻雀给夫人嫦娥吃。嫦娥耐不住清苦的生活奔月而去，后羿连发三箭射月未果。《理水》取材于大禹治水的古老传说，写大禹勤勉为公，力排众议，采取"导"而非"湮"的办法治住洪水。《非攻》取自墨子止楚攻宋的历史故事，写墨翟如何游说公输般和楚王放弃攻打宋国的事件经过。这四篇在思想主旨上较为相近，主要赞扬了女娲、后羿、大禹、墨翟等英雄人物勤劳睿智、牺牲自我、甘于奉献的卓越品质，以此作为映衬，促动人们去反思具有种种缺陷的今人。与颂扬背后的反思相一致的是，这几篇小说对另一些人物进行了鲜明犀利的嘲讽及批判。这些人物包括《补天》中充满道学气的"小东西"，《奔月》中贪图享受的嫦娥，心地险恶、忘恩负义的逢蒙，《理水》中不学无术、愚蠢无聊、阿谀奉承的众学者，玩忽职守、敷衍了事、贪图玩乐的考察专员等。上述反面人物并无文献史料的依据，作者的刻意虚构，显然是因现实中林林总总的丑恶人事而起。

《采薇》《出关》《起死》三篇意在讽刺和批判道家哲学。《采薇》是关于伯夷、叔齐的故事。两位隐士起先在养老院里安度晚年，听闻周王伐纣，即以为不忠不孝，意图阻拦。遭到拒绝后，为表洁身自好，决定"不食周粟"，赴首阳山归隐，路遇强盗抢劫，在山上则以吃薇菜度日，后遭人点破薇菜亦属周地物产，只好罢食，幸有母鹿喂其喝奶得以活命，但终因想吃鹿肉致鹿逃走而成饿殍。小说以亦庄亦谐的笔触，无情地嘲讽了隐士及其人生信条的昏昧、教条、虚伪及荒谬，深刻地鞭挞了消极避世、逃避现实的人生取向。《出关》是关于老子出函谷关前后经历的演绎，意在展示老子无人应和的尴尬境遇，进而表明对无为哲学的挖苦和否定。《起死》是对《庄子》中的一则寓言加以发挥和想象的结果，写庄子在路上遇见一副汉子骷髅，让司命神将其复活。不料复活后的汉子死缠着庄子不放，向其索要衣物。庄子急忙用"彼亦一是非，此亦一是非"的道理想说服他衣物有否无关紧要。然而汉子根本不予理会，只是一味纠缠。幸好巡警赶到救援，庄子方才得以脱身。小说显然是讽刺脱离现实的庄子思想，但也被某些论者解读为启蒙者精神困境的形象喻说。老庄哲学其来有自，并非全无可取之处，鲁迅对此未必没有认识，然而鲁迅写作这些小说之时，正值国难当头，社会上弥漫着消极求安的思想，因此鲁迅是借批判老庄哲学中的出世思想来讽喻现实。

《铸剑》是《故事新编》中最出色的一篇，没有直接外露的杂文笔法，显得更为含蓄隽永，其中浸染了鲁迅深层的个性气质。小说写眉间尺为报杀父之仇，携剑意欲刺杀国王，中途被宴之敖告知有人已经告密，国王正在缉拿他。复仇面临失败之际，宴之敖主动要求代他行刺，只不过眉间尺必须献出人头和剑给他才能办到。后来宴之敖借演把戏给国王观赏之机，把国王人头削进鼎中，让眉间尺人头和国王人头撕咬搏斗，看到眉间尺人头落了下风，又砍下自己的人头到鼎中相助，直至国王人头死去。这个复仇故事离奇怪诞，刺杀场面惊心动魄，营造出特异的艺术氛围，曲折地寄寓了鲁迅"执意制敌死命"的战士品格。

第二节　茅盾　巴金

茅盾（1896—1981）的小说创作，在中国现代文学史上独树一帜，开创了"社会剖析"的小说类型，整体风格受到巴尔扎克等19世纪欧洲现实主义作家的影响。**茅盾小说的突出特点表现为浓郁的理性色彩——把握社会的政治经济视角、人物性格的阶级属性和主题内涵的社会指向。**他的创作以现代社会科学理论作为审视现代中国社会的理性武器，择取各类型具有时代性与重大性的题材，有意把在社会变化中发挥主要作用的生活领域和主要社会关系作为描写对象，以期达到对社会运动中主要矛盾的揭示和社会生活的全景展示。因此，他的小说成为中国现代文学史上现实主义创作的一种范型。

首先，**选择政治经济的角度作为其审视和叙述社会的特殊视角，是茅盾小说理性色彩呈现的一个重要方面。**"政治家"的使命意识和"社会科学家"的理论视野，使他常常习惯于把目光聚焦于社会现实的改造，尤其着眼于社会外部结构（政治、经济）的变革，这迥异于"鲁迅式"的对人的精神意识的关注。马克思主义政治经济理论的指导使茅盾总是以政治经济角度观察社会、把握社会、记录社会，其小说几乎无一例外地选择政治经济的角度来叙述公共政治经济空间的宏大事件，并将其与个人意欲有效地融合，凸显公共空间矛盾冲突的尖锐复杂。

即使像《蚀》这样的从小资产阶级知识者心路历程角度来反映大革命的小说，也依然显示了茅盾对中国革命与中国社会的深刻认识和把握，在政治的宏观视野里呈现了特定公共政治空间内知识分子个体的情感和心理。《幻灭》的女主角章静情感与意志脆弱，缺乏行动，富于幻想，为革命形势所鼓舞，不断追求，不断更换工作，但是每次都只是增加一些幻灭的悲哀。《动摇》以大革命时期武汉附近一个小县城为舞台，呈现了国民党县党部负责人方罗兰在革命形势急剧动荡时期内心的动摇妥协。《追求》则重在暴露 1928 年前后知识者的病态和迷惘，其中的人物，在革命高潮时都曾有过一度的昂奋，而当革命处于低潮的时候，不清楚自己该走向何方，故虽各有所追求，而最终都不免于失败。心理呈现的个人印记尽管鲜明，但如果将它们从宏大革命语境中抽离出来，那就失去了其存在的现实土壤和社会意义，如果脱离政治视野的观照，那么《蚀》只不过是个人遭遇不幸后的惆怅与怨叹。

以《子夜》《林家铺子》《农村三部曲》领衔的茅盾 30 年代小说创作则更自觉地从政治经济角度展开对 20 世纪 30 年代中国全方位的审视和描绘：30 年代中国经济大凋敝，在外国资本的逼迫下，民族资本主义与买办资本主义之间展开了殊死搏斗，中小城镇商业不断凋残，市民阶层濒临破产，农民徘徊在生死边缘以及整个社会阶级意识和民族意识的初步觉醒等。

在《子夜》中，叙述者以"俯视"的目光，整体展示了上海这座现代大都市的面目。资本家客厅的豪奢富贵、夜总会的光怪陆离、工厂斗争的错综复杂、证券市场的拼死火并。同时，又在侧面衬之以农村情景和中原大战，这无疑又扩大了作品的社会生活容量，从而实现了他所设定的意图："大规模地描写中国社会现象。"《子夜》的"大规模"叙写，不是将数量巨大的生活片断进行随意选择及拼贴，而是以吴荪甫的事业兴衰与性格发展为线，使作品既展示了丰富多彩的历史场景，又以吴荪甫的悲剧，象征性地暗示了作家对中国社会性质的理性认识：

"中国没有走向资本主义发展的道路，中国在帝国主义的压迫下，是更加殖民地化了。"①《林家铺子》以1932年"一二·八"上海战争前后的江浙城镇为背景，在日本帝国主义的军事、经济侵略和官吏的权力讹诈、地主的高利贷剥削的双重压迫下，城镇社会动乱，民不聊生，并透过林家铺子的倒闭，反映了当时民族商业破产的必然厄运。

其次，茅盾小说人物冲突的不可调和性，是由其不同的阶层归属所决定的，人物性格也是在社会科学理论所预设的阶层属性的规定指向中塑造的，这些都是在其理性创作原则严格制约下的必然结果。

吴荪甫与赵伯韬之间不可调和的激烈冲突不是简单的个人恩怨，他们最后在经济领域的殊死决战，显然是由其各自所归属的阶层利益所决定的，其背后所隐藏的"民族资本"与"买办资本"的激烈冲突左右着二人的行为选择，决定着他们人生命运的最终走向。吴荪甫与杜竹斋的分道扬镳，显然不是因为个人伦理情感从中作梗，而是"民族实业"与"金融资本"各自利益取向的差异引发的"背道而驰"。在世界经济危机、帝国主义经济入侵、军阀中原大战等重压下的民族工业的兴办、挣扎和最后的彻底破产，工人阶级的悲惨生活以及他们反抗资本家残酷剥削的怠工、罢工斗争，如火如荼的农村革命运动，吴老太爷仓皇出逃、曾沧海横死街头、吴荪甫"双桥王国"愿景的彻底破灭……《子夜》呈现了中国20世纪30年代社会生活的完整面貌，包括工商、军政、城乡、劳资、大家庭主仆关系等各个社会阶层的生活图景，以及各阶层相互间激烈且不可调和的矛盾冲突。这一切均由人物各自预设的阶层（阶级）归属和"理应如此"的社会图谱所决定。

茅盾小说人物的性格特征也是由其政治经济地位所决定的，阶层属性规约着人物的性格。这种追求与茅盾的理性创作观念密切相关。他认为人物是小说中心，而人是一切社会关系的总和，是各种客观条件的共同作用造就了人。因此，他严格地遵循在错综复杂的社会关系及其变化中塑造人物性格的创作原则，人物的经济地位和经济关系是他关注的焦点。在《子夜》中，茅盾自觉地将吴荪甫置于纷繁复杂的20世纪30年代社会关系中加以塑造。吴荪甫与买办资本家赵伯韬的关系、与其他民族资本家的关系、与丝厂工人的关系、与双桥镇农民的关系等，呈现了吴荪甫复杂的社会关系。吴荪甫与父亲吴老太爷、妻子林佩瑶、姐姐吴芙芳、姐夫杜竹斋等家属的关系，与屠维岳、莫干丞等亲信的关系，与合伙人

① 《〈子夜〉是怎样写成的》，载《新疆日报》副刊《绿洲》，1939-06-01。

王和甫、孙吉人等的关系则共同构成了吴荪甫复杂的社会伦理图景。所有这些社会关系和伦理纠葛，都从不同侧面透示出以吴荪甫为代表的民族资本家所拥有的复杂性格——既刚愎自用，又软弱无能。

再次，**茅盾小说的理性色彩表现为其在社会历史层面上对文学认识价值的执著追求。**茅盾小说创作终极指向是记录和剖析中国社会，从而实现对中国现代社会的整体性认识和把握。

如果对茅盾的小说略加梳理，俨然就是一部中国现代社会的"编年史"，并涉及社会各个领域的重大历史事件。他极善捕捉社会上发生的重大事件，争取在"第一时间"反映社会革命的进程。《虹》通过记录梅女士的生活道路，揭示了从"五四"到"五卅"这一历史时期内知识分子由个人主义到集体主义、由封建制度叛逆者到革命者的艰苦历程；《蚀》三部曲聚焦小资产阶级知识分子这类群体——他们在中国革命中具有特殊而重要的地位，从他们的心路历程这一独特角度来记录大革命，真实、迅速地反映了刚刚过去的大革命及大革命失败后的社会心理；《路》和《三人行》则表达了大革命失败后作者急于帮助青年认识社会的强烈愿望，力图使他们从迷茫中走出，并踏上一条正确的革命道路；《子夜》《林家铺子》《农村三部曲》把城市、城镇、农村都纳入自己的视野，全方位记录了20世纪30年代各种重大历史事件以及中国社会的基本面貌；《锻炼》《走上岗位》《腐蚀》记录了抗战初期、相持阶段及其后中国的整个社会风貌，其中包括"八·一三"淞沪战争、皖南事变等重大历史事件；《霜叶红似二月花》准备以更为宏大的篇幅描绘中国现代历史。社会进程延伸到哪里，他的作品就跟到哪里，这是茅盾的特点——但不一定是他的优点。

同时，在按照时序理性记录重大历史事件的同时，茅盾的创作表现出对社会现象的全景把握，这不仅是文学的把握，而且是哲学的与社会的把握。把文学作为社会科学的分支去理解，以"一角"透视"全般"。这"一角"是社会最本质的问题，那就是经济问题。《林家铺子》《农村三部曲》《子夜》均是经济题材，以当时民族工业的支柱产业——"丝绸业"切入剖析中国民族经济，指出民族工业和民族资本家的必然命运，揭示了由此带来的农村经济凋敝和小城镇工商业破败，并分析讨论了20世纪30年代动荡不安的中国经济将走向何方、此时的中国社会将走向何方、其中的社会各阶层的基本命运等一系列社会问题，引导人们去思考和认识当时的中国现实。

茅盾的文学活动贯穿了自五四至20世纪80年代的半个多世纪。他在文学翻译、小说创作、文学批评等领域均有突出建树。尤其在小说创作方面，茅盾在现实主义艺术观念的文学实践、所塑造的资本家形象系列和长篇小说艺术探索方面，对中国现当代文学都有着独特贡献。

巴金（1904—2005）的小说创作，尤其是长篇小说创作，与茅盾、老舍一起构成了 30 年代中长篇小说的高峰。集中体现巴金创作成就的作品是以"激流三部曲"（《家》《春》《秋》）为代表的**"现代家族叙事"**小说，尤其是《家》为中外读者所熟知。中国现代文学史上，巴金无疑是家族叙事小说创作成绩突出的作家之一。

在中国传统文化中，"家"与"国"具有同构性，"家"时常成为"国"的等比例微缩景观，大家庭是中国传统文化最为集中的呈现平台，对于家族及其命运的抒写历来备受小说家的重视和眷顾。曹雪芹《红楼梦》和左拉《卢贡-马卡尔家族》直接启发了巴金"激流三部曲"等家族小说的创作。在克鲁泡特金等无政府主义者看来，家庭就是社会的缩影。当时笃信无政府主义思想的巴金更相信家族题材选择的正确性，渴望通过家族内部新老之间、主仆之间、男女之间错综复杂的对抗，来折射社会生活中的各种激烈矛盾，以金字塔型的家族伦理结构勾勒呈现封建专制制度的权力结构。诚如巴金所声称的那样："在这里我所欲展示给读者的乃是描写过去十多年的一幅图画，自然这里爱与恨，欢乐与受苦所组织成的生活之激流是如何地在动荡了。"这些"家族小说"，呈现了新旧时代更替中封建宗法制度的挣扎与崩溃，年轻生命的觉醒、斗争或被戕害、被吞噬的悲剧。

以长篇小说三部曲形式对中国封建家庭矛盾冲突及其变迁，进行系统深入的描绘，这在中国现代文学史上还是第一次。小说中的高家是新旧更替时代的家族的典型形态：开着黑漆大门，藏有不为人知的秘密；门口蹲着两只永远沉默的石狮子守护着固有的制度和礼教；有将近二十个长辈，有三十个以上的兄弟姊妹，有四五十个男女仆人，占有大量的土地房产和财富；全部权力、财产高度集中于一个人，拥有严格的等级制度，并闭关自守惧怕一切新思想、新事物。它葬送了一代又一代青年人的爱情、婚姻、前途。以高老太爷为首的封建家长，以觉慧、觉民为首的"叛逆者"和以觉新、鸣凤、瑞珏、梅为首的"受害者"，构成了"高家"的基本人物谱系。

以高老太爷为首的**封建家长**，是传统道德权威和既定家族秩序的化身和守护者。他曾经从政，年老还乡，把社会政治空间的游戏规则自然融入本就严厉的家族的封建宗法统治之中，成为"家"中一切悲剧的制造者。中止觉新学业为其娶亲，转赠鸣凤给人作妾致其投湖自杀，包办觉民婚姻终致其离家逃婚……高老太爷一方面呆板地维护和执行固有家训，向子孙们灌输《刘芷唐先生教孝戒淫浅训》之类书籍的道德规范，让子孙们做臣服的奴隶，若有违逆，轻则大声斥骂，重则"开除族籍"。他说对的，没人敢说不对，他要怎样做，就要怎样做，高老太爷的独断专行均是为了维护他和他所代表的制度的尊严和权威。另一方面，高老太爷放纵自己的情欲，过着声色犬马的生活。买妾、嫖娼、写艳诗、玩戏子、唱淫邪堂会，到苟延残喘时还娶了一个漆黑眉毛、粉脸、带着一股刺鼻香风的陈姨太。由此可见，高老太爷的性格是虚伪、专制和暴戾。他把自己的权威与面子看得高于一切，他不能容忍一切向他的权力和尊严进行挑战的行为。一旦他的旨意遭到违背，随之而来的即是抛却起码的人性亲情后的狂怒和酷厉。以高老太爷为首的封建家长，以僵化的制度和无情的任性伤害着"家"中的"受害者"，激发出"家"中的"叛逆者"，因是社会演进的巨大阻障而成为严厉批判的对象。

以觉慧、觉民为首的**"叛逆者"**，是封建家族制度和封建礼教的批判者和摧毁者。他们在五四新思潮的影响下，崇尚民主、向往自由、相信科学，追求个性解放和婚姻自由，大胆叛逆，勇敢地同封建礼教等传统观念决裂。在中国现代化的时代潮流中，"叛逆者"不仅笃信新思想，而且直接付诸实践。他们对被封建家族制度吞噬的弱者的爱（同情、怜悯）和对生命吞噬者（封建家族制度）的恨，经由新思想影响，逐渐走向民主主义，最后直接参加社会斗争和反叛自己的家庭。觉民没有顺从长辈们既定的婚姻安排，选择与所爱的琴表妹一起出逃，走上了属于自己的人生道路；觉慧不满于家庭的各种既有的制度和惯例，不满于家长的作风和大哥的懦弱，爱上婢女鸣凤，在所爱之人殉情之后愤而出走，追求自己的人生目标。巴金通过对觉慧、觉民等成长过程的描写，肯定并歌颂了他们的反抗斗争精神，为长期生活在封建专制家庭中的知识青年指明了出路，树立了榜样。他们是"高家"分崩离析命运最重要的动力源。

以觉新、鸣凤、瑞珏、梅为首的**"受害者"**是整个人物谱系中颇具艺术魅力的一群。其中最精彩的应数高觉新。在守旧的长辈和激进的弟妹的夹缝中间，不为双方所理解。读新书却过着旧式生活，在思想上接受过新思想影响，行动上却留恋于旧家庭，思想与行动的纠结，清醒与懦弱的矛盾，成就了觉新的悲剧性。高觉新自小才资优异，聪慧好学，接受过新式教育。读书用功且有梦想，想做化学家，是成绩优异的中学毕业生，期待日后继续上大学，甚至梦想去德国留学深造。在五四新思潮的影响下，觉新也阅读了一些新书报，接受了一些新思想，同情觉民、觉慧的奋斗与反抗。但同时，他的思想性格被封建礼教和封建宗法制度严重扭曲，客观上扮演了一个封建礼教和封建家族制度维护者的角色。中学刚毕业，觉新就被"召回"结婚，而妻子却不是他所钟情的梅表妹。他虽觉痛苦，却没有说一句不愿意的话。不久，他很快就被搅进了大家庭各房之间的倾轧中，虽曾试图反抗，但反抗除了带来更大的麻烦外，没有任何一点好处。于是他选择了新的处世方法——敷衍，极力避免和长辈冲突。可是敷衍也没给他带来安宁，妻子瑞珏因所谓"血光之灾"的迷信难产而死。觉新的朝气和梦想在沉闷的家族生活中渐渐消失，经常陷于极度的痛苦之中。自身的软弱使其不能改变既有的规则和制度，自己虽是旧礼教旧制度的受害者，却常常以它们的维护者形象出现。懦弱和健忘让觉新自己暂且过上安静的日子，无形中他所作出的牺牲，成了觉民、觉慧们的庇护之伞，换来了觉民、觉慧们的幸福。梅、瑞珏、鸣凤在《家》中则以相对单纯的面貌出现，都是被封建制度和封建礼教迫害致死的年轻女性。梅是性格柔弱而多愁善感的黛玉式闺秀，与觉新青梅竹马，却因双方父母在牌桌上的龃龉而被拆散，嫁他人后不久就青年寡居，终日心情沉重，抑郁而终。瑞珏温柔善良、心灵手巧，堪称旧式家庭中贤妻良母的典范，可最后却被所谓"血光之灾"的迷信逼到城外去生产，导致难产而死。鸣凤是高家的婢女，虽然出身低微但内心仍保持着纯洁与高贵。正当她与觉慧初涉恋情之际，却不料被高老太爷做主把她送给六十多岁的冯乐山作妾。在万般无奈中以死抗争，维护她生命的尊严和情感的忠贞。通过众多"受害者"的悲惨遭遇，巴金鲜明地表达了其对封建家庭制度和礼教的控诉和否定。

"倾诉性"特征，在巴金一生创作中是一以贯之的，不管是小说创作还是散文创作，都是如此。这一点在《家》中表现得尤为突出。《家》是一部有着鲜明的巴金烙印的具有现实精神的作品，不仅构建了"家"，还塑造了"家"中的各色人等，在当时具有普遍性。但它与客观冷静的现实主义风格不同，具有浓厚的抒情色彩。这种抒情色彩一方面通过饱含感情的心理描写呈现人物丰富细腻的内心世界，流淌出人物发自肺腑的真情意，譬如作品中的女性形象，不管是瑞珏、梅、琴，还是鸣凤，都通过细腻刻画，展现了她们痛苦的心灵世界。又因她们各自性格、处境的差异而各具风采。另一方面，更多通过人物间的发自心灵深处的真情倾诉，从而使读者产生心灵震撼。比如，作品中觉新获知梅表姐的遭遇后对觉慧的倾心哭诉（第14章）、梅与瑞珏相处后的真诚言说（第24章），陈剑云对觉民热烈表白（第 27 章）……在这些倾诉中，我们不仅可以直接获知人物的真情实意，体会到人物的苦衷与无奈，而且也能充分感受到作者的真挚坦诚。

倾诉性特征在《家》中的突出表现，是基于两种需要而出现的。一是作品主题呈现的需要。《家》的批判锋芒直指封建家族制度和封建礼教，"受害者"们大段大段地把痛苦倾诉，人物强烈的主观情绪外泄显然会强化对封建制度的批判力量，凸显作品的主题指向。二是符合作者内心宣泄的需要。在政治抱负（无政府主义）和至爱亲人（大哥尧枚）一起离他远去的时候，巴金开始了近乎病态的写作，几乎所有时间都在文学创作上，1931 年写的小说多达五六十万字，如加上散文和译作，则达八十万字以上。幽闭在阴暗屋子中，日夜不停写作，情不自禁的冲动使他把内心的郁闷、愤懑、痛苦、纠结等各种情绪在文学作品中恣肆地倾泻。

巴金自 20 世纪 30 年代走上文坛，始终把文学的真诚品格灌注在他所有的文学创作和文学活动中。他在小说创作中所开创的现代家族叙事型构、塑造的青春反抗型人物系列和热情真诚的倾诉性话语方式，在中国现当代文学史上堪称独特。与茅盾、老舍等作家一起，促进了中国现代长篇小说的繁荣与成熟。

第三节　老舍　沈从文

老舍（1899—1966）作为中国现当代文学史上的优秀作家，具有汉族文化、满族文化和西方现代文化相互交融而形成的开阔多维的文化视野。他的创作不仅表现了特定时代底层大众的辛酸和生活趣味，以及中产阶级和知识分子的精神面貌，同时渗透着对传统文化、民间文化和西方文化的深刻反思。他在创作中对市民社会及其人物群落的出色描写，对中国古典文学传统、民间文学传统与西方现代审美的有机融合，对民间文艺的现代转化以及叙述话语的"京味儿"、对诙谐幽默格调的营造等方面的成功探索，构成了他对中国现当代文学的独特贡献。

在 40 年文学生涯中，老舍涉足小说、戏剧、散文、诗歌、曲艺等多个领域，其中以小说创作的成就最为显著。老舍创造性地吸纳了中国传统小说和民间文学的叙事艺术，在小说创作中有意追求情节的完整性和叙述的趣味性；同时也向近代西方文学汲取文学营养和美学资源，诸如康拉德的叙事结构、威尔斯的科幻寓言、狄更斯的人道主义幽默、契诃夫的讽刺艺术、托尔斯泰和陀思妥耶夫斯基的心理分析等特色均被老舍加以借鉴与创化。总体来看，老舍小说呈现出强烈而鲜明的"**生动性**"，这一"生动性"集中体现在情节设置、人物塑造和叙述方式上。

一、**巧思精构的情节设置**。老舍小说的情节曲折跌宕又富含悬念，具有极强的故事性。不论题材如何、篇幅多长，老舍总能设法营构出精彩动人的故事来。

《骆驼祥子》中，祥子的"三起三落"无疑经过了"戏剧化"处理。一方面，老舍将现实中多个车夫的特殊经历复制到祥子一人身上，使得祥子的曲折命运既以现实为蓝本，又带有超越真实的传奇意味。另一方面，老舍巧妙地设置情节冲突，"根据人物的需要来安排事件"①，为祥子的浮沉变故铺设前因后果：祥子苦拼三年买得新车，不久即被大兵劫虏而车财两空；他巧遇并出卖骆驼，重拾买车的信念和资本；因曹先生与阮明结仇，祥子成为"替罪羊"遭孙侦探敲诈，买车又成泡影；因刘四父女的矛盾激化，祥子与虎妞之间的暧昧纠葛被公之于众，他亦因与虎妞结合而扭转了穷途末路的境遇，如愿过上了拉自己的车的生活；但好景不长，日晒风吹的煎熬、其他车夫的颓丧以及虎妞的奢淫蛮横，皆消磨了祥子的意志，连续生病使其身体大不如前；虎妞与小福子的死在物质和精神上给祥子以沉重打击，他彻底绝望了，最终堕落成一个自私卑劣的"个人主义的末路鬼"。不难发现，在祥子的每一次起落之间，总有偶然性事件穿插其中。这些偶然性事件既是祥子浮沉变故的诱因和背景，也是新的矛盾冲突得以生长的契机、新的悬念得以滋生的场域。老舍有意打造诸多偶然性事件来推动情节演进，最终导向祥子曲折荒诞的悲惨人生。

《四世同堂》则以三类形象的刻画为线索展开情节：1、以钱默吟、祁瑞全为代表的觉醒反抗者；2、以冠太太、蓝东阳为代表的丧尽天良、助纣为虐的卖国贼；3、以祁老太爷、李四爷为代表的知耻内愤而因循苟安者。这三条线索相互交织，架构起整部小说复杂而清晰的情节脉络——进步力量的发展史、卖国贼的兴衰史以及因循苟安者的屈辱史。小说情节演变迅速，人物的命运常常在相关冲突中骤然转变，同时滋生众多悬念——祁瑞全出走后去往何处？钱默吟被捕后是生是死？他消隐后又做些什么？冠氏一党会遭何报应？祁家四代能否在战争中得以保全？整部小说虽然篇幅庞大，但紧张多变的情节和牵动人心的悬念形成作品连续不断的生动景观，使得读者在阅读过程中始终饱含兴致。

与中长篇小说相比，短篇小说对叙事技巧要求更高，因此，"短篇想要见好，

---

① 老舍：《人物、语言及其他》，载《解放军文艺》，1959 年 6 月号。

非拚命去作不可。"① 平常的题材、简单的故事，却能在集中充实的情节中显得精彩动人，这是老舍短篇小说最值得称道的地方。《上任》中的尤老二身为稽查长不仅毫无威信，还屡屡剿匪失败，接二连三地受到土匪的支使和玩弄。终于，他上任不到三天便引咎辞职。一波初平而一波又起，尤老二上任到卸任的过程既短促又曲折，颇具戏剧性。《黑白李》的情节中心从兄弟矛盾转向革命，是通过两个悬念来实现的——白李的危险行动是什么？黑李为何烧去黑痣，又不知所踪？这在小说结尾才得以揭晓：白李组织暴动失败被通缉，黑李顶替白李遭逮捕枪毙。小说的情节逻辑随之柳暗花明：白李参加革命又不愿祸及黑李，便故意与黑李发生摩擦，企图破坏亲情、脱离家庭；黑李则屡次忍让，尽力维护亲情，甚至为了保护白李而冒名赴死。不到最后，读者决然想不到这是一篇关于革命题材的小说。

二、**灵动鲜活的人物群像**。老舍在小说中创造了类型多样的市民形象，具体有以下几类：1、固守封建宗法礼教，思想保守落后的老派市民，如老马（《二马》）、张大哥（《离婚》）、王老太太（《抱孙》）等。2、中西文化冲撞下的病态畸形的文化失根者和自私狭隘的个人主义者，前者如毛博士（《牺牲》）等，后者如赵子曰（《赵子曰》）、祁瑞丰（《四世同堂》）、马裤先生（《马裤先生》）等，更有甚者利用新潮虚伪造势、谋权营私，如冠太太（《四世同堂》）等。3、新思想引导下的觉醒者、实干者和反抗者，他们是老舍"理想国民"的化身，如李景纯（《赵子曰》）、李子荣（《二马》）、钱默吟和祁瑞全（《四世同堂》）等。4、生存艰难而苦苦挣扎、良善安分而贫弱无力的城市底层贫民，如祥子（《骆驼祥子》）、福海（《我这一辈子》）、"我"（《月牙儿》）等；其中相当数量的苦人们是贫苦交加的近现代满人的缩影，他们生活落魄、营生低贱，却保留有昔日贵族的道德涵养和精神风貌。对这类隐含着满族身份的底层贫民的书写、理解和同情，既以作家的人道主义关怀为根柢，也与作家本身的民族记忆和民族认同休戚相关。

在人物塑造上，老舍注重突出人物鲜活而独特的性格，使人物"能立得起来"②。人物对话的性格化是塑造人物的重要手段，正如老舍所言："小说中人物对话很重要。对话是人物性格的索隐，也就是什么样的人说什么样的话。"③《骆驼祥子》中，虎妞既有男性的粗爽刚利，也有女性的阴柔娇媚，尤其当她面对祥子时，这种两性复合的特征体现得尤为明显。在她与祥子的对话中，常有刚劲泼

---

① 老舍：《我怎样写短篇小说》，载《宇宙风》第 8 期，1936-1-1。

② 老舍：《人物的描写》，载《宇宙风》第 28 期，1936-11-1。

③ 老舍：《人物、语言及其他》，载《解放军文艺》，1959 年 6 月号。

辣之语——"过来先吃碗饭！毒不死你！""你可倒好！肉包子打狗，一去不回头啊！"但也有"一百一的客气，爱护"，流露出隐隐的娇柔之气——"我也知道你是要强啊，可是你也得知道我是真疼你。""你瞧，我要是一天看不见你，我心里就发慌！"虎妞的形象由此更加耐人寻味：家庭和车厂的恶俗环境使她养成了市侩粗野的习性。管理车厂则要求她形成强势蛮横的行事作风。老姑娘的处境和成熟的性意识使她对情爱和婚姻生活充满渴望，祥子的出现则激起了她关乎爱和被爱的双重欲求。如此复杂的人生境遇，必然形成虎妞善恶交织、亦阴亦阳的复杂性格。《抱孙》中，王老太太发话："宰了你的女儿活该！万一要把我的孙子——我的老命不要了。""我的孙子得养出来！""头大的孙子，洗三不请客办事，还有什么脸得活着？"一个愚昧顽固、虚伪冷酷的封建家长形象跃然纸上。

老舍擅长"戏剧的描写法"①，精到简洁地勾勒人物的形貌特征，以呈露人物性格。《马裤先生》中，马裤先生的"平光眼镜"和"小楷羊毫"暗示其好装腔作势、附庸风雅的虚伪性格。结合他的粗鄙言行来反观这两个物件，反讽的意味不言而喻。《眼镜》中的宋修身"身上各处的口袋都没有空的地方：笔记本，手绢，铅笔，橡皮，两个小瓶，一块吃剩下的烧饼，都占住了地盘"，这个细节特写放大了其病态的贫穷意识和吝啬迂腐的性格。《四世同堂》中，老舍漫画式地描摹祁瑞丰、冠太太、蓝东阳等汉奸的人物造型，意在突出他们灵魂萎缩、毫无廉耻的性格丑态。

围绕人物的性格特质，多方面刻画人物，以烘托人物性格。《牺牲》中的毛博士笃信美国优越而中国野蛮肮脏；推崇"美国精神"，却流于电影、金钱和女人等皮相层面；立合同又不守约，为人处事毫无"美国精神"；在爱情和婚姻上，同样显露出"美国精神"伪装下的"中国精神"本相。老舍多方面地展现毛博士崇洋媚外、不中不西的文化失根者形象，使其性格更加鲜明突出。

三、"说"故事的叙述方式。在小说创作中，老舍借鉴了民间说书艺术，采用"说"故事的叙述方式，具体呈现为三种情态：1、叙述者"我"在小说中充当主角，娓娓倾吐"我"的故事或思绪，如《月牙儿》《阳光》《我这一辈子》等。叙述者宛若逢遇新知故友，与读者面对面地诉说长谈，这种近距离和真切感是这类小说所具有的生动效果。2、叙述者"我"在小说中充当配角，以"我"的视角讲述别人的故事，如《大悲寺外》《黑白李》《柳家大院》《兔》等。这类小说

---

① 老舍：《略谈人物描写》，载《抗战文艺》第 7 卷第 2、3 期合刊，1941-3-20。

的叙述者直接摆出"说书人"的姿态，以"说"的口吻展开故事，例如"这两天我们的大院里又透着热闹，出了人命。事情可不能由这儿说起，得打头儿来。"（《柳家大院》）"爱情不是他们兄弟俩这档子事的中心，可是我得由这儿说起。"（《黑白李》）《兔》开篇先介绍小陈的相貌、职业、性情、才智等个人信息，这俨然也是说书人惯用的开场白程式。由此，读者仿佛置身"书场"，在听故事的氛围中享受一场生动的阅读体验。3、叙述者并不充当角色，却仍以"我"或"我们"自称在小说开篇出场，全知全能地讲述别人的故事，如《一封家书》《恋》《小木头人》等。这类小说的叙述者不愿退居幕后，而是有意制造在场的假象，向读者发出"我"（"我们"）在说故事的讯息，意在引导读者进入"说"与"听"的情境中去，从而增强读者的阅读情趣。

老舍是以小说家的身份跻身中国现代文坛的，小说不仅是老舍开启新文学创作的文体支点，更负载了其广泛而深切的文化思考。**文化批判和文化建设，是老舍在小说创作中进行主体性思考的核心命题**，也是支撑老舍小说"生动性"之趣而不俗的理性力量。

老舍既以西方文化为学习的客体和有益的参照，反思中国传统文化的愚昧保守、封闭落后，同时又警惕西方物质文明的泛滥和腐化，批判本土对西方文化的皮相接受以及新文化的变质，这是老舍进行文化批判所呈现出的"双向性"，其背后维系着作家显在的新文化自觉与潜在的传统观念之间相互牵制、趋于平衡的心理状态。

五四新文化运动和域外跨文化体验开启了老舍反思传统文化、探寻文化新质的新视阈。西方现代文化崇尚科学知识、重视公共生活、追求民主自由的理念，成为老舍批判传统文化的愚昧保守、自私狭隘、封闭落后的有力武器。虎妞、小媳妇（《柳家大院》）、王家媳孙（《抱孙》）的死，皆以血的惨案向封建礼教、迷信和恶俗发起控诉。《二马》中，老舍比照中西文化，突显老马的"出窝儿老"和"官迷"形象，以此揭示传统文化的迟暮庸腐对中国人精神气质的负面影响。《四世同堂》中的祁老太爷、陈野求、祁瑞丰、冠太太等人，在国难中各自表现出程度不等的自私性。传统社会以家庭为中心的组织模式，形成中国人根深蒂固的家庭本位思维和亲缘伦理观念，而对家庭与亲缘关系之外的人和事漠不关心，在社会公共领域中缺乏集体意识和民族国家观念，老舍将这一国民劣性纳入对传统文化的反思之中。京旗文化中的"穷讲究"、好逸恶劳、爱面子等习性，也是老舍的批判对象。另一方面，老舍珍视传统德性文化，对温厚、仁义、慈孝、气节等传统道德品格深表认同，并以此形成反观新文化的一面镜子。面对现代中国"新"气十足的社会现象，老舍以传统道德观念作为衡量诸种新文化现象的价值尺度。《赵子曰》批责青年学生对平等自由的滥用和误用，以及纯属暴力的"新武化主义"学潮。《猫城记》揭露"新制度与新学识到了我们这里便立刻长了白毛，像雨天的东西发霉"。《牺牲》嘲讽留洋派习得的西洋文化，不过是流于物质享乐主义和男女情爱的庸俗哲学。老舍的批判眼界超越传统文化领域，在新文化声浪中亦"找到了笑料，看出了缝子"①。

接应着文化批判的"双向性"，老舍对未来理想文化的建设构想，在于探索一条东西方文化复合的集约化道路。一方面，对西方文化的接受，乃是学习其科学精神和务实态度，重视对国民的知识教育，使其真正有效地投入社会改革事业；另一方面，对传统文化进行现代性转化，保留其优质成分并融入现代品格的塑造中去，发扬传统文化的德性力量，以疗救现代文明对人性的异化，并在其中重建民族文化的自信心。

沈从文（1902—1988）小说创作的主要特点，可以概括为这样几个方面：**一是在现代性文化思潮反思过程中重估区域文化价值和对人性美的礼赞；二是有意展开对于汉文化的批判同时对于少数民族文化内在品质的认同；三是牧歌式审美风格的追求和小说散文两种文体的融合试验。**他的小说基本上是关于"城市"或"乡村"的叙事——乡村叙事源于早年湘西生活的经验累积，并在入城以后不断滋长的怀乡情绪中获得叙事动力。城市叙事取自成年以后寓居城市的生存体察，是在对乡村世界的深切认同中建立叙述的精神支点。两种叙事由此形成了彼此参照、相互解释的密切关系。

沈从文似乎很难理解城市，形诸小说中的城市笔墨，满含着对城市生存方式的厌恶，对城市人性扭曲、病态和堕落的曝光与展览。在《绅士的太太》《都市一妇人》《八骏图》《或人的太太》《自杀》等小说中，沈从文借由城市人丑行陋态穷形尽相的绘写，对现代城市文明作了毫不容情的批判，这一批判，又主要寄寓在直陈事相所形成的超然物外的讽刺之中。《绅士的太太》以类乎实录的笔法叙述了几个绅士家庭的日常生活和交际往来。绅士背着太太与情人幽会，太太尾随跟踪盯梢。绅士家大少爷与三姨娘偷情，绅士太太不仅不干涉，还为他们包庇

---

① 老舍：《我怎样写〈赵子曰〉》，载《宇宙风》第2期，1935-10-1。

隐瞒、牵线搭桥，只为收取礼物和钱财，甚至还享受着大少爷对自己的调戏。所谓的城市"高等人"，就是这样一个荒淫无度、虚伪自私的群体。他们有光鲜的外表、体面的身份，看似彬彬有礼却道貌岸然，灵魂与人格早已朽败。《都市一妇人》中湘西女子的漂泊人生和悲剧命运，自其进入城市的一刻起便已注定。在城市这一欲望的策源地，她注定要沦为各类男人的玩物，在情人、姨太太、妓女、交际花的身份变换和命运浮沉中，自身最终被城市改写为一个残忍与自私的女人。

沈从文对城市的排斥，与其对"乡下人"习性的固守与认同直接相连。他曾自白："我实在是个乡下人。说乡下人我毫无骄傲，也不在自贬，乡下人照例有根深蒂固永远是乡巴佬的性情，爱憎和哀乐自有它独特的式样，与城中人截然不同！他保守，顽固，爱土地，也不缺少机警，却不甚懂诡诈。"① 笃信乡村与城市是截然分立的二元，难免导致沈从文以城市边缘人即"乡下人"的视角来审察城市，以此显影城市人林林总总的病象，而对城市人病象的专注与厌弃，又必然反过来强化沈从文对乡村的憧憬，对乡下人的由衷赞赏。为了显示他所属意的乡村世界，沈从文在城市叙事之外，更加用力于乡村小说创作，书写乡村（主要是湘西边地）可以说占据了沈从文创作的主体部分。这些小说的主调在于对湘西世界的倾情赞美，既精心绘制湘西优美如画的自然图景，也用心还原活色生香的湘西风俗，更悉心状写湘西人"优美、健康、自然，而又不悖乎人性的人生形式"。② 自然流露是沈从文一贯倾心的艺术风致。把人与自然融为一体，不在乎传统小说的时间、地点、人物、事件的特定性限制，没有很强的故事性和大场面；也不在乎情节结构和矛盾冲突的制约，而是淡化冲突，突出人性，引导人们去沉思一种自然的人生方式。他的小说结构往往移步换景，景到人到，在自然的环境中生成人物的性格。恬静自然、清澈和谐的环境与纯朴自然、活泼健康的人物性格相映生辉。沈从文小说的另一个特征是表现人生的偶然性。过去，湘西还是一个通往古夜郎国的边关要塞、军事重镇，沈从文的祖父沈洪富和父亲都是军人，母亲也在军队中长大，沈从文从十五岁未满开始行伍生活，他的行伍生活来自家庭传统因素。行伍的生活，残酷而血腥，让他感受了太多人生的偶然与意外、生命的自然与顽强，这种生命意识无处不在地渗透在作品中。进入城市，挤入文坛，又经历了中日战争，血雨腥风，人生坎坷，这种不平凡的人生经历，培育了独特的人生理念。他认

---

① 沈从文：《习作选集代序》，载《国闻周报》第 13 卷第 1 期，1936 年 1 月 1 日。
② 沈从文：《习作选集代序》，载《国闻周报》第 13 卷第 1 期，1936 年 1 月 1 日。

为人生是一种偶然，偶然的情感影响了他的人生，也影响了他的创作观念。如《长河》的题记："用辰河一个小小的水码头作背景，就我所熟习的人事作用题材，来写这个地方一些平凡人物生活上的'常'与'变'，以及在两相乘除中所有的哀乐。"其中，作家试图在明朗的自然景物中生长起来的"几个小儿女性情上的天真纯粹"里寻觅希望，但"人事上的对立"和"人事上的相左"，特别是面对"地方特权者"的时候，作家只能以"有意作成的乡村幽默"来安慰心灵的"沉痛感慨"。《长河》是沈从文严肃讨论人生与人性，贴近于现实的小说，如果要说《边城》是沈从文所构筑的心梦，那么《长河》则是他对现实人生的思考。

在《萧萧》《柏子》《三三》《丈夫》等短篇小说中，沈从文依托湘西人生的绘写，倾力打造他心目中完美的人性形式，期冀以此改造被现代文明侵蚀和异化、日趋腐朽和萎靡的民族性格，预示人性拯救和发展的方向。沈从文受过现代意识的浸染与洗礼，但他不想以理性之光来照见乡土世界的暗影，反而倾向于反现代的立场，把现代理性作为审视与反思的对象，故而他笔下的湘西世界虽然未臻完满无缺，但并不带给人强烈的悲剧意味。在沈从文看来，残缺的湘西世界无须修补，它是自然人生的本真状态，并不违反良善健全的人性，需要修正的恰恰是湘西以外的文明世界。《萧萧》写 12 岁的萧萧嫁给只有 3 岁的丈夫。在青春萌动、渴望爱情的 14 岁时，她被年轻男子花狗引诱失身并怀孕，由此触犯了村子里订立的宗法制规矩，面临被"沉潭"或"发卖"的严厉处罚。"伯父不忍把萧萧沉潭"，故让萧萧发卖，但因一直没有人娶她，萧萧仍然留在丈夫家里，直到生下儿子后，她获得了族人的原谅，不再被驱逐。而后儿子长到 12 岁，又娶了 18 岁的儿媳妇。萧萧逢凶化吉的命运反转，充分显示了当地族人善良淳朴的人性。这里的封建规矩及其维护者，没有一点冷酷无情的味道。萧萧的无知和花狗的负心，也没有遭到谴责。萧萧儿媳的命运似乎正是萧萧命运的重演，但从这种命运轮回中，几乎看不出对愚昧风俗的批判，作者恰恰借此演示了合乎自然的人性形式和人生情态。《柏子》是关于水手柏子与寡妇的情爱故事。两人的情爱既不属于现代观念下的自由恋爱，也不属于有悖道德的偷情或嫖宿，其中既没有对传统礼教的反抗，也没有"同是天涯沦落人"的悲情。他们只是基于各自的生存需求结成一对，心念对方，不时会面，近乎原始，纯任自然。

沈从文对湘西世界的讴歌与赞美，在他最著名的中篇小说**《边城》**中，得到淋漓尽致的体现。小说中的"边城"（茶峒小镇）是一个充满"爱"与"美"的世外桃源，这里的各色人物，无论富人船总，还是商人屠户，抑或平民百姓，如老船夫、妓女、马兵等，皆重情尚义、诚恳谦和，颇有温良恭俭让的君子之风。人与人之间不论长幼贵贱，都能和谐共处、彼此帮扶。富人乐善好施，穷人急公好义，晚辈敬重长者，长辈关爱后生，这里宛如没有等级秩序和利益纷争的人间天国。尽管小说也写了悲剧，但这悲剧不是由恶所致，毋宁说是因善而生。同时作者也有意把善与善的冲突处理得更为含蓄委婉，不至于激烈尖锐，使悲剧意味得到淡化或内敛。小说中的悲剧主要是关于翠翠的爱情悲剧。翠翠与外公老船夫相依为命，靠摆渡为生。在镇子上看龙舟时，翠翠误会船总顺顺的二儿子傩送的关切好意，轻声骂了他，但他不仅不恼恨翠翠，还派人护送她回家。这个戏剧化的事件让翠翠对傩送暗生情愫。几年过去，逐渐长大的翠翠不但没有消减对傩送的爱，反而更深地恋上了他。老船夫自觉年事已高，想尽快给翠翠找到归宿，得悉顺顺的大儿子天保喜欢翠翠，就委婉暗示他来求亲。当地求亲有两种方式：一是遵循汉族婚俗，走"车路"，请托媒人上门提亲，经双方家长同意之后撮合；二是依照苗族风俗，走"马路"，让男方在月夜上山给女方唱情歌，唱到女方动心，答应嫁给对方。天保自觉唱歌本领不足，就请杨马兵做媒人，走"车路"向老船夫提亲，但翠翠并不同意，既因为她心系傩送，更因为她本能地倾向于唱歌求爱的苗族婚俗（她听着傩送在夜间唱的动人山歌做起了甜美的梦就是证明）。老船夫尊重翠翠的意愿，察觉翠翠别有心思，便没有应承天保。天保在失望之余驾船远走，不幸溺水而亡。老船夫得知傩送对翠翠有意，又向顺顺征询意见，惜乎顺顺因为儿子的死没有答应他，反而要求傩送娶王团总的女儿，傩送一气之下远走他乡。原本情投意合的一对恋人最终未能走到一起。归根结底，导致翠翠爱情悲剧的不是人性恶，也不是顺顺的天命意识和傩送的倔强性格，而是汉族文化与苗族文化的潜在冲突。从民族身份上看，顺顺和老船夫两家人应属苗族，但苗、汉杂处的"边城"已经为汉族风俗所渗透，即使身为苗人的顺顺和老船夫，也不再完全依从苗风，开始接受汉俗。奉行"父母之命、媒妁之言"的汉族婚俗，看重的是婚配双方家长的意志，更多考虑门当户对的世俗因素。唱歌定情的苗族婚俗，更多遵从婚配男女的自由选择及个人感受。前者强调理性，后者注重情感。翠翠及傩送都是生性活泼、喜好自由的苗族青年，他们发乎情本于心的情爱选择，必然与汉族婚俗习惯难以调谐，从而导致两人无法结成眷侣。沈从文曾提请人们注意他"作品背后隐伏的悲痛"[1]，这层悲痛或许是来自他对苗汉两种文

---

[1] 沈从文：《习作选集代序》，载《国闻周报》第13卷第1期，1936年1月1日。

化存在冲突的深切体察。

事实上，纵观沈从文各个时期的创作，会发现具有苗族血统的沈从文始终保持着对**苗族文化**的表现热情。《龙朱》《媚金·豹子·与那羊》《月下小景》等小说的人物明确出之于苗族身份。这些小说通过追溯远古时代苗人极具传奇色彩的浪漫生活，颂赞了苗族先人尚义厚情、率性自由又不乏英雄气概的可贵品质，其目的在于宣示苗族区别于汉族（包括清代满族等统治族群）的独特族群性格，强化苗族文化的优越性，同时借此批判注重实利、扼杀生机的汉式文明。在其他湘西题材的小说里，作者虽没有直接指明人物形象的苗族身份，但根据小说中所展示的苗族风俗和苗区环境，也完全可以把他们推断为苗人。作者笔下的湘西世界，既是充满"爱"与"美"的胜境，又上演着各种悲剧故事。当苗族文化维持其自足自在，湘西即是胜境所在；当苗族文化受到汉族文化（近代以来表现为西方文化）的侵蚀，湘西则随之陷入悲剧。在长篇小说《长河》（第一卷）中，"中央军"的调动立刻给湘西人带来恐慌："怎么省里又要调兵上来？又要大杀苗人了吗？""中央军"对湘西人的威胁，某种意义上可以对应于强势汉文化对弱势苗文化的威胁。小说的核心情节围绕保安队宗队长与滕长顺一家的冲突展开。作为汉人的宗队长依仗权势，向苗人滕长顺敲诈勒索，又对长顺女儿夭夭心怀不轨、垂涎三尺，由此成为长顺一家安稳宁静生活的破坏因素。这种破坏的背后，正隐示着吸收了西方近代商业文化的汉文化对淡泊自守的苗文化的主动侵凌。某种意义上，沈从文所有小说中所包含的关于城市与乡土的对立冲突，似乎都起源于沈从文对苗族文化的认守，对有着统治权力族群文化的审视，以及在此前提下所意识到的苗、汉文化之间的深刻冲突。

第四节　赵树理　张恨水

中国文学自五四开始走向"现代化"的过程中，**"文艺大众化"**一直是作家们追求的重要目标。这是因为，文学在近代以来危机日重、救亡图强的现实中被赋予重要使命，文学的作用被大大提升。要求文学能够利用自身形象生动、传播广泛的优势，发挥振奋民心、改良生活、传播新知、反思传统的特殊作用，参与到民族复兴的伟大事业中来。何以才能真正实现"文艺大众化"？五四后一代代作家们进行了坚持不懈的探索实践，但效果并不明显。新文学运动中诞生的"白话文学"，虽然在内容上汇聚了西方近代以来许多新的文化科学观念，但文学描绘的生活形态和所形成的"欧化体"话语方式与一般大众有很大隔膜。看不懂（亦听不懂）、不愿读成了一般民众对待新文学的基本态度。这成为新文学必须面对却长期难以解决的难题。赵树理的创作正是在这样的境遇中，引起了人们的关注与重视。

赵树理（1906—1970）的青少年时代是在农村度过的，他十分熟悉民间文艺的各种形式和底层民众的文学偏好。他在对新文学与民间文艺的对比中，深感新文学受冷落的处境以及"欧化体"文学的弊端，早在20世纪30年代初学习文学创作时就有意识地探索文艺大众化的写作路子。据研究所知，赵树理在成名作《小二黑结婚》问世之前，就曾在各类报纸杂志上发表过包括中长篇小说在内的二三十万字的通俗有趣的作品。所以，赵树理在40年代能够连续推出极具新颖性的小说《小二黑结婚》《李有才板话》《李家庄的变迁》等，并不是突发奇想的偶然。

要实现文艺大众化，简言之，一是要写大众的真实生活、表现他们的喜怒哀乐；二是要用大众熟悉并喜欢的艺术形式。文艺大众化就是要做到内容与形式的简洁明畅、雅俗共赏。赵树理的小说可以看做新文学"文艺大众化"的成功范例。

"雅"应指作品主题的严正和故事意味的淳厚，而"俗"则更多地要考虑作品趣味的活泼性、故事叙述的简明性以及思维方式的民间习惯等。大众化并不是通俗化，然而"通俗"却是大众化的必有之义。赵树理作品雅俗共赏的大众化效果，是通过以下几个方面加以实现的：

一、**大众生活的写实描绘。**真实地反映生活，对许多作家而言并不是容易做到的。赵树理小说的真实性，首先是"朴素的真实"。他的小说几乎都是自己"据实所见"的艺术加工，既没有凭空臆想的虚构，也不做毫无现实生活根据的拔高升华，尽力写出生活本来的样子和生活规则制约下的走向。其次是平淡无奇的纠葛。平淡是生活的基调，生活的"渐变"多于"突变"。赵树理小说中的矛盾冲突基本上都与大众生活中日常需求相关联，婚丧嫁娶、儿女情长、吃喝用行、邻里纠葛等是他描写的重心。比如《小二黑结婚》，它取材于赵树理下乡做调查研究时获知的一个真实的悲剧事件。赵树理意识到造成这一悲剧的现实因素具有普遍性，恋爱一方的死亡属于生活的"突变"与特殊，然而造成这一悲剧的原因却在民间已经习以为常、平淡无奇——这就是父母之命、媒妁之言的封建婚姻观念和男女授受不亲以及民间关于男女淫乱的习惯认定和思维方式，权力者正是利用了这些大众流行观念，假公济私制造悲剧。赵树理要在《小二黑结婚》中把这一切加以"故事化",让青年男女的恋爱过程与家庭的日常生活、父母的精神世界、乡村的善恶美丑、时代的情势变迁关联在一起,借助于男女恋爱引发的日常生活冲突与解决,表现时代变迁的真实情景。《李有才板话》中的农村斗争,并没有权势者与受压迫者之间刀光剑影、你死我活的对立场面,而更多地表现为看不见的心计比试、暗地里的谋略较量和波澜不惊的时势更易。农村斗争中正与邪的反复较量,并没有走向尖锐化、极端化,而是表现为日常化的事实和平缓相争的平淡状态。阎家山"主人"的更易,在李有才的两段"板话"中得以轻松地呈现:

> 村长阎恒元,一手遮住天。自从有村长,一当十几年。年年要投票,说是要改选,选来又选去,还是阎恒元。不如弄块板,刻个大名片,每逢该投票,大家按一按。人人省得写,年年不用换。用它百把年,保管用不烂。
>
> 阎家山,翻天地,群众会,大胜利。老恒元,泄了气,退租退款又退地。刘广聚,大舞弊,犯了罪,没人替。全村人,很得意,再也不受冤枉气。从村里,到野地,到处唱起"干梆戏"。

二、由"故事"构成的小说。我国历史上的叙事类创作,无论是《三国演义》《水浒传》等长篇名著,还是各类通俗小说,或是民间评书说唱话本,大多都是以"故事"为主,形成中国小说的"故事"传统和大众对"故事"的接受喜好。人物是故事的主角,人物的活动引出故事,故事的展开则引出更多的人物与故事。小故事形成大故事,大故事套着小故事,人物与故事齐生并发,故事的结局与人物的命运结为一体。赵树理深谙此道,他善于将各种主题、思考和问题,化入有头有尾、情趣横生、跌宕起伏的故事之中,将人物性格置于故事的发展变化中接受考验,凸显特征。要么用故事对人物性格实施定位,要么以人物的特殊性格引发故事。故事的有趣与完整,托出了人物性格的丰富与纯粹。赵树理常常给作品的人物起绰号,也正是追求叙事故事化的一种策略——因为每一个"绰号"背后都有精彩有趣的故事内容。像《小二黑结婚》,全篇 12 节,几乎每一节都是一个故事。"神仙的忌讳"的故事,叙述了小二黑的父亲"二诸葛"迷信僵化的性格来历,以及小芹母亲"三仙姑"装神弄鬼的癖好和借此装嫩卖俏、不耻风流的生活面貌。"小芹"、"金旺兄弟"、"小二黑"等以人物命名的三节,则引出了小芹与小二黑相好、金旺觊觎小芹的故事,为情节发展埋下伏线。"斗争会"、"三仙姑许亲"、"拿双"、"二诸葛的神课"四节,正面展开了因小芹、小二黑自由恋爱而引起的多种冲突。这些冲突故事的发生都与前面故事里所显露的各个人物的性格紧密相关。正是由于各个人物性格的不同，才会在"恋爱"的境遇中发生不同的矛盾冲突。"恩典恩典"、"看看仙姑"、"怎么到底"作为小说的尾声，虽然主要是交代作品中的五个人物的结局，但关于"二诸葛"和"三仙姑"新故事的产生，却使得小说收束显得情趣生动、韵味绵长。

《李有才板话》讲述的是太行山抗日根据地一个名叫阎家山的村庄，贫苦农民与地主阶级斗争并取得胜利的故事。这部作品依然是"故事"化的叙事。第一节"书名的来历"，通过"气不死"、"板人"李有才的故事，初步点出了阎家山"村西头"（权势者与富人）与"村东头"（贫苦人家）之间的相沿已久的隔膜与冲突。第二节"有才窑里的晚会"，通过"小字辈"的对话与李有才的几段板话，不但把替阎恒元卖力的张得贵、阎喜富、刘广聚等人的性格进行了刻画，同时"小字辈"们之间在如何对付阎家势力上的分歧以及性格差异也初步显示，这为后面斗争趋于复杂做了铺垫。"打虎"、"丈地"、"好怕的'模范村'"、"小元的变化"四节，具体描写了在选举、分配土地、争取力量等环节上，"小字辈"与阎家势力的谋对智斗，阎家山依然是阎家的天下。从第七节"恒元广聚把戏露底"开始，由于新的人物——县农会主席老杨的出现，新的故事发生，原有故事中的人物在新的故事中则按照各自不同的性格走向最后的命运。"小字辈"在选举中的获胜，既是阎家山历史变迁的体现，又预示着新的故事的开始。

三、**俗白素净、简约明畅的话语风格**。文学作品的风格特性大多是靠话语的独特性体现的，纵观赵树理近半个世纪的文学创作实践，他在小说创作的话语类型和言说方式等方面不断进行着探索，用过很多功夫。对中国古代文学、五四以来的新文学和民间文艺都十分熟悉的赵树理，试图把三种话语有机地融化，创造出真正大众化的、现代的、雅俗共赏的话语风格，这种风格可以概括为俗白素净、简约明畅。赵树理小说的许多开头就普遍而鲜明地体现了上述风格：

> 刘家峧有两个神仙，邻近各村无人不晓：一个是前庄上的二诸葛，一个是后庄上的三仙姑。二诸葛原本叫刘修德，当年做过生意，抬脚动手都要论一论阴阳八卦，看一看黄道黑道。三仙姑是后庄于福的老婆，每月初一十五都要顶着红布摇摇摆摆装扮天神。
>
> ——《小二黑结婚》

李家庄有座龙王庙，看庙的叫"老宋"。老宋原来也有名字，可是因为他的年纪老，谁也不提他的名字；又因为他的地位低，谁也不加什么称呼，不论白胡老汉，不论才会说话的小孩，大家一直都叫他"老宋"。

——《李家庄的变迁》

涉县的东南角上，清漳河边，有个西峧口村，姓牛的多。离西峧口三里，有个丁岩村，姓孟的多。牛孟两家都是大族，婚姻关系世代不断。像从前女人不许提名字的时候，你想在这两村问询一个牛孟两姓的女人，很不容易问得准，因为这里的"牛门孟氏"或"孟门牛氏"太多了。孟祥英的娘家在丁岩，婆家在西峧口，也是个牛门孟氏。

——《孟祥英翻身》

福贵这个人，在村里比狗屎还臭。村里人说他第一个大毛病是手不稳：比方他走到谁院里，院里的人总要眼巴巴看着他走出大门才放心，他打谁地里走过，地里的人就得注意一下地头堰边的烟袋衣服，谁家丢了东西，总要到他家里闲转一趟……

——《福贵》

再看对话。在动作和对话中展示人物性格、透视人物心理，这一中国传统的"白描"手法，被赵树理运用得娴熟无比。《催粮差》描写阎锡山统治时期下乡催缴粮食的名叫崔九孩的警察，借机向百姓孙甲午敲诈索贿，邻长刘老汉为了使孙免于牢狱之灾，不得不与崔九孩讨价还价：

九孩吃过饭，刘老汉他们背地里咬着甲午的耳朵给他出了些主意。又问了他一个数目。有个青年去借了一块大洋递给刘老汉。刘老汉拿着钱向九孩道："本来想给老头多借几个盘费，不过甲午这小人家，手头实在不宽裕，送老头这一块茶钱吧！"一块钱那时候可以买二斗米，数目也不算小，可是住衙门的这些人，到了山庄上，就看不起这个来了。他（崔九孩）说："小人家就让他省几个钱吧！不用！我也不在乎这块儿八毛。带他到县里也没有多大要紧，不过多住几天。"……又去借了两块钱，九孩还是不愿意，一直熬到半夜多，钱已经借来五块了，九孩仍不接。甲午看见五块钱摆在桌上，有点眼红了，便说："大伯！你们大家也不要作难了，借人家那么些钱我指什么还人家啦？我的事还是只苦我吧！不要叫大家跟着我受罪。把钱都还了人家吧！明天我去就算了！"九孩接着说："对！人家甲午有种！不怕事！你们大家管人家作甚？"说了又躺下自言自语道："怕你小子硬啦？罪也是难受着啦！一进去还不是先捱一顿板子?!"甲午道："那有什么办法？没钱人还不是由人家摆弄啦?"刘老汉也趁势推道："实在不行也只好有你们的事在!"把桌上的钱一收拾，捏在手里向那个借钱的青年一伸。青年去接，刘老汉可没有立刻递给他，顺便扭头轻轻问九孩道："老头！真不行吗?"九孩看见再要不答应，五块大洋当啷一声就掉在那青年手里跑了，就赶紧改口道："要不是看在你老邻长面子上的话，可真是不行!"刘老汉见他改了口，又把钱递到他手里道："要你被屈!"九孩接过钱又回笑道："这我可爱财了!"九孩把手往衣袋里一塞，装进了大洋，掏出钥匙来，开了锁，解了铁绳，把甲午放出。

双方心照不宣的相互试探、为达到目的的欲擒故纵、话语之间的机锋隐含以及由各个不同身份的角色话语所形成的一张一弛、时紧时松的现场气氛，使得每个对话者的性格毕现无遗，真是妙不可言。

赵树理始终坚持朴素真实的现实主义文学理念，反对夸饰现实和虚幻的理想主义叙事，坚持为农民代言和真实描写现实，注重文学的伦理教化功能和艺术上的民族化追求，为中国现代文学的大众化、民族化，做出了重要贡献。

中国传统章回体小说，滥觞于晚清，多以官场黑幕和儿女私情为主要书写题材。晚清以降，通俗小说为市民阶层所热捧，在民间传播甚广。随着五四新文学对传统的多维革新，小说亦出现新变，在精神和技艺两个层面都具有了现代性的特征。"五四"之后通俗小说日渐式微，其游戏精神和世俗趣味受到主流文坛的抨击谴责。张恨水（1895—1967）此时的章回体小说创作却例外地取得成功，这与他对此种小说体裁的革新有着密切的联系。

张恨水的通俗小说创作，虽深得中国传统章回体的笔法风韵，然而却包孕着与新文学极其相似的现代性指向，这一指向的核心就是"启蒙精神"。他引雅入俗，悄然之间培养和训练了市民阶层的文学趣味，从而延续了在民间具有广泛影响力的章回体小说的生命力。曾经红极一时的**《啼笑因缘》，集中体现了张恨水新通俗小说创作的诸多特质：**

一、**传统小说题材的现代寓意。**与五四时期欧化色彩浓重的小说不同，张恨水的小说创作仍然根植传统，用大众早已熟识的笔法表现当下。《啼笑因缘》以军阀混战、新旧思想交替时期的北平为背景，描写富家子弟樊家树与三名女子之间的恩爱情长。这部小说是以真实故事为蓝本加工、改造而成。张恨水一改此前旧小说"记账式"的叙述和"起居注式"的记录，刻意将故事放置在当时的社会历史背景中，有意识地要反映时代和写人民。① 可以说，《啼笑因缘》的最大的特点就是"借离合之情，写兴亡之感"。这种写男女私情实则表现家国兴亡之恨的文学手法，多见于古典小说、戏曲当中，以起到讽喻教化之功用。虽然《啼笑因缘》仍是描写男女之情，并且因其设置了一场错位的多角恋爱而备受追捧，但是张恨水并非将眼光仅仅盯在男女主人公的风月缠绵之上。他将男女之情与时代精神、社会批判结合起来，言情之中不乏对种种社会乱象的忧虑深思，因此他的小说被称为"社会言情小说"。在时代更迭之际，人物的命运随波逐流。本是才子佳人的樊家树与沈凤喜却缘分薄浅，而早已暗许芳心的侠女秀姑始终无法吐露爱慕之情，主动表白的何丽娜也因樊家树心不在焉而伤心归隐。看似一场纠葛错位的多角恋，实际上渗透了当时社会的某种现实。啼笑因"缘"，此"缘"不再是旧文人眼中的天意命数，而指向现实人生中的不合理：巧取豪夺的军阀统治、钻营投机的势利小人、灯红酒绿的上流阶层和权欲熏心的官场现实，围绕着这场爱情纠葛毕露无遗。小说的结尾戛然而止，意味颇长，令人啼笑皆非。小说中的悲欢离合，正道出了张恨水心中时代兴亡变迁之感。正是有了对社会、人生的深刻认识以及对文学教化人心、启迪民智此一伦理功能的深层认同，才使得张恨水较之其他通俗小说家高出一筹。

　　二、**故事中塑造鲜明的人物形象和性格**。中国传统章回体小说注重故事情节的完整性，并在"故事"的讲述中完成人物形象和性格的定型。而晚清以来的通俗小说，则多以离奇怪诞、吸人眼球的"故事"来满足大众的猎奇心理，人物形象比较模糊，性格更显粗糙。《啼笑因缘》中虽然仍以儿女之情和侠义传奇的描写见胜，但也成功地塑造了一批性格各异的人物形象。他们的性格在小说中颇具个性，相对完整而独立。以多情的樊家树为中心，张恨水刻画了清媚动人的沈凤喜、侠义内蕴的关秀姑以及貌美达理的豪门千金何丽娜三位女性形象。这三位女子个性殊异，而张恨水对她们纠缠爱恨之时的心理描写和细节描写，其细腻之处与当时的新小说可堪一比。凤喜的命运何尝不是她贪慕虚荣的性格所致，何丽娜那种大胆追求爱情的举动莫不与她的家庭出身有关，而最具看点的当数小说中对关寿峰父女侠义柔肠的传奇叙述，张恨水对小说中人物命运的安排正是他们性格发展的必然结果。以人物性格发展来结构小说，在以往的通俗小说中并不多见。此外，通俗小说中人物性格形象的突出，很大程度上依赖于传统的"白描"手

---

　　① 　张恨水：《我的创作与生活》，载《文史资料选辑》第 70 辑，1980。

法，这种手法常借助人物的对话，生动传神地刻画人物性格。但张恨水之前的通俗小说，人物对话多以文言为主，夹以少许白话。半文半白的对话显得矫情做作，没有生命力。而《啼笑因缘》在人物对话上运用白话，简洁却深合情理，从语言层面上向"五四"新文学靠拢，并因此更容易在"新式学生"之间流传。这亦是张恨水一大创新之处。

三、形式的创新和转化。《啼笑因缘》体现了张恨水对于晚清以来通俗小说形式方面的改造。他既不照搬传统章回体小说呆板陈腐的套数，同时也不尽认可新派小说以"西洋文法组织的文字"，而尝试取法西方小说的技巧改良章回体，如"增加一部分风景的描写和心理的描写。有时，也特地写些小动作"①。对于章回体小说形式的创新和转化，主要体现为两点：第一，对于章节回目的设置，张恨水抛弃了旧式文人搔首弄姿讲究对仗却毫无意义的回目陈套，将其改造为具有实用性的写作纲领。这就保证了小说主线突出，结构紧凑完整而少敷衍散漫的旧风。第二，在结尾设计上自觉地追求意义的深刻性。相比于其他通俗小说大团圆的结局方式，张恨水并没有遵循"团圆主义"，像做"十美图"似的，给他们安排美好的前程，而是留下了缺憾让读者过后思量。因此，他始终坚持对自己的作品"不能续，不必续，也不敢续"。②

此外，《啼笑因缘》中对于北京地方风物和民俗的描写也颇为雅致。北京所特有的风土人情，独具特色充满民间色彩的市井文化以及人们的生活习惯、语言风格，在张恨水笔下被表现得细腻而生动。

张恨水凭借其通俗小说的创作在文学的新旧雅俗之间找到了平衡点，并在对通俗小说传统的变革中融入了现代意识，使通俗文学真正成为生活的一部分，创造了中国通俗小说的在 30 年代的繁盛。

第五节　郁达夫　钱锺书　张爱玲

郁达夫（1896—1945）的小说创作，在五四时期呈现独特风格，惯称为**"浪漫抒情"**类型，整体格调上受到外国感伤浪漫主义的影响，具体特征可概括为

---

① 张恨水：《总答谢》，载《新民报》（重庆版），1944-05-02。
② 张恨水：《作完〈啼笑因缘〉后的说话》，见《啼笑因缘》，上海，三友书社，1930。

"自传性"。这种艺术择取与他"悲剧的出生"、现实人生道路的坎坷和理想不断受挫所形成的社会人生感受方式有关。从他的第一部小说《银灰色的死》到最后一部小说《出奔》，由起初的感时伤世到后来的道德反省，都一贯体现了郁达夫所认同的"文学作品都是作家自叙传"的文学观念。郁达夫吸收了当时风靡日本的"私小说"的风格元素和西方一些现代主义小说的手法，并加以创造性的发展，主张表现作家自己的生活和心境，弱化对外部事件的叙写，侧重于作者心境的大胆暴露，包括暴露个人私生活中的灵与肉的冲突以及变态性心理。

一、郁达夫小说的"自传性"首先体现在极具个人色彩的**"零余者"**形象的塑造上。郁达夫以自己身世经历、精神气质为"原型"塑造了一批时代特征明显的"零余者"形象。以《沉沦》等为代表的早期小说，均是时代青年青春与现实相交织之中的"伤怀感世"，小说主人公"他"等，已经具备了"零余者"形象的基本特征：他们作为青年知识者，时值民族积弱转型关头，胸有大志而报国无门，满怀理想却屡遭困厄，渴望激情却反被歧视。精神上的高贵自珍与现实生活中的贫困潦倒，在人物身上凝结成郁闷、彷徨和焦虑的情绪。五四时期，郁达夫有意把笔触集中于具有留学背景的青年知识者身上，借个人遭际写时代苦闷，在当时产生很大影响。在展示青春苦闷的艺术过程中，作者以"自我写实"方式，大胆涉及青春苦闷中的性压抑及心理变态。郁达夫作品中的这些"惊世骇俗"的性描写明显受到弗洛伊德精神分析学说的影响，对中国传统文化中性与道德对立观念的冲击，以鲜明的现代意识把"性"作为"爱"的一个重要方面予以表现与重视。同时，作品展示的性压抑，也从一个侧面应和了五四启蒙思潮中以新道德置换旧道德的历史期待，以"青春苦闷"寓示了"时代压抑"。

进入30年代，郁达夫小说在"理与欲"的冲突中进一步突出了现代知识者的道德自省与诗意追求。他对"情"与"欲"的态度发生了很大变化。如果说《沉沦》中的"他"对爱的追求背后有着强烈的欲的冲动的话，那么，《迟桂花》中"老郁"面对新寡的"迟桂花"，则收获的是男女心灵相互激荡的完满感受、对美的发现与惊叹和对纯情朴素生活的渴望。

"零余者"是郁达夫众多小说主人公的身份特性。在前期创作中，孤独无助的生存方式、由"情"到"欲"的痛苦追求、理想定位与现实境遇的反差等，既是人物"零余性"生成的环境因素，又是展示人物精神世界的角度。到了后期如《过去》《她是一个弱女子》《迟桂花》等作品，人物的"零余性"更多源自主人公与黑暗社会的有意疏离。主人公的人生选择表现在"情"与"爱"方面，更强调灵性与诗意，这些也表明郁达夫精神世界与传统士大夫人性情趣的某些相同之处。主人公的有意边缘化和对"情"与"爱"的纯粹膜拜，都反映了郁达夫小说创作理念在 30 年代的转变。

二、郁达夫小说的"自传性"其次体现在"自我真实"、"主观抒情"与"情绪结构"等方面。

"自我真实"、"主观抒情"与"情绪结构"，既是郁达夫小说"自叙体"色彩呈现的几个方面，也是理解郁达夫小说艺术价值的关键所在。

渗透在郁达夫创作中的"真实"观念，总是与他对自我生命体验的执著珍视连为一体，是一种**"自我真实"**的观念。故而，他的经历可以与他的小说情节相印证。对"自我"内与外、心与行、善与恶的全方位披露，成为他小说创作真实性的特性。《沉沦》中的"他"来自富春江上的小市，三岁丧父，少年贫苦，大哥是法官，二哥是军人，留学日本……"他"多愁善感，忧郁软弱，甚至带点神经质；但"他"内心正直，满腹经纶，"他"的言行、举止、风度无不透射出作者自己的气质，甚至"他"的外貌特征也是作家自己的自画像。当然，我们不能把"他"、"文朴"、"于质夫"、"伊人"等人物与作家本人机械等同，但读者还是能够从这些主人公的漂泊身世、坎坷遭遇和苦闷情怀中辨认出郁达夫的身影和气质。

"主观抒情"也同样是建立在这样的基础之上的。产生于私人生活的个人言说，使郁达夫小说的所有结构因素具有鲜明的自我性，也使他的小说更多地注目于"心内之情"，从而更接近于心灵奥秘的自诉。不管是对自然景物的描摹，还是对人物心理的刻画，都融入了作者强烈的主观情绪。"自我""主观"与"抒情"的密切结合，形成了郁达夫小说的抒情性特征。

"情绪结构"，主要是针对小说的叙述方式与策略而言的。郁达夫小说的反常规性，表现在他并不重视有头有尾的情节，或对人物性格的刻画，环境之于人物行为的变化制约，在他这里也是有意被忽略的。郁达夫小说往往以抒情主人公自叙为单一线索缓慢展开，以人物的情绪变化作为小说的发展线索，有意漠视小说情节的完整性，被强化的是抒情主人公的情绪。自我的行动和命运构成作品的情节，自我的所见所闻就是作品的环境，自我的情绪起伏形成作品的节奏，自我的内心冲突导致作品的高潮。情绪的流动节奏或情绪的变幻空间，成为他对小说结构进行处理的基本参照。因此，"无情节"、"无中心"、主题虚化、人物模糊等，也就成为他的小说与一般小说相比所具有的差异性。他在小说创作方面并非刻意营构的叙事结构与策略，为中国小说艺术的发展提供了另一种可能性。

郁达夫小说的文体意义在于：第一，意味着小说审美素质的增新，它开始向人的心灵世界开掘，探索人的心灵底蕴，人的情感、心绪成为了小说建构的主体；第二，意味着小说功能的开拓，它不仅拥有叙事功能、描写功能，而且开始真正拥有了抒情功能；第三，意味着小说叙事视角的开始更换，由外视角变为内视角。

钱锺书（1910—1998）主要从事学术研究，但其为数不多的文学创作却为他赢得巨大名声。基于对东西方文化精深渊博的把握和对世态人情细致入微的体察，其文学创作的讽刺个性在中国现代文学史上独树一帜。长篇小说《围城》、短篇小说集《人·兽·鬼》和散文集《写在人生边上》均表现了其独特的讽刺才华。《围城》的讽刺性特征，首先表现为通过**"围城"**之喻实现对人生或生命的深层讽喻，其次表现为通过**漫画式描摹**世态人情和知识分子窘态，针砭各种社会弊病。

《围城》是一篇讽刺性极强的"寓言"，"围城"之喻集中体现了它的讽刺个性。《围城》中没有一个强者或英雄，所有人物都是盲目的寻梦者和被命运玩弄的失败者。主要人物方鸿渐的人生经历是不断渴求冲出"围城"，而每一次的走出"围城"又等于是落入另一座人生的"围城"。方鸿渐只是一位"凡人"，生性软弱和顺，聪明善省，耽于空想和言谈，缺乏行为的勇气和能力。在每个人生转折之际，尽管他都有更好的人生选择，但由于主客观条件的限制和心中始终未泯的为人原则和对理想的幻想，令他在现实生活中不断碰壁，不断败退，生存空间逼仄，以致陷入"死地"。他的每一次努力都在企图进入一座"围城"，进入之后却发现这不是他所需要的，而继续努力的结果，是又进入了另一座类似的"围城"。小说成功地通过方鸿渐的人生经历构造出具有普遍意义的"围城世界"。小说除了用书题寓含主题以外，还用各种意象点出，如"结婚仿佛金漆的鸟笼，笼子外面的鸟想住进去，笼内的鸟想飞出来，所以结而离，离而结，没有了局"；结婚如同"被围困的城堡，城外的人想冲进去，城里的人想逃出来"。其实何止结婚如此，方鸿渐在经历了世事沧桑之后，切身感受到人生万事都是"围城"。这个"围城"之喻是与西方现代主义文学中普遍存在的人类困境寓意一脉相承的，寄寓着现代人对自己生命处境的哲理思考。

《围城》之讽喻是借助叙事结构设置来实现的。它的叙述结构借鉴了西方流浪汉小说的特点，却赋予其现代意义。《围城》的叙事可分为四个叙事功能序列：一、春天的轻浮（留学深造）；二、夏天的滑稽快乐（谈情说爱）；三、秋天的忧郁严肃（谋事求职）；四、寒冬中最糟糕的日子（婚姻家庭）。每一个部分都是独立的，但从第一部分到第四部分在语调和情绪上显示出了连续变化。在每一部分中，钱锺书都强调主人公的希望通过挫折而归于失败的经历，每一部分都是一个自有功能的单元，有自己的希望、挫折和失败的曲线。方鸿渐在第一部分中是一个一事无成的人，清楚地暗示着他在以后的连连失败，每一个序列都是一个相似的"轮回"或循环。**时间和空间上的叙事安排均印证了"围城"之喻。**

借助于漫画式的勾勒，描摹抗战背景下的世态人情和知识分子窘态，讽刺各种社会弊病，《围城》提供了一个个惹人深思的讽刺片断。《围城》关注方鸿渐人生途程中的留学深造、谈情说爱、谋事求职和婚姻家庭几个方面，在近代中西文化交汇碰撞和抗战时期国难家仇的时代潮流之中，反讽地描绘出世俗人生和现代儒林。被讽刺的对象遍及社会各领域：十里洋场的政界、银行界、新闻界和工商界的丑陋；赴内地路上的交通混乱和乌七八糟；旅舍肮脏龌龊和下等妓女泛滥；大学校园充斥着投机政客、伪君子；"学校的图书馆倒像个惜字的老式慈善机关"……作者多层面地揭露了当时官场腐败、农村贫瘠、政府无能、学术虚伪、社会落后的社会生活，视野宽阔，涉及面广。被讽刺的人物形形色色：方鸿渐清醒机敏却又无能懦弱；苏文纨孤芳自赏、唯利是图；高松年老奸巨猾、弄虚作假；李梅亭表面上道貌岸然，实则男盗女娼……小说中既有专门背后骂人又擅长用各种借口来博取男人情感、采用假冒作家题字赠书的女生指导，也有由教员蜕变成"资本家走狗的走狗"的女大学生，有"妖怪"打扮、自称为"老古董"、所写文章几十篇如同一篇、宣告不问政治却随同已受伪职的丈夫离职遁去的报馆女编辑，也有认为机会要自找、快乐要自寻、换情人像换衣服一样随便的性开放女郎。

弥散着讽刺意味的勾勒和描摹，往往通过比喻、用典、比较、推理等多种手法来实现，笔笔见锋芒，讽刺效果非常突出。《围城》尤其擅用**讽刺性的比喻**进行刻画描摹，生动风趣。《围城》比喻的精神之处在于传神，作者在遵循"凡喻必以非类，凡比必于其伦"的原则，把貌似不相干的二物相比，打破常规，通过逆反思维获得陌生化效果，直抵读者内心深处。《围城》的比喻富于广度，历史、哲学、宗教、心理学、美学、文学、艺术、法律、科学、文化等领域皆有涉及，如方鸿渐与苏文纨那一吻，"只仿佛清朝官场端茶送客时把嘴唇抹一抹茶碗边。或者从前西洋法院见证人宣誓时，把嘴唇碰一碰"，融入了文化、风俗、法律等领域之知识，深刻地表现了方鸿渐与苏文纨之间的冷漠与隔阂。《围城》的比喻富于深度，经常透过简单一喻呈现深刻哲理，如以"围城"和"鸟笼"喻人生，揭示了人生中普遍存在的无法逃避的困境之遇，深入浅出地道出抽象的人生哲理。《围城》的比喻富于创新性和趣味性，如把"出国留学热"比成出痘子、出痧子，把方、苏的情感比作两条平行的直线，无论多长却终合不拢来为一体；把物价喻为"吹断了线的风筝"和"得道升仙，平地飞升"；把性感的鲍小姐比为"熟食铺子"和"局部真理"，这些比喻不袭前人，新颖别致。

概而言之，机警幽默的讽刺艺术，自然融合了文学、哲学、宗教、历史、法律、教育、民俗等领域知识的旁征博引，更辅之以宏观的悲剧意识和微观的喜剧趣味，使《围城》成为颇受读者喜欢的讽刺艺术作品。

在20世纪40年代的小说创作乃至整个20世纪中国现当代文学中，张爱玲（1920—1995）的小说创作个性鲜明、风格独具。在其小说集《传奇》中，她以沦陷时期上海和香港的凡俗人生为审视对象，恶的连续性揭示和中西融合的复杂性是她小说创作的突出特点。这种艺术上的选择与其出身于豪门、求知于西学、生活于乱世所形成的对社会人生的感受密切相关。

一、人性之"恶"是张爱玲对乱世深切体察后的深层认识，且弥散在其所有作品中。人性之恶是西方现代主义文学的重要表现对象，造成恶的源头是现代文明对人性的异化和扭曲。在现代社会中，随着物质文明的飞速发展，世界陷入无情与无序之中。所以，作家笔下的世界是荒凉的、黑暗的，带有浓烈的世纪末情调。当时中国虽刚刚开始现代之旅，但是，张爱玲所亲历之现代战争对人的生理和精神的双重摧残，使她深切领悟了命运多舛和世情浇薄，"提前"感受到现代社会的荒凉气息。"荒凉"笼罩着她笔下的每一个故事，每一个人物。《倾城之恋》是一个"说不尽的苍凉的故事"。《鸿鸾禧》中，玉清出嫁前，竟然"有一种决绝的、悲凉的感觉"。《红玫瑰与白玫瑰》中，佟振保与王娇蕊正打得热火朝天时，"许多唧唧喳喳的肉的喜悦突然静下来，只剩下一种苍凉的安宁，几乎没有感情的一种满足"。《金锁记》是"隔了三十年的辛苦往回看，再好的月色也不免带点凄凉"；长安结束了她的第一次也是最后一次爱，"像一个美丽而苍凉的手势"。人性的不断异化和持续扭曲在《金锁记》中表现得更为集中突出。麻油铺姑娘曹七巧付出了青春的代价才最终占有了金钱，于是，她近乎病态地守护着她的"命根子"，她的正常的人性、母性都套上了黄金枷锁，被金钱所异化了。由于正常情欲追求与金钱及与之相关的道德人伦之间的矛盾冲突和长期对峙，造成了曹七巧的人格分裂，变成了唯钱至上的无情冷酷之人。所以，我们看不到对伟大母爱的颂扬，却看到了一个残忍的母亲对儿女的占有和报复，不动声色地用鸦片和流言瓦解了儿子的家庭，破坏了女儿的最后一次结婚机会，永远占有着他们。亲子关系被完全扭曲，其他关系就可想而知了。人间无爱，内心必然是孤独的，孤独又会强化人与人之间的冷漠与仇视，并且形成恶性循环，永无休止。《金锁记》生动地呈现了"完不了"的人性之恶。

二、**作为女性作家，张爱玲聚焦于现代社会中女性的生存状态和情感心理。**曹七巧以付出她的青春为代价进入姜家，嫁给一个患软骨症的姜家二少爷。夫妻虽然已经有了一儿一女，但二人之间无情无爱。作为正常的女性，七巧试图侵犯男权的话语与禁区，"爱"上了她在姜家唯一能接触到的男性——姜家三爷姜季泽。七巧愿意以"身体"为代价，实现"女性"情欲的满足，而季泽在外拈花惹草，但在家中他依然保持其该有的身份，绝不越轨。后来，分了家，七巧开始真正拥有了可以为自己支配的财产与金钱。在规则与利益的双重制约之下，七巧毫不犹豫地拒绝了姜季泽。七巧由"女性"变成了"男性"，也不再是"母亲"，更是一个"父亲"，强制地病态占有着自己的女儿。曹七巧的沦落史蕴含着复杂的社会内容。对金钱的欲望导致她身不由己地从被虐到自虐，进而肆虐亲子。这一畸变过程映衬出中国几千年传统封建家庭制度下女性、母亲的历史，以及男权社会中女人的生存实态。

三、**中西融合的复杂性**是张爱玲小说创作中蕴含的独特气质。张爱玲的家庭背景、教育经历和文艺修养，使其作品汇集了东方与西方、传统与现代、高雅与通俗等多个范畴的不同因素。《金锁记》等小说的体式无疑是东方的、民族的。首先，从小说标题、题材选择到叙事结构等都洋溢着传统白话小说的浓烈气息。标题古韵盎然，题材选择单一狭窄，只着眼于旧式家庭的凡俗人生，叙事结构注重情节的完整性和连贯性，时常借用美女倾国（《倾城之恋》）、逼良为娼（《沉香屑·第一炉香》）、豪门怨妇（《金锁记》）等言情小说的故事类型。其次，张爱玲小说的叙事方式多采用传统说书人娓娓道来的第三人称全知视角，类似于"说话"，且经常以"现在开始说故事了"开始。但是，张爱玲小说的内涵和技巧却具有明显的现代气质。张爱玲在其小说的传统故事类型呈现中，注入了全新内容，使其具有了现代特征。她在作品中摒弃了传统的道德训诫，输入了全新的现代内涵，《金锁记》在现代视野中审视曹七巧在金钱异化下人性的彻底丧失，以及女性在男权社会中的生存实态。《沉香屑·第一炉香》关注葛薇龙如何在奢华和虚荣中异化为一个寡廉鲜耻的交际花；《茉莉香片》和《心经》的聂传庆和许小寒深深沾染着弗洛伊德精神分析的色彩；《倾城之恋》中展现了现代视野中人性在战争和金钱面前的脆弱与无奈。张爱玲在其小说中还大量借鉴了西方文学的先锋技巧。在叙述中融入了意识流动和联想手法，使小说中的色彩、音响等都不约而同地富有映照心理的功用，并充分感觉化，使得小说意象韵味深长。作者通过静、冷的情调与气氛的渲染，达到了社会冷酷与生命荒凉的象征效果。七巧竭力想抓住她生命里唯一的一点爱情，却惨遭打击，姜季泽只贪图她的钱财而并非"美色"，于是她的心像"酸梅汤"一样，"沿着桌子一滴一滴往下滴，像迟迟的夜漏——一滴一滴……一更二更……一年，一百年，真长，这寂寂的一刹那"。作者未用泼墨之势去直接描写七巧内心的情感汹涌，反之却一字一句去描写被泼翻了的酸梅汤，在这异常沉寂的叙述里，七巧的难以言说的绝望、虚空和疯狂跃然而出。

不容否认，题材狭窄、基调冷艳、过分追求通俗易懂，是张爱玲小说的短处，但其对"恶"的连续性揭示使其小说拥有了深刻的现代内涵，中西融合的复杂性使其小说在中西、雅俗间寻找到较好的平衡点，为中国小说现代化提供了有益探索。

第三章　本时期诗歌

第一节　郭沫若

郭沫若（1892—1978）是中国现代诗坛的杰出诗人，诗集《女神》集中体现了五四狂飙突进的时代精神。它以丰富的想象、大胆的夸张、急遽的旋律和昂扬的情怀，创造了一种艺术上相对成熟的雄奇狂放的现代自由诗体。

《女神》的主旨，首先就在于**歌颂创造**。《女神》热烈赞颂新旧文化转型时期的创造精神。依据"颛顼共工争帝"和"女娲补天"神话而创作的独幕诗剧《女神之再生》，正是一首创造精神的颂歌。颛顼、共工争帝火拼同归于尽，天被撞坏，女神不再"炼些五色彩石来补它"，而是创造了一个新鲜的太阳来照彻宇宙。于是，"新造的太阳沐浴着海水冉冉升起"。剧中"女神"象征着诗人放弃改良彻底变革的创造精神。诗剧是《女神》的总挈，破旧立新精神贯注诗集各篇。《湘累》则借屈原之口表达"我创造尊严的山岳，宏伟的海洋，我创造日月星辰，我驰骋风云雷雨"的自信与气度；《棠棣之花》通过聂嫈之口抒写对自由意志的向往："我望你鲜红的血液，迸发成自由之花，开遍中华!"《立在地球边上放号》以海洋的汹涌浪涛隐喻"不断毁坏和不断创造"的伟力；《晨安》中歌颂了世间一切的创造奇迹；《凤凰涅槃》更是充满了"破坏旧世界，创造新世界"的彻底革新精神。

其次，**赞美个性解放**。"个性解放"是五四新文化运动反封建和人道主义精神的突出体现。《天狗》（1920）以吞并宇宙万物的夸张想象、粗犷激越的呐喊，唱出个性解放之歌。用象征手法塑造了一个具有强烈叛逆精神和狂放个性追求的"天狗"形象，凸显"天狗"气吞日月、雄视宇宙的傲岸姿态，展现出五四时代澎湃激情和破旧创新的思想追求。全诗具有强烈的主观色彩，诗人把"自我"熔铸在"天狗"形象当中，极写个性力量的扩张和自我精神的释放。每行诗均以"我"为主语，以带有强调与肯定语气的判断动词"是"来强化比喻，直抒胸臆，以造成火山喷发式的汹涌澎湃的激情，充分表现出五四时代自我意识的觉醒以及追求个性解放和自我新生的现代精神。

最后，**倾诉家国挚情**。《炉中煤》开首便是深情呼唤："啊，我年青的女郎"，以恋人情怀倾诉深情。诗人把祖国拟为"年青的女郎"，既是对封建落后的旧中国的否定，又是对五四运动后祖国新生的赞美。诗人以"我不辜负你的殷勤，你也不要辜负了我的思量"，表达自己与祖国心心相印的密切联系，既显示了自己竭诚报国的情意，又寄托着希望革命继续发展壮大的期望，祈愿为新生的祖国奉献毕生的能量，表达了诗人对祖国无限的赤诚。接着追溯"炉中煤"的"前生"。诗人以煤自比，表白自己虽然卤莽直率，但胸中却有"火一样的心肠"。第三节进一步探寻自我的本原——被多年埋没的有用的栋梁，却"读的是西洋书，受的是东洋气"，这更强化了他救国救民的责任感，倾诉了新时代斗士对祖国前景的希冀。全诗紧扣煤的特征，逐层深入表达对祖国的眷恋之情、渴望为国献身的爱国情怀，体现出鲜明的五四时代特征。

《女神》在艺术上呈现出三方面特点：首先，最突出的是理想与浪漫的融合。《女神》对旧中国现实的否定是以对理想社会的乐观想象为基础的，理想主义成为其浪漫主义追求的内涵。诗集通过火山般的激情、华丽繁复的语言、急遽的旋律和大胆夸张的想象，铺陈渲染了诗的浪漫激情。理想主义则赋予诗歌以崇高的美学特征。"女神"的创造，"凤凰"的新生，"煤"的燃烧，"天狗"的飞跑，无一不是理想化的艺术遐想。《女神》是时代的精神之花，是社会变革和创造之光。它节奏雄健，情感激越，色彩鲜明。《女神》在五四质朴淡远清幽的白话诗丛中独放异彩。夸张和象征是《女神》抵达积极浪漫主义的形式。首先是"自我"的夸张。几乎每首诗中都蕴含着一个个性自觉的抒情主体，它囊括日月、包举宇宙。其次是意象意境的夸张。诗人站在北海道的太平洋岸边放号，仰慕星空、崇拜太阳、歌唱地球、赞美大海，歌颂万里长城、金字塔、苏伊士、巴拿马的雄伟与大自然的伟力。那"滚滚的洪涛"，那"力的绘画，力的舞蹈，力的诗歌，力的律吕"带给人宏阔的意境。

独特的自由诗体，可以看做其诗作在艺术上的第二个特点。自由诗体的引入打破了我国古典诗歌传统格律的束缚。它首先是诗人个性精神解放的体现。郭沫若反对刻意雕琢和矫揉造作的诗风，主张诗要"破除一切已成的形式""自然流露"，达到"绝端的自由、绝端的自主"。① 他认为"诗不是'做'出来的，只是'写'出来的"②。因此，《女神》中诗情炽热，诗句如脱缰快马，高低缓急，任意挥洒。其次，自由诗体的丰富多样。《女神》中有短至 3 行的抒情短章，也有长达300 多行的诗剧。分行整饬参差，换韵自由。总的说来，郭沫若的诗歌并非无规律的自由，他力求在诗节、诗行、韵脚方面保持形式的和谐，以情绪起伏节奏支配诗行的运行，力求具备"内在的节奏"③。《女神》既汲取了外来诗歌形式的养分，又在一定程度上保留了中国传统诗歌的情韵和风采。

第三方面表现为**雄奇狂放的诗风**。郭沫若曾将自己诗歌创作的发展过程概括为三个阶段："诗的修养时代"，主要受唐诗中王维、孟浩然、柳宗元、李白、杜甫及白居易等诗人的影响；"诗的觉醒期"，喜爱泰戈尔、海涅的时期；"诗的爆发期"，大力借鉴惠特曼、雪莱等诗人的艺术风格。《女神》诗风的形成，也受到了中外诗歌的多重滋养。郭沫若欣赏雪莱的杂色风格，"他有时雄浑倜傥，突兀排空；他有时幽抑清冲，如泣如诉。他不是只能吹出一种单调的稻草"④。郭沫若以他深厚的文学修养广泛借鉴中外文学之优长，形成自己雄奇狂放的艺术风格。

《女神》的雄奇狂放风格有两种情形。首先，《女神》中同时存在着清丽与奔放两种特征的诗作。例如第三辑中歌唱自然的小诗《雾月》《晚步》《晨兴》《鸣蝉》《晴朝》等，可能是诗人"觉醒期"的诗作，主要受泰戈尔诗风的影响，清丽淡雅，其中也含有唐代诗人王维、孟浩然等的风味和意境。而创作于"爆发期"的《立在地球边上放号》《匪徒颂》《巨炮的教训》等，主要受惠特曼、雪莱激越奔放的诗风影响，刻意追求狂放。其次是两种风格杂糅于一体的诗作。如《炉中煤》《地球，我的母亲》《光海》《梅花树下醉歌》等，既有"雄浑倜傥、突兀排空"的一面，又有"幽抑清冲"的一面。《女神》的代表作《凤凰涅槃》，就能给人以雄奇、柔婉、清丽的多重美感。

《女神》对"生命强力"的原型复兴是其雄奇狂放特色又一体现。《女神》中

---

① 郭沫若：《论诗三札》，见杨匡汉、刘福春编：《中国现代诗论》上编，61 页，广州，花城出版社，1985。

② 同上书，55 页。

③ 郭沫若：《论节奏》，见杨匡汉、刘福春编：《中国现代诗论》上编，113 页，广州，花城出版社，1985。

④ 同上书，112 页。

对文明所湮没的"生命强力"原型的表现十分生动。远古神话以特殊的方式最早表现了人类生命中这种固有的"强力"记忆。郭沫若诗中借用的共工、夸父、精卫、女娲、后羿、大禹等神话形象均为大力神形象,他们或阳刚强健,或阴性柔韧,持续引发读者对于原始力量的集体记忆,在新的时代氛围中生成了新的意味。借助这些神话原型,《女神》传达了五四时期破旧创新的伟大力量,形成诗歌雄奇狂放的审美范式。

《凤凰涅槃》是郭沫若诗中的代表作,诗作集中描写凤凰集香木自焚而从烈火中新生,以此象征旧中国/旧我的毁灭与新中国/新我的更生,抒发了转型时期革故图新者的自信与豪情。

"序曲"、"凤歌"和"凰歌"部分,写凤凰自焚前的凄婉悲壮。凤与凰忙碌着衔来香木准备葬礼,凤鸟"即即而鸣",以雄性的粗犷诅咒旧世界,质疑宇宙,表达对旧世界的决绝与抗争。凰鸟"足足相应",以雌性的柔情悲诉,表达对污浊现实的迷茫、忧伤与幻灭。

"凤凰同歌"与"群鸟歌"部分,写凤凰浴火重生的英勇壮烈。"同歌"简短有力,面对蓬蓬烈焰,凤凰英勇无畏地将"身外的一切"(旧中国)和"身内的一切"(旧我)投入烈火。"群鸟歌"则勾画出群丑争霸的场景。群鸟从四处飞来,幸灾乐祸地观看凤凰火葬。它们夸夸其谈,反衬凤凰浴火的壮美与崇高,诗歌借此揭露和鞭挞了形形色色的世间丑恶。岩鹰的凶残、孔雀的炫耀、鸱枭的贪婪、家鸽的奴性、鹦鹉的僵化、白鹤故作清高等,分别对应着当时军阀、官僚、政客、帮闲文人及所谓洁身自好的自由派,象征着统治者的横暴、剥削者的贪婪和市侩的庸俗。

"凤凰更生歌"是全诗的高潮,写凤凰浴火后的新生。本章以华美恣肆的笔调、整饬复沓的句读,渲染大和谐、大欢悦的壮美景象,以狂歌高呼表达对理想世界的无限喜悦和赞颂。"昕潮"、"春潮"、"生潮"的汹涌,"黑暗已经过去,光明已经来临";以"新鲜"、"净朗"、"华美"、"芬芳"描述新中国/"新我"焕然多彩的生活情调与人生境界;以"热诚"、"挚爱"、"欢乐"、"和谐"形容未来社会人际的融洽无间;以"生动"、"自由"、"雄浑"、"悠久"强调新生中华个性解放、生机蓬勃和永恒久长的特征。诗人把他对祖国、对人生的诚挚愿望寄寓在浴火重生光芒四射的新生的凤凰形象之中,激励人们投身时代洪流,变革现实,改造旧我,去创造自由、独立、和谐、繁荣的全新中华。

《凤凰涅槃》采用象征的表现方式,以凤凰涅槃象征中国现代社会和现代知识分子浴火蜕变历程。诗中的艺术形象被赋予丰富内涵：凤凰是五四时代精神的与诗人自我的隐喻；香木之火是五四时代民主革命烈火的图腾；群鸟是旧中国各种反动势力与市侩文人庸众的暗示。《凤凰涅槃》充满泛神论色彩。作者借助凤凰传奇，书写大地、自然、万物与宇宙，并赋予它们以生命，并将自我融汇其中。因此，诗中歌咏浴火凤凰、宇宙万物，也是歌咏自我，歌咏自然造化的一切。"一切的一"，是事物的本质，即各自的主宰之"神"；"一的一切"则是世界本源的各种具体存在状态，即万事万物。诗人的"泛神论"宇宙观和生命观在此得到了张扬。凤凰的浴火重生是中国及诗人自我开始觉醒的象征，更是五四运动中人民革旧图新时代精神的隐喻，洋溢着热烈的追求个性解放、创造理想中华的激情。

第二节 徐志摩 戴望舒

徐志摩（1897—1931）是一位有着鲜明特色的现代诗人。他曾被茅盾称为"中国布尔乔亚'开山'的同时又是'末代'的诗人"[1]，主要是指他的作品中"圆熟的外形"始终配着"感伤的情绪"。这种感伤源于徐志摩们社会改良理想的无法实现和人生理想的破灭。胡适指出，徐志摩的人生观"真是一种'单纯信仰'，这里面只有三个大字：一个是爱，一个是自由，一个是美。他梦想这三个理想的条件能够会合在一个人生里，这是他的'单纯信仰'。他的一生的历史，只是他追求这个单纯信仰的实现的历史"[2]。**贯穿徐志摩诗歌创作的主线是对"爱"、"美"与"自由"的追求。**其诗集《花雨》《志摩的诗》《翡冷翠的一夜》充实着诗人早期的"理想主义"和乐观情绪；1929 年后，随着理想的破灭，《猛虎集》《云游集》基本转入怀疑悲观和颓唐之中。

徐志摩的诗歌大多情思柔媚，想象丰富，意境灵动，风格上主要呈现出轻灵飘逸的特点，在音乐性、意象选择和意境设计上均有生动体现。

音乐美的创造是徐志摩诗歌艺术突出的贡献。徐志摩的每一首诗几乎都是悠扬婉转的抒情曲。《沙扬娜拉》音节匀整流动，音韵轻柔晶莹，旋律轻快飘逸。

---

① 茅盾：《徐志摩论》，载《现代》第二卷第三期，1933-02-01。
② 胡适：《追悼志摩》，见陈引驰等编：《文人画像——名人笔下的名人》，172～173 页，上海，上海三联书店，1996。

诗行长短错落，诗句平仄相间，音节抑扬有致，同诗歌情绪的流动相协调，如跳动的乐曲在波动中轻柔婉转，悠然流畅。《再别康桥》中流畅的节奏、和谐的韵律，形成音乐美的艺术境界。全诗共七节，每节四行，每行二到三个节拍；每节二四行押韵，每节换韵，和谐匀称而又富于变化。诗人利用现代汉语特有的词语复叠、排比句段所产生的乐感，强化了诗歌音韵的轻柔舒缓、低徊流转之美。徐志摩把诗歌看做呈示自己"性灵"和"生命"的艺术，其中的音韵美源于诗人"真纯的诗感"。《怨得》："怨得这相逢；/谁作的主？——风！//也就一半句话，/露水润了枯芽。/黑暗——放一箭光；/飞蛾：他受了伤。/偶然，真是的。惘怅？喔何必！"《我不知道风在哪个方向吹》是诗人对政治、对人生的迷惘心态的自然流露，诗人在"我不知道风在哪个方向吹"的反复咏唱中，徐徐吐露着似梦似幻的困惑与失落。文字没有雕琢，情感没有讳饰，一切显得活脱、自如、透明。

徐志摩的抒情诗主要**摄取大自然中各种动感的生命物象作为抒情载体，并赋予它们真挚而飘逸的美感**。《雪花的快乐》书写了雪花翩翩起舞、任情飞扬的动态美。雪花在半空中"飞扬"，但它不去"冷寞的幽谷"，也不去"凄清的山麓"，也"不上荒街去惆怅"，"我有我的方向"，它要沾住女郎的衣襟，"溶入她柔波似的心胸"。那飞扬的性灵的雪花，是自然之子，是大地的精魂，寄寓了抒情主人公的美好信念和理想。雪花飞扬的动态及其生命情调，给诗歌染上了轻灵飘逸的悠然风采；同时又以飘扬的"雪花"为喻，暗示人生的自由境界。《山中》的抒情主人公在静夜里遥想山中的月色和青松，把自己的热情幻化成具有动态的物象，"我想攀附月色/化一阵清风，/吹醒群松的春醉，/去山中浮动"。诗人在这首诗中表现了静夜里对情人的怀恋，"清风"起舞，去"吹下一针新碧"，让松针掉在情人安睡的"窗前"，"轻柔如同叹息/不惊你安眠"，将恋情化作"朗月"、"清风"，"清风"吹动"新碧"，让松针去传达对恋人的无限深情，委婉细腻，含蓄飘逸。《沙扬娜拉》在想象回味中记述诗人与娇媚多情的日本女郎凄伤道别，以"一朵水莲花不胜凉风的娇羞"设喻，用拟声、反复等手法描摹成深情哀婉的柔美画面。

徐志摩的诗歌**讲究对意境的构思，常将诗情隐藏在空灵的境界之中**。《再别康桥》是诗人1928年秋天再度回到母校剑桥时的心境刻画。风光美丽、清幽宜人的康桥曾被诗人目为"精神依恋之乡"，在接触旧中国黑暗现实、改良主义政治理想破灭后故地重游，康桥依然美好，可物是人非，不觉黯然神伤。首节全部感情集中在"别"字上。"西天的云彩"是美丽理想的象征，"轻轻"是小心珍惜的样子。诗人一再加以重复吟唱，是因为不愿惊动、干扰它的美好。轻轻挥手作别，反衬内心的沉重和压抑。别时容易见时难，哀伤、依恋之情蓄于"轻轻"之中。第二节至第四节描绘康桥最优美的康河风光。诗人选取独特的康河岸边的"金柳"、河底的"青荇"、河面"红叶"的倒影，分层次地展示康河优美的景色。这些风景作为理想的象征物，又同诗人的爱恋之情叠映在一起，既有实景描绘，又有心境的烘染，缘景生情，景融情中。既浓化了康桥之美，又寄托了萦绕心头的热烈赞颂之情。第五节、第六节以动态的描绘，侧重表现诗人对理想境界的追求及理想不可得的幻灭感、失落感。诗情经历了由"放歌"到"沉默"的转折。诗人只能在笙箫的凄声中悄悄别去，"沉默"中包孕浓烈的故园情思和人生感叹。末段呼应首节，是情绪的扩展、感情的深化。用"悄悄"置换"轻轻"，哀伤依恋之情更加深沉。"我挥一挥衣袖，不带走一片云彩"，看似轻松，实际上表现出诗人告别康桥时的"不忍"然而"决绝"的神态，折射出诗人的政治理想不能在国内实现的惆怅与沉重。全诗融情于景，将"康桥理想"化为轻轻招手作别的"西天的云彩"，化为对康河上一切美好自然风景的憧憬。为了强化感情，诗中既有诗人主体情感的拟人化——诗人情愿作康河柔波里的"一条水草"，以便永远同自己所依恋的岁月融为一体；也有客体景物的拟人化——似乎能领会人情的"夏虫"和"康桥"也因抒情主人公的哀伤而"沉默"。《起造一座墙》中诗人为了抒发对爱的自由和坚贞的向往，竟独出心裁地构想出一座钢铁般坚固的"爱墙"。在这样的"爱墙"包围下，排除外界的任何干扰，在自由的洞天福地里实现他所企望的一切对于爱的梦想。《丁当——清新》的意境构想更为幽曲。秋风秋雨所唤起的愁绪深广浓烈，"我"内心烦躁，摔破了桌上的镜框；它更漾起我心中无比的忧伤，心镜也为之破碎了。

徐志摩的诗，音韵和谐，意象清逸，意境清新，三者相互融合，形成了隽永空灵、飘逸幽远的浪漫诗风。

戴望舒（1905—1950）是以一个**"寻梦者"**的姿态出现在民国诗坛的。现代文学史上的寻梦者，大体可以分为两类：一是像鲁迅那样，寻梦，却又以一种坚强的意志对抗梦的虚幻，在对抗中认同自我价值，获得人生意义；另一种，就是戴望舒这样，更多体现出忧郁悲哀的情绪。

戴望舒前后期创作中都暗含着**忧郁凄凉的抒情基调**。戴望舒具有良好的中国古典文学素养，酷爱古典诗词。他是带着中国古典诗歌和新月诗派的影响开始诗歌创作的，早期的诗歌实践有意追求诗歌音律的美。同时把古典诗歌的情韵自然而然地带进了象征诗中。他的诗，很多都带有古典诗词的色彩。甚至有人说，他的诗歌是"象征派的形式"和"古典派的内容"。我们从《旧锦囊》中可以看到，他在情绪的渲染和意象的营造方面有明显的晚唐风味（尤其是温庭筠、李商隐的诗风）。他诗中的象征体系几乎完全是东方式的。古诗词中常见的丁香、百合、花枝、残叶、晚云、古树、钟声、残月、夕阳等意象，构成了他诗歌的主要意象。象征主义所强调的各个方面——色彩、音乐性、通感、象征和暗示，肌理丰富，意象奇特，甚至那种深沉抑郁的情绪都在他的诗里得到体现。

如与徐志摩、闻一多比较，徐志摩富于灵动飘逸，闻一多尽显凝重激越，戴望舒却给人一种忧郁凄凉之美。他在诗歌意象的选择上常注目于枯枝、落叶、暗夜、黄昏、夕阳、荒坟、眼泪、雨巷等，构成一种凄凉的意境；语调往往偏重低徊、抑郁和哀怨。诗歌《寻梦者》中"金色的贝"、"贝里桃色的珠子"，象征着梦一样的理想。这种梦，是对人生的一种永恒的诱惑，难以企及。当你得到它时，生命也几乎终止了。这里涉及人生的意义和价值问题。人生的过程，在于对梦想的追寻，是否能够找到并不是最重要的，关键在于寻找本身。这首诗的情感类似鲁迅的"过客"精神，但是，戴望舒缺少那种坚毅顽强，他更多地体验和书写着梦境失落的痛苦。《乐园鸟》表达的也是寻梦，乐园鸟总是在飞翔，寻找天上的乐园，但是，诗人却感到那天上的乐园已经荒芜。这里暗示出人生就是一场没有止境的寻找乐园的痛苦过程。《寻梦者》给人的是悲壮感，而《乐园鸟》却更多的是悲凉。

戴望舒的成名作**《雨巷》**创作于 1927 年"大革命"落潮时期。早年戴望舒从事革命文艺活动，大革命失败后遭到国民党通缉，避难江苏松江。虽精神彷徨、迷惘，但不甘消沉，仍执著地寻求真理。《雨巷》就是在如此心境下完成的，是诗人当时孤寂、迷惘，看不到前进方向却又不甘沉沦心境的真实写照。诗作发表后广获好评，有论者称它替新诗的音节开了一个新的纪元。[①] 戴望舒也因此被称为"雨巷诗人"。

诗作开篇以舒缓低沉的笔触，描绘了一条寂寥悠长的"雨巷"。"悠长、悠长而又寂寥的雨巷"作为中心意象，朦胧而富有象征意味，构成作品的整体氛围，它既是故事发生的客观环境，又是诗人心灵境况的真实写照。其不确定性拓展了

---

① 杜衡：《〈望舒草〉序》，见《望舒草》，7 页，北京，现代书局，1939。

诗歌的意义空间。在这样的"雨巷"里，"我"迷惘、彷徨，希望逢着"一个丁香一样地/结着愁怨的姑娘"。她有着"丁香一样的颜色/丁香一样的芬芳"。她"哀怨又彷徨"，像"我"一样在雨巷中"默默彳亍着/冷漠，凄清，又惆怅"。"她"是诗人情绪的对象化，是诗人理想中的知音。"丁香一样的姑娘默默地走近"，"投出太息一般的眼光"。然而，她却像梦一般地从身旁飘走，她的"太息般的眼光/她丁香般的惆怅"也随之消散在雨的哀曲里，留下"我"只是"像梦一般地凄婉迷茫"，又将继续"彷徨于悠长、悠长而又寂寥的雨巷"，开始新的人生探寻。从"我希望逢着"到"我希望飘过"，是一个情感欠缺与补足、平衡失落后重建的过程。"油纸伞"、"雨巷"、"颓圮的篱墙"一类江南意象和"寂寥"、"愁怨"、"太息"、"彷徨"、"梦"、"静默"等字眼一起，渲染出来的又是一份悲剧性的感伤——希望—追寻—失望—再希望的循环式人生体验。

《雨巷》是一首象征主义诗歌，其主题是多义的。从具体的创作背景看，它委婉地表现了诗人在黑暗现实中找不到出路却又不甘沉沦的精神痛苦与迷茫；而如果不考虑诗人写作时的具体语境，从文本看，它则是一首爱情诗，表现了抒情主人公"我"失恋后仍苦苦追寻的执著情感；从人生意义的高度看，它又是一首哲理诗，概括了对人生意义的探求过程，希望—追寻—失望—再希望的心路历程。"丁香"作为诗人情绪载体的象征性意象，来自中国古代，如李商隐在《代赠》中的诗句："芭蕉不展丁香结，同向春风各自愁"；又如南唐李煜在《浣溪沙》中写道："青鸟不传云外信，丁香空结雨中愁。"然而，戴望舒突破了古代诗人以丁香喻愁的特性，将丁香意象转化成人生理想的象征，进一步扩展了诗的情绪空间。《雨巷》艺术上的另一鲜明特点是它的音乐性。叶圣陶曾称赞它"替新诗的音节开了一个新的纪元"。全诗 7 节，每节 6 行，每节押 ang 韵，一韵到底，对应于诗人在探寻中彷徨，在失落中寻找的人生体验，而 ang 韵铿锵有力，又从形式上稀释了诗的压抑情绪。这种内在音乐性与诗情的契合，拓宽了新诗的审美空间与表现力度。

抗战爆发后，戴望舒积极投入抗日救亡文化活动之中。民族危机的深重苦难，使戴望舒诗歌的思想情感发生变化，开始超越个人忧郁情感的狭小天地，抒发民族的苦难和不幸，表现出一种爱国主义情感和民族解放的梦幻。后期诗集《灾难的岁月》中《元日祝福》《狱中题壁》和《我用残损的手掌》等，明显体现了这种思想感情。《我用残损的手掌》中，"我"用"残损的手掌"暗中"摸索"祖国广袤的正在遭受异族欺凌的土地，从东北到东南又转向西部内陆，"无形的手掌掠过无限的江山"，在阔大的想象中将挚爱与憎恨、悲哀和希冀浓缩进"摸索"的动作，通过触觉意象来激发、复合了其他经验，如"岭南的荔枝花寂寞地憔悴，/尽那边，我蘸着南海没有渔船的苦水……"，在很大程度上，诗的价值与其说是承担何种时代使命，倒不如说是以何种方式来承担。这首诗，书写了祖国山河的破碎，以及诗人对祖国的强烈感情，悲愤而高亢，不再像过去那样呜咽、低诉。

第三节　艾青　穆旦

20 世纪 30 年代初期到 40 年代中期，中国诗坛出现了后期新月派、现代派和"中国诗歌会"相互竞争的繁荣局面。艾青把生命体验、现实黑暗与期盼光明作为创作主题，书写旧中国人民在艰难困苦中的顽强与抗争的精神，以忧郁深沉的诗风，将自由体新诗向前推进了一步，对新诗发展产生较大影响。

艾青本时期诗歌整体上呈现出**抒情的忧郁格调**。《大堰河——我的保姆》是艾青的代表作之一。艾青出生时母亲难产，算命先生说他命相"克父母"，从小便寄养在农妇"大叶荷"家，这一经历使艾青对破败的乡村有较为深入的了解，同情苦难中挣扎的乡村农民，并逐渐形成了"忧郁"的个性。他深情地呼喊："大堰河，今天我看到雪使我想起了你"，"大堰河，今天，你的乳儿是在狱里，写着一首呈给你的赞美诗"，"大堰河，含泪的去了！/同着四十几年的人世生活的凌侮，/同着数不尽的奴隶的凄苦，/同着四块钱的棺材和几束稻草，/同着几尺长方的埋棺材的土地，/同着一手把的纸钱的灰"，他将诚挚含泪的"圣母之歌"唱给了同大堰河一样辛劳贫苦善良平凡的乡村农人：

你用你厚大的手掌把我抱在怀里，抚摸我，
在你搭好了灶火之后，
在你拍去了围裙上的炭灰之后，
在你尝到了饭已煮熟了之后，
在你把乌黑的酱碗放到乌黑的桌子之后，
在你补好了儿子们的，为山腰的荆棘扯破的衣服之后，
在你把小儿被柴刀砍伤了的手包好之后，

在你把夫儿们的衬衣上的虱子一颗颗的掐死之后，

在你拿起了今天的第一颗鸡蛋之后，

你用你厚大的手掌把我抱在怀里，抚摸我。

艾青以对现实生活的深入观察和对民族、民众命运的深沉关注，强化了现代诗歌的时代感和现实性。他善于将个人的遭遇同民族文化历史联系在一起，从民族文化建设角度探寻个人创造的深层价值。同时，他又广泛地汲取世界诗艺的精华。在法国留学时期，艾青就阅读了大量的西方作品，接受了象征派、印象派的艺术观念，自觉借鉴西方诗艺以创作新诗，许多优秀篇什中留有马雅可夫斯基、惠特曼、波德莱尔等人诗风的痕迹，做到了中西诗艺的融合。

艾青追求以意象呈现内在情思，以意象拓展诗歌张力，**"土地"与"太阳"是其诗作的典型意象。**

作为"土地的歌者"、"农人的后裔"，艾青诗歌中对土地意象的刻画是自觉而鲜明的，他的很多诗都以土地、乡村、旷野、道路和河流为中心意象或贯穿着土地、乡村、旷野、道路和河流意象，形成土地意象群，如《雪落在中国的土地上》《我爱这土地》《旷野》等。艾青笔下的土地意象不但是中华民族的苦难历史和悲惨命运的艺术具体化，而且还体现着作者丰厚的思想情感内涵。首先，它凝聚着诗人对祖国大地深沉真挚的爱。例如《我爱这土地》："假如我是一只鸟／我也应该用嘶哑的喉咙歌唱……／为什么我的眼里常含泪水／因为我对这土地爱得深沉"。其次，土地意象还凝聚着诗人对祖国命运深沉的忧患感情。抗日战争期间，艾青通过广泛接触人民的苦难，创作了一组描写北方风情的诗作。在《雪落在中国的土地上》一诗中，诗人呈现了"雪落在中国的土地上／寒冷在封锁着中国呀……"的风雪北国。在诗中，诗人深情地问："中国／我的在没有灯光的晚上／所写的无力的诗句／能给你些许的温暖么？"透过这些诗句，人们所感受的正是诗人对土地的忧郁的深情。最后，土地意象还凝聚着诗人对于广大劳动者的同情与赞美，对他们命运的关注与思考。他在《北方组诗》里以简洁的笔触描绘了乞丐、驴子、补衣妇、农夫、锄草的孩子和老人等。"土地"意象凝聚了诗人对祖国和人民深沉的爱，以及对民族危难和人民疾苦的深广忧愤。正如论者所说："艾青的根是深深地植在土地上"，是在"根本上就正和中国现代大众的精神结合着的、本质上的诗人。"①

太阳系列是艾青诗意载体的另一类重要意象。唐弢曾说："我以为世界上歌颂太阳的次数之多，没有一个诗人超过艾青的了。"② 一方面，"太阳"意象表达了诗人对光明和希望的热烈期盼。《太阳》："从远古的墓茔/从黑暗的年代/从人类死亡之流的那边/震惊沉睡的山脉/若火轮飞旋于沙丘之上/太阳向我滚来……//它以难遮掩的光芒/使生命呼吸/使高树繁枝向它舞蹈/使河流带着狂歌奔向它去//当它来时，我听见/冬蛰的虫蛹转动于地下/群众在旷场上高声说话/城市从远方/用电力与钢铁召唤它//于是我的心胸/被火焰之手撕开/陈腐的灵魂/搁弃在河畔/我乃有对于人类再生之确信"。他赞美"比一切都美丽"的太阳，并且深信只有太阳"把我们从绝望的睡眠里刺醒了"，"刺醒了我们的田野、河流和山峦"（《向太阳》）；"假如没有你，太阳，/一切生命将匍匐在阴暗里，/即使有翅膀，也只能像蝙蝠/在永恒的黑夜里飞翔"（《给太阳》），坚信太阳给生命以阳光与力量。《太阳》《火把》《春》《黎明》《向太阳》《太阳的话》《黎明的通知》《吹号者》《野火》《篝火》《给太阳》等，可以称为艾青对于太阳的连续性的深情赞美。抒情长诗《向太阳》"赞美着光明，赞美着民主"；《黎明的通知》写道："我将带光明给世界/又将带温暖给人类/……请叫醒一切的不幸者/我会一并给他们以慰安"，作者热情地呼唤光明，对祖国和人民的前途满怀希望。另一方面，"太阳"意象还寄予着诗人对战斗者不屈精神的赞美。《吹号者》"以对于丰美的黎明的倾慕/吹起了起身号"，"太阳给那道路镀上了黄金了/而我们的吹号者/在阳光照着的长长的队伍的最前面/以行进号/给前进着的步伐/做了优美的节拍"。"我奔驰/依旧乘着热情的轮子/太阳在我的头上/用不能再比这更强烈的光芒/烧灼着我的肉体/由于它的热力的鼓舞/我用嘶哑的声音/歌唱了：'于是，我的心胸/被火焰之手撕开/陈腐的灵魂/搁弃在河畔……'/这时候/我对我所看见/所听见/感到了从未有过的宽怀与热爱/我甚至想在这光明的际会中死去……"（《向太阳》）《火把》描述了一个年轻人在抗日民主浪潮的激荡下，从人民群众的抗战热情中汲取力量，进而从迷惘和徘徊中觉醒，投身追求时代光明的斗争行列的过程。"让我们的火把/叫出所有的人/叫他们到街上来/让今夜/这城市没有一个人留在家里//让我们每个人都做了普罗美修斯/从天上取了火逃向人间//让我们的火把

① 冯雪峰：《论两个诗人及诗的精神和形式》，载《文艺阵地》，1940年4卷10期。
② 唐弢：《中国现代作家作品欣赏丛书·新版序言》，南宁，广西教育出版社，1990。

的烈焰/把黑夜摇坍下来/把高高的黑夜摇坍下来/把黑夜一块一块地摇坍下来",以叙事诗的结构形式表现了作者对抗战初期炽热如火的民族情绪的倾情讴歌。

土地、太阳意象系列凝聚着诗人对于生命、现实和自我的深刻体认。他将千百年来中国人民特别是中国知识分子对于脚下大地、对于普照大地的太阳的深情,转化成为一种现代诗意,凝练成为美的诗篇,这是艾青对于中国诗歌发展的贡献。

艾青用源于生活而又诗化的语言,以对浮泛的喊叫的摒弃和对诗的散文美的自觉追求,增加了现代诗歌的表现力。他创作了大量**富于散文美的自由体诗歌**,其特点是形式自由,表达口语化。艾青曾说:"口语是美的,它存在于人的日常生活里。它富有人间味。它使我们感到无比的亲切。而口语是最散文的。"① 在创作中,他总是试图将对于外在世界诸如土地、光色、风、雨、雾、电等的感受与自己的思想情感融为一体,使诗句获得一种丰厚感,一种情感冲击力,如"颓垣与荒冢呀/都被披上了土色的忧郁"(《北方》),"呈给你黄土下紫色的灵魂"(《大堰河——我的保姆》),"由玛格丽特震颤的褪了脂粉的唇边/吐出苍色的故事"(《芦笛》),诗人对于外在世界的感受真实而特别,形成富有张力的诗歌话语。

色彩是艾青承载诗意的重要元素,这与他早年法国求学绘画有关。他说,"一首诗里面,……没有色调,没有光彩,没有形象——艺术的生命在哪里呢?"② 诗歌的"调子是文字的声音与色彩,快与慢、浓与淡之间的变化与和谐"③。色与意融为一体,化为美的意象和诗句。《北方》:"一片暗淡的灰黄/蒙上一层揭不开的沙雾/……村庄呀,山坡呀,河岸呀/颓垣与荒冢呀/都披上了土色的忧郁";《旷野》:"在广大的灰白里呈露出的/到处是一片土黄,暗赭/与焦茶的颜色的混合啊",诗人以色彩再现北方乡村的破败,呈现诗人的忧郁。《向太阳》《火把》等诗里,意象的火红色彩传达出诗人高昂的民族自信心。

艾青以不受格律拘束、自由流动的诗行,巩固了自由体诗歌在现代诗歌史上的地位。他认为是诗产生格律,不是格律产生诗,他追求诗意的自由表达,不愿意将美的诗意装进呆板的形式里,而是让诗情任意挥洒,变幻出散文美的形式,诸如《大堰河——我的保姆》那散文化的排比句,就是诗意自由生成的一种"格

---

① 艾青:《诗的散文美》,见《艾青全集》第3卷,65页,石家庄,花山文艺出版社,1991。

② 艾青:《诗论掇拾》(一),见《艾青全集》,第3卷,48页,石家庄,花山文艺出版社,1991。

③ 艾青:《诗的散文美》,见杨匡汉、刘福春编:《中国现代诗论》上编,356页,广州,花城出版社,1985。

律"。艾青倡导诗的"散文美"，他说："我是酷爱朴素的，这种爱好，使我的感情显得毫无遮掩，而我又对自己这种毫无遮掩的感情激起了愉悦。当我们熟视了散文的不修饰的美，不需要涂抹脂粉的本色，充满了生活气息的健康，它就肉体地诱惑了我们。口语是美的，它存在于人的日常生活里。它富有人间味。它使我们感到无比的亲切。"他还说："我说的诗的散文美，说的就是口语美"，"最富于自然性的语言是口语"。① 艾青以口语为诗，自由挥洒，创造出一种灵动变幻富于表现力的自由体诗。

艾青在继承与创造、自由与整饬中将新诗推进到一个散文化的新境界。七月派诗人绿原后来评价道："中国的自由诗从'五四'发源，经历了曲折的探索过程，到 30 年代才由诗人艾青开拓成为一条壮阔的河流。"②

穆旦是 20 世纪 40 年代"中国新诗"派的代表诗人，他的创作较为集中地表现了中国现代新诗在现代性追求方面的努力与成绩。

穆旦在 1940 年代新诗"现代化"潮流中取得的实绩，主要体现在构建了现代新诗的"现代"运思方式、情感特质和抒情策略——即实现了诗歌"思维的复杂化，情感的线团化"和抒情的"戏剧化"③。他的诗歌以充沛与繁复的情感，丰富与深邃的思想，充满智性、矛盾与张力的文本，将中国现代新诗的表现力推向一个新的高度。

穆旦诗歌一个重要且显著的特征是**运思方式的复杂化**。在《被围者》一诗中，他鲜明地表现出了超越传统文学的"圆"的运思方式和美学追求："一个圆，多少年的人工，/我们的绝望将他完整。/毁坏他，朋友！让我们自己/就是他的残缺"，借助这种诗意的"残缺"突破传统文学的"中和之美"，穆旦力求揭示现实世界和精神深处无处不在的矛盾和悖论，在与矛盾的搏斗与纠缠中重建一种新的诗学理念，展示中国现代思想的内在复杂性。《隐现》集中体现了穆旦这种独特的运思方式，他在诗中感慨道：在人生的"失迷的路途上"，"有一时候的相聚/有一时候的离散/有一时候欺人/有一时候被欺/有一时候密雨/有一时候燥风/有一时候拥抱/有一时候厌倦/有一时候开始/有一时候完成/有一时候相信/有一时候绝望"。这里，相聚与离散、欺人与被欺、密雨与燥风、拥抱与厌倦、开始与

---

① 艾青：《诗的散文美》，见《艾青全集》第 3 卷，65 页，石家庄，花山文艺出版社，1991。

② 绿原：《白色花·序》，北京，人民文学出版社，1994。

③ 郑敏：《诗人与矛盾》，见《一个民族已经起来》，南京，江苏人民出版社，1987。

完成、相信与绝望等一系列充满矛盾的语词，共同勾勒出一幅人生"无常"与生命"残缺"的图景，显露了诗人复杂而又深刻的人生体验。他同时又发现了许多颇具悖谬意味的生存景象："在我们前面有一条道路/在道路的前面有一个目标/这条道路引导我们又隔离我们/走向那个目标/在我们黑暗的孤独里有一线微光/这一线微光使我们留恋黑暗/这一线微光给我们幻象的骚扰/在黎明确定我们的虚无以前"，诗人认为在人类的生存和发展的时空里，摆在我们面前的那条"道路"既可能引领我们走向所谓"成功"的彼岸，同时又可能使人越来越偏离内心那最"真实"的目标。黑暗世界里的"一线微光"既能给孤独者带来些许的亮光与希望，同时又易使他们因不断遭遇失望而陷入绝望的深渊，一味地"留恋黑暗"——因为那"一线微光"很大程度上不过是一种虚无的"幻象"。显然，穆旦并非采取简单的二元对立或单线因果的运思方式，单向度地赞美或批判现实人生，而是在引导与隔离、微光与黑暗、真实与虚无、希望与绝望等充满悖论的语境和矛盾纠葛中揭示现代人复杂的情思。此外，他还这样描述现代社会的复杂与危机："我们有机器和制度却没有文明/我们有复杂的感情却无处归依/我们有很多声音却没有真理/我们来自一个良心却各自藏起。"诗人透过繁华与虚浮的社会表象，以强烈的反叛姿态和怀疑精神，探及社会文化和人类情感深处，在多重矛盾中揭开现代社会被遮蔽的"真相"。再比如穆旦的爱情组诗《诗八首》之二：

> 水流山石间沉淀下你我，
> 而我们成长，在死底子宫里。
> 在无数的可能里一个变形的生命
> 永远不能完成他自己。
> 我和你谈话，相信你，爱你，
> 这时候就听见我底主暗笑，
> 不断地他添来另外的你我
> 使我们丰富而且危险。

这里有现代人的完整与残缺，激情与理智之间的冲突，又透露出希望沟通与终于孤独的永恒矛盾，还夹杂着充满悖论的迷惑与期待。"那窒息我们的/是甜蜜的未生即死的言语，/它底幽灵笼罩，使我们游离，/游进混乱的爱底自由和美丽。"在诗歌里，分裂的主体进行相互搏斗、相互怀疑和相互质询，这种在自我分裂状态下矛盾个体内在灵魂的对话与驳诘，一方面极大拓宽了现代诗歌的想象空间，另一方面增强了现代诗歌的思想和情感"张力"——这是穆旦诗歌富有美学价值的重要基点。

情感的"线团化"是穆旦诗歌的又一艺术特质。穆旦曾提出："为了表现社会或个人在历史一定发展下普遍地朝着光明面的转进，为了使诗和这时代成为一个感情的大谐和，我们需要'新的抒情'。这新的抒情应该是，有理性地鼓舞着人们去争取那个光明的一种东西。我着重在'有理性地'一词，因为在我们今日的诗坛上，有过多的热情的诗行，在理智深处没有任何基点，似乎只出于作者一时的歇斯底里，不但不能够在读者中间引起共鸣来，反而会使一般人觉得，诗人对事物的反映毕竟是和他们相左的。①"在中国现代新诗的发展历程中，曾盛行一种过度煽情的诗歌情感抒发方式和浪漫感伤之风，穆旦试图借鉴以艾略特、奥登为代表的英美现代主义诗歌的创作技巧超越这一传统，将炙热的情感渗入知性内容并投射到客观对应物之中，用内敛与冷峻、曲折与隐晦的方式传达现代社会挤压下人们内心的焦虑与苦痛、挣扎与犹豫、祈望与绝望、欢欣与伤悲等相互交织的繁复情感。以穆旦的《春》为例：

> 绿色的火焰在草上摇曳，
> 他渴求着拥抱你，花朵。
> 反抗着土地，花朵伸出来，
> 当暖风吹来烦恼，或者欢乐。
> 如果你是醒了，推开窗子，
> 看这满园的欲望多么美丽。
>
> 蓝天下，为永远的谜盅惑着的
> 是我们二十岁的紧闭的肉体，
> 一如那泥土做成的鸟的歌，
> 你们被点燃，却无处归依。
> 呵，光，影，声，色，都已经赤裸，

---

① 穆旦：《慰劳信集——从〈鱼目集〉谈起》，载《大公报》（香港版），1940-04-28。

痛苦着，等待伸入新的组合。

在穆旦的生命世界里，青春给诗人带来了异常强烈的诱惑感，在这段短暂的岁月里，不仅有"草上摇曳"的"绿色的火焰"，同时也有"美丽"的"满园的欲望"。面对如此美妙的青春，诗人并未引吭高歌，而是为青春期复杂的情感体验寻找到了"客观对应物"——"春天"，借助与"春天"相关联的一系列意象——绿草、土地、花朵、暖风、蓝天、鸟的歌声等，把现代社会里处在青春期的人们充满矛盾的情感特征表现得淋漓尽致。一方面青春意味着"稚嫩"与"冲动"，因而遭遇诸多"禁闭"，另一方面青春是走向成熟的必由之路，只有"反抗着土地"才能让美丽的"花朵伸出来"；一方面当"暖风吹来"青春觉醒，带来些许的"欢乐"，另一方面觉醒的青春面对"满园的欲望"又徒增了无尽的"烦恼"；一方面敏感的肉体涌动着的欲望被点燃，另一方面燃烧的青春激情"却无处归依"；一方面享受着追求爱的幸福与欢笑，另一方面又承受着等待爱的痛苦与煎熬。对于诗人来说，正是激情与理性以及理想与现实之间的永恒距离，使青春期的情感体验交织着太多矛盾，满载着甜蜜的忧愁，相较于火山喷发式或狂飙突进式的抒情方式，这种经由智性渗透的有节制的情感传达方式，使诗中情感不再处于一种急剧宣泄状态，而是在矛盾的冲突中呈现"线团化"特征，这样的诗情显得更加深层、厚重、冷峻和浓烈。

《诗八首》是一首抒写理想爱情的充满哲理的抒情诗，穆旦把恋人之间情感发展过程写得如此深刻而复杂：

> 你底眼睛看见这一场火灾，
> 你看不见我，虽然我为你点燃；
> 唉，那烧着的不过是成熟的年代，
> 你底，我底。我们相隔如重山！
>
> 从这自然底蜕变程序里，
> 我却爱了一个暂时的你。
> 即使我哭泣，变灰，变灰又新生，
> 姑娘，那只是上帝玩弄他自己。

　　这是诗人对"初恋"季节里爱情的想象和体认，里边包含着许多形而上的情感哲思。在诗中热恋阶段男女之间感情不再是如胶似漆或心心相印，而是存在着多重"阻隔"，男方已为爱燃烧和痴狂："我为你点燃"和"烧着"，而女方则在爱的渴望中深感恐惧："你底眼睛看见这一场火灾"，在爱走向成熟的时空中，"我们相隔如重山"，彼此之间产生了因爱的矜持或婉拒所带来的遥远的距离。这种距离与恋人间情感"错位"——"你"总是保持理性和冷静，而"我"却深情地投入且如痴如醉——紧密相关。理性与感性、狂热与矜持之间的矛盾无疑造成了不可规避的情感之殇：在爱的成长旅途中（"自然蜕变的程序里"），"我"只好爱"一个暂时的你"，更令人伤悲的是，"即使我哭泣，变灰，变灰又新生"，依然无法得到"你"的接受与应允或产生情感的共鸣。不过，诗人并未由此绝望沉沦，而是在更深的层面进行思辨："姑娘，那只是上帝玩弄他自己"，也即是，上帝在赋予人类感情的同时，也赋予其理性，它在"玩弄"别人之时也在"玩弄"自己，这既是对"爱之殇"的一种超脱，又是对制造痛苦的"上帝"的一种嘲讽。由此可见，穆旦对"初恋"的情感体验已超越了"纯洁"或"纯粹"的视界，而是进入一个更为丰富、复杂和深广的空间之中，在纵横交织的矛盾之网中呈现"线团化"倾向。

　　在新诗抒情"戏剧化"实践方面，穆旦不仅进行积极探索，也取得了许多重要收获。所谓**新诗抒情"戏剧化"**是指诗歌借鉴戏剧声部、戏剧情境、戏剧意境和戏剧结构等多种创作手法，使抒情主体的情志实现戏剧性表现，达到诗歌传情达意的客观性与间接性的艺术效果。他的《森林之魅——祭胡康河上的白骨》是新诗"戏剧化"的代表作。全诗以"森林"和"人"之间的对话展开，以"祭歌"终结"对话"，在"对话"里诗人展开了自我对于"野人山经历"的梦魇般的记忆，叙说着关于生命与死亡的铭心刻骨的体验。在诗剧的舞台上，"森林"诉说着自我掌控"死亡"的秘密与威力：

森　林

　　没有人知道我，我站在世界的一方。

　　我的容量大如海，随微风而起舞，

　　张开绿色肥大的叶子，我的牙齿。

　　没有人看见我笑，我笑而无声，

　　我又自己倒下去，长久的腐烂，

仍旧是滋养了自己的内心。

从山坡到河谷，从河谷到群山，

仙子早死去，人也不再来，

那幽深的小径埋在榛莽下，

我出自原始，重把密密的原始展开。

那飘来飘去的白云在我头顶，

全不过来遮盖，多种掩盖下的我

是一个生命，隐藏而不能移动。

这里，"森林"不仅在彰显自身的神秘与霸气："没有人知道我/我站在世界的一方"，"我的容量大如海/随微风而起舞"，"我出自原始/重把秘密的原始展开"，也在炫耀自我的阴险与狠毒："张开绿色肥大的叶子/我的牙齿"，"没有人看见我笑/我笑而无声"，同时还在显示拥有掌握生死命脉的魔力："我又自己倒下去，长久的腐烂/仍旧是滋养了自己的内心"，"多种掩盖下的我/是一个生命，隐藏而不能移动"。"森林"已然成为具有生命的神魔"二位一体"的"超人"，主宰着"人"的命运。

而"人"也陈述了进入"森林"后的复杂矛盾心理，一方面"人"享受了原始"森林"给他敞开的新异空间："离开文明，是离开了众多的敌人/在青苔藤蔓间，在百年的枯叶上/死去了世间的声音"。远离了都市文明与残酷战争，闯入"森林"的"人"不仅可享用特定时空中的"静谧"时光，同时可感受到"无始无终"的"自然"之生机与自在："这青青杂草/这红色小花，和花丛中的嗡营/这不知名的虫类，爬行或飞走/和跳跃的猿鸣，鸟叫，和水中的/游鱼，路上的蟒和象和更大的畏惧/以自然之名，全得到自然的崇奉/无始无终，窒息在难懂的梦里"。在这新异的空间里，"人"传达了一种沉溺其间的渴望与吁求。另一方面，当"我不和谐的旅程把一切惊动"之后，"森林"向"人"发出的死亡召唤："欢迎你来/把血肉脱尽"，尔后"人"向"森林"道出了内心的无限恐惧：

人

是什么声音呼唤？有什么东西

忽然躲避我？在绿叶后面

它露出眼睛，向我注视，我移动
它轻轻跟随。黑夜带来它嫉妒的沉默
贴近我全身。而树和树织成的网
压住我的呼吸，隔去我享有的天空！
是饥饿的空间，低语又飞旋，
象多智的灵魂，使我渐渐明白
它的要求温柔而邪恶，它散布
疾病和绝望，和憩静，要我依从。
在横倒的大树旁，在腐烂的叶上，
绿色的毒，你瘫痪了我的血肉和深心！

在"森林"里，"人"听到的是莫名的恐怖的呼唤声，看到的是绿叶后面"向我注视，我移动"的可怕眼睛和"压住我的呼吸"的"树和树织成的网"，感受到的是无边的让人疯狂的"饥饿"，以及由"饥饿"引发的无尽的"灾难"："疾病和绝望，和憩静"，体验到的是"森林"腐蚀和摧毁生命的巨大"毒性"："在横倒的大树旁，在腐烂的叶上/绿色的毒，你瘫痪了我的血肉和深心！"这是"人"向"森林"发起的控诉和绝望的呼喊。不过"森林"的回答让"人"陷入更加绝望的深渊："这不过是我，设法朝你走近/我要把你领过黑暗的门径/美丽的一切，由我无形的掌握/全在这一边，等你枯萎后来临"，因为"美丽的一切"，只有"等你枯萎后来临"，更为重要的是，"人"的命运"由我无形的掌握"，无法逃脱又难以挣扎。在"森林"和"人"的对话之后，又响起了第三种声音，这是"诗人"穿越死亡线后对逝者的追忆与对生命的慨叹：

祭 歌

在阴暗的树下，在急流的水边，
逝去的六月和七月，在无人的山间，
你们的身体还挣扎着想要回返，
而无名的野花已在头上开满。
……
静静的，在那被遗忘的山坡上，

还下着密雨，还吹着细风，

没有人知道历史曾在此走过，

留下了英灵化入树干而滋生。

"森林"和"人"的对话紧张性被"第三种"声音平息，对话的意义也遭到消解。"战士"求生的"挣扎"和归家的急切愿望，都因"无名的野花已在头上开满"化为虚无和幻影。他们"刻骨的饥饿"和"毒虫啮咬的痛楚"也随着"欣欣的树木"的滋长而被永远遗忘。历史的时间正在冲刷着人们关于生命的记忆，平复着人们的心灵创伤，消解着"人"与"自然"搏斗与抗争的意义。不过，历史的时间也在证明着生命的意义，当一切由"紧张"归入"平静"，由"痛苦"转向"遗忘"时，那些逝者的"英灵"也由"平凡"走向"崇高"，这是面向而又超越"森林"和"人"对话而唱响的充满睿智的悲歌。

《森林之魅》主体部分交织着"森林"和"人"之间的对话声音，这种锁闭式的对话空间最终被"祭歌"打破，"森林"（自然）——"人"（战士）——"祭歌"（诗人）的不同角色既建构了戏剧性的立体的对话空间，又发出了多重的对话声音。这种戏剧化的诗歌结构和抒情方式，使得穆旦的诗歌不再是声泪俱下的激情控诉，而是冷峻、超脱与理性规约下徐徐展开的深情回忆，诗情显得相当醇厚与丰富。

以强烈的抒情来传达异常矛盾与丰富的主体情志，是穆旦诗歌给中国现代诗歌带来的独特"新质"，而诗歌思维的复杂化、情感的线团化和抒情的戏剧化既是穆旦追求新诗"现代化"的基本策略，又是其诗歌实现情感与理性平衡的诗学理想的腾飞翅膀。

第四章　本时期散文

第一节　鲁迅

　　鲁迅是中国现代散文的奠基者。依据现代散文的体例，鲁迅的散文创作包括以抒怀述志的散文诗集《野草》、纪事怀人的散文集《朝花夕拾》和以撰写批判锋芒见长的一系列杂文作品集。鲁迅的散文，以其精深的思想性和鲜明的艺术独创性，而被誉为世界文苑的奇葩、中国现代散文的高峰。

　　一、《野草》——复杂灵魂的诗。《野草》出版于 1927 年 7 月。它的出现，标志着中国现代散文诗创作已臻于成熟。《野草》是属于时代的，又是属于个人的。作为文学家、思想家的鲁迅，用诗的激情和诗的形象来展现自我内心世界的丰富、复杂、尖锐、深刻的矛盾和斗争，这种矛盾和斗争，渗透着"路曼曼其修远兮，吾将上下而求索"的人生哲理意味。《野草》是从鲁迅心灵的炼狱中熔铸出来的，充分体现了博大精深的鲁迅哲学。

　　《野草》首先映射出鲁迅**顽强的抗争意识和韧性的战斗精神**。作为开篇的《秋夜》，形象地呈现了鲁迅锲而不舍、韧性战斗的斗士情怀。《过客》正是倔强探索者的形象写照。《这样的战士》无疑是对叛逆猛士的热烈讴歌。其次，鲁迅顽强的抗争意识，又往往与悲观绝望的心态交织在一起。《野草》中有不少篇章是从无情地解剖自己入手的，对先觉者与群众之间、长者与幼者之间、战士与对手之间、叛逆的猛士与爱我者之间、生与死之间的种种矛盾冲突，以及理想与现实之间、希望与绝望之间种种的彷徨苦闷，进行痛苦的思考与辨析，从而呈现出鲁迅内心世界的丰富与复杂。

　　《野草》在艺术上突出的特色是**象征主义表现方法**。这具体表现为：有时借助奇突的象征性形象，如《复仇》（一）中那对裸露躯体捏着利刃的男女青年，做出既要拥抱又要杀戮的姿势。有时借助自然景观的象征性描绘，如《秋夜》中的枣树、花草、小青虫等。有时借助幻境，特别是梦境的象征性描写，在《野草》中，有七篇浓笔重墨写梦境，直接以"我梦见……"的句式开篇。在梦境世界里，鲁迅创造了荒诞不经的情节、奇幻神妙的场景和朦胧而诡奇的梦境，表现出作者奇突的想象和浓烈的诗情。有时借助寓言故事的象征性创造，《狗的驳诘》《立论》《聪明人和傻子和奴才》，这些既给中庸和奴才哲学作绝妙画像，也撕下"正人君子"的虚伪假面，是针砭社会锢弊的投枪。

二、《朝花夕拾》——"离奇"与"芜杂"中的回忆。鲁迅的《朝花夕拾》创作于 1926 年，加上"小引"与"后记"共计 12 篇，原名为《旧事重提》，属于叙事散文。

《朝花夕拾》展现了一幅幅浓郁的江南乡镇的风情民俗画。鲁迅在《小引》中描述他的思乡情结："我有一时，曾经屡次忆起儿时在故乡所吃的蔬果：菱角、罗汉豆、茭白、香瓜。凡这些，都是极其鲜美可口的，都曾是使我思乡的蛊惑。后来，我在久别之后尝到了，也不过如此；惟独在记忆上，还有旧来的意味留存。他们也许要哄骗我一生，使我时时反顾。"这说明这组回忆性散文，融入了鲁迅的童真和童趣，在他的成人与童年复合视角下，再现了浓郁的浙东风俗气息：老鼠成亲的故事、过年岁的规矩、迎神会的盛况（扮犯人、高跷、抬阁、马头、无常）、目连戏的热闹、旧书塾的陈规、治病的陋习，等等。

《朝花夕拾》描绘了清末民初底层百姓和知识界的面影。这里有沾染旧式女人某些弱点，然而心地善良、热情的长妈妈；方正博学而又守旧的寿镜吾老先生；固执严肃的父亲；故弄玄虚的陈莲河医生；善于捏造事实、散布流言的衍太太；正直狷介终至沉水而亡的范爱农，等等。这些人物形象个性鲜明，各具特色。诚然，散文写人不能像小说那样通过丰富生动的情节来完成人物形象的塑造。在很大程度上，它只能依靠精选的事件片断和艺术细节来体现。长妈妈那个"竖起第二个手指，在空中上下摇动"的小动作，在鲁迅眼里与正在散布流言的饶舌妇形象并无二致；而范爱农那双"白多黑少"眼睛的细节刻画，则凸显了旧时代知识分子愤世嫉俗的个性。《朝花夕拾》里这些颇有小说笔法的描写，均给人留下深刻印象。

《朝花夕拾》在艺术风格上具有**情韵悠长、清奇脱俗**的特色。鲁迅所写的人和事，往往饱含着自己真挚浓郁的爱憎情感，这种思想情感表现在艺术上，便是在平淡中寓有褒贬，在简洁的描写中分清是非，使回忆与感兴、抒情与幽默和谐地融合起来。对于长妈妈、藤野先生、范爱农的缅怀是深沉真挚的，但鲁迅没有采用那些表面上看来激动的文字，而是通过内心的祷告、无言的纪念、念及旧友的女儿等平淡中见真情的描写或抒情追忆着他们，在平易亲切中寓有深长的韵味。

三、"杂文"——国民劣根性的犀利批判。鲁迅强调杂文是"感应的神经，是攻守的手足"，因而以批判锋芒见长的现代杂文，是以鲁迅为代表的中国现代作家在从事"社会批评"和"文明批评"的过程中建立起来的。自 1918 年享誉文坛至 1936 年去世的 18 年间，鲁迅的杂文创作从未中断。他先后出版了《坟》《热风》《华盖集》《华盖集续编》《而已集》《三闲集》《二心集》《南腔北调集》《伪自由书》《准风月谈》《花边文学》《且介亭杂文》《且介亭杂文二集》《且介亭杂文末编》等杂文集。据统计，鲁迅一生创作文字 170 万字，其中杂文就有 135 万字，占了将近 80%。

鲁迅的杂文内容十分广泛，思想深邃，理性力量丰厚，概括地说有以下几个方面：**其一，其杂文是一部活的近现代的中国社会史。**鲁迅杂文真实记录了中国历史发展的进程。尤其是五四以后，鲁迅始终站在新文化活动的前沿，积极进行着广泛的社会批评和文明批评，其宏富精深的思想内容，成为中国现代思想史和文学史上珍贵文献、中国现代"社会相"的大全、中国民族斗争史图的描绘。**其二，对"国民性"病根的顽强探索。**作为一位伟大的思想家与文学家，鲁迅在观察、分析与表现中国历史进程中，他的注意力始终集注在近代中国社会历史巨变中的人，不同阶级、阶层以及整个民族的社会心理，以及其内含的历史经验教训。因此，他说"'中国的大众的灵魂'，现在是反映在我的杂文里了"。(《准风月谈·后记》)他对"社会相"观察之深，概括之精，如"二丑"、"叭儿狗"，挂着"铃铎"的"山羊"、"革命小贩"、"政治奸商"、"洋场恶少"，等等。鲁迅摄取了人物灵魂，勾画出社会世态，其形态是十分丰富多样的，这构成鲁迅探索改造"国民劣根性"的重要部分。**其三，自我人格的真实写照。**鲁迅自己说："我的确时时解剖别人，然而更多的是更无情地解剖自己。"(《写在〈坟〉后面》)他后来称自己像普罗米修斯那样窃来"天火"，不完全是为了给别人以光和热，本意是"煮自己的肉"。(《"硬译"和文学的阶级性》)只有无情地解剖自己，才能准确地解剖别人。因此，只有像鲁迅这样能够严厉地解剖自己的人，才能准确深刻解剖中国民族的国民灵魂。正是在这个意义上，鲁迅被誉为中国的"民族魂"。

鲁迅的杂文是以议论为主的文学散文，是辩证的理性思维与感性的形象思维高度融合、有机结合的产物。这一特性，决定了鲁迅杂文带有鲜明的艺术特质，即集中体现出**议论的形象化、理趣化和抒情化**。（1）形象化。鲁迅曾对自己杂文的艺术手法有一个基本的说明："我的坏处，是论时事不留面子，砭锢弊常取类型"，因此，他的杂文并不局限于描写这一个具体的人与事，而要使它具有历史的概括性和普遍性，成为这一类人和事的图像和标本，这就是鲁迅所说的"常取类型"。有时借助想象、联想创造出带有比喻和象征性的形象和意象，如"落水狗"、"叭儿狗"、"夏三虫"、"二丑"等形象，"黑色的染缸"、"小摆设"等意象；有时以起绰号或漫画方式，如"革命小贩"和"洋声恶少"；有时描摹人物的动作、声口、心理，如鲁迅嘲弄说，现在中国的"有根"学者和"尤其"的"诗人"是"互相选出"了（《无花的蔷薇》）。（2）理趣化。鲁迅强调杂文要有"趣味"，能引人发"笑"，能给读者以"愉快和休息"，同时鲁迅反对为"笑"而"笑"，为"幽默"而"幽默"，极力摈弃把"肉麻当有趣"的庸俗低级"趣味"。"含笑谈真理"，不仅是鲁迅杂文思想和艺术风格的重要构成方面，也是鲁迅杂文为读者长久喜爱、传诵不衰的一个奥秘所在。（3）抒情化。鲁迅的杂文燃烧着鲜明的爱憎，洋溢着火热的激情，充满着丰沛的诗情。真情是一切文学创作的艺术生命，杂文也是如此。鲁迅的杂文是其真情的流露，嬉笑怒骂皆成文章。正如他在《七论"文人相轻"——两伤》里说的："在现在这'可怜'的时代，能杀才能生，能憎才能爱，能生与爱，才能文。"鲁迅杂文既不满足于一般的就事论事，也不满足于稍胜一筹的就事论理，他所追求的是感情的表现，是情、理的融合。正是这一点，使鲁迅杂文充满了繁复多样的审美意趣和令人醍醐灌顶的睿智隽思。它给予人们的不是什么枯燥的论点或教条，而是情感的抒发与人生的启悟。这一切，充分显示了鲁迅杂文是诗与政论的精湛融合。它既有强大的思想威力，又有绵厚的文学魅力，堪称中国现代杂文的典范。

第二节　朱自清　冰心　郁达夫

朱自清（1898—1948）的散文作品，辑集行世的有《踪迹》（诗文合集）、《背影》《欧游杂记》《你我》《伦敦杂记》等。

朱自清的散文多为抒情性和叙事性的小品文，题材可以分为三个系列：其一是描叙个人和和家庭生活的散文，主要表现父子、夫妻、朋友间的人伦之情，代表作品为《背影》《给亡妇》《儿女》等；其二是以描写自然景物为主的散文，代表作品为《荷塘月色》《桨声灯影里的秦淮河》《春》等；其三是反映现实生活、抨击社会黑暗的散文，代表作品有《生命的代价：七毛钱》《执政府大屠杀记》《白种人：上帝的骄子》等。前两类散文，是朱自清散文中写得最出色的，其中如《荷塘月色》《背影》等脍炙人口的名篇历来被选入中小学语文教材，成为范文，哺育了一代代中国青少年。朱自清的散文总体上具有以下几个特征。

一、**缜密精巧、形散神聚的艺术构思**。朱自清散文表面上看起来"自由"、"随便"，但有收有放，形散神聚，切合主题，各部分之间关系安排恰当，衔接自然，周严缜密，详略有致。紧要处不吝笔墨，细针密缝。简略处则传神会意，蕴藉无穷，起承转合，流转自如。《荷塘月色》意在写心中"颇不宁静"，一路写来，却又处处见"静"。作者按照向往荷塘、走向荷塘、描写荷塘、走出荷塘的顺序来写。文章重点部分是荷塘和月色，但描写有条不紊，层次分明。写荷塘按照"全景——荷叶——荷花美姿——荷花香——清风——流水"的顺序来展开。在写道月光时，则按照"月光与青雾——月光与云——月光与树影——月光与树丛"的顺序来精描细画，动人处则画龙点睛，白描传神，总体上将景物的千姿百态一一再现，如同真景，宛若目前。《背影》全文共写了四次背影。开头设置疑问，引出"背影"；而后望父买橘，刻画"背影"；再写父子惜别，渲染"背影"；最后读父来信，回忆"背影"。文章四次写背影，四次写作者落泪，结构完整，首尾呼应。《春》的结构缜密，井然中见跌宕。作品一共描写了五幅画面，画面之间过渡自然紧凑，脉络分明有变化，以前四幅画面作为第五幅画的铺垫，意在揭示题旨："一年之计在于春"，画龙点睛，奇峰突起，意蕴升华。

二、**平实朴素、真挚自然的伦理情怀表达**。朱自清的散文，取材于自己的生活经历，真实可感，以情动人，容易与读者的心灵产生碰撞，形成共鸣。这些特征在其叙事性散文中表现得尤为鲜明。《背影》《给亡妇》《择偶记》《冬天》《儿女》等篇，是朱自清的名作，真实记录了作者与父亲、妻子、儿女、朋友之间的一些往事，且都是一些平凡小事。这些内容之所以真实感人，其原因就是所描写内容的真实和所表达情感的真挚。《给亡妇》写于1932年，是朱自清为三年前亡故的结发妻子武钟谦写的一篇悼念性散文。作者用平实朴素、饱含深情的语调向自己的亡妻絮叨生前的琐碎往事，运用了少见的第二人称，形成凝目对视、深情倾诉的氛围："谦，日子真快，一眨眼你已经死了三个年头了。这三年里世事不知变化了多少回，但你未必注意这些个，我知道。你第一惦记的是你几个孩子，第二便轮着我。孩子和我平分你的世界，你在日如此；你死后若还有知，想来还如此的。""这十二年里你为我吃的苦真不少，可是没有过几天好日子。无论日子怎么坏，无论是离是合，你从来没对我发过脾气，连一句怨言也没有。那些时候你往往抽噎着流眼泪，从不回嘴，也不号啕。"叙述看似细微琐屑，但字里行间都流露着生者对逝者的无限怀念，文中虽未写到流泪，但读者却感到作者的泪水早已浸透纸背。作品将夫妻之间阴阳两隔的痛楚、至纯至真的感情表现得淋漓尽致，产生了感人肺腑的艺术效果。

三、**情景交融、诗画统一的造境艺术**。朱自清的散文善于将情与景、意与境、诗与画相互融合，或寓情于景，借景抒情；或思与境谐，意与境浑；或诗中有画，画中有诗，创造了一种至臻至情、韵味深长的美的境界，这主要表现在他的写景散文中。在《桨声灯影里的秦淮河》《荷塘月色》《绿》等名篇中，他用语言的丹青渲染情、景、物，将人人眼中见、心中有、笔下无的诸般景象进行逼真描绘，细腻刻画。有人把朱自清的散文比作中国画中的工笔画，是因为他善于运用浓墨重彩工笔描绘各种风景，并重视形肖神似，以形传神，形神兼备，呈现出一种悠远高深、妙不可言的动人意境。《荷塘月色》就托出这样一幅美丽图画："曲曲折折的荷塘上面，弥望的是田田的叶子。叶子出水很高，像亭亭的舞女的裙。层层的叶子中间，零星地点缀着些白花，有袅娜地开着的，有羞涩地打着朵儿的，月光如流水一般，静静地泻在这一片叶子和花上。薄薄的青雾浮起在荷塘里。叶子和花仿佛在牛乳中洗过一样；又像笼着轻纱的梦。"作者运用几个精妙的比喻和诗一样的语言，描绘出了一幅美丽动人的"月下荷塘图"，呈现出极强的绘画美。在《威尼斯》中，朱自清同样用如此浓墨重彩的画笔，生动传神的文字，把风光旖旎、美轮美奂的威尼斯逼真地展现在读者面前。

四、**规范纯正、雅俗共赏的现代白话语言**。朱自清有着"语言大师"的美誉，他在《语文续拾》《经典常谈》《论通俗化》《标准与尺度》等多篇文章中论及语言的建设和发展，一生都在为祖国的语言文字规范和健康而努力。他的散文语言善于融合中国古典诗文的词汇，借鉴西方语言及句式，吸取群众口语的精华，创造出一种优美流畅、雅俗共赏、简洁纯正的白话文体。

朱自清主张"用笔如舌"，多用"活的口语"。在《绿》中，作者不是直接说梅雨潭的绿如何美，如何令人陶醉，而是以一种谈心的方式说"我舍不得你，我怎舍得你呢？我用手拍着你，抚摸着你，如同一个十二、三岁的小姑娘。……我送你一个名字，从此叫你'女儿绿'"。朱自清善于运用多种修辞手法。在他的散文中，常常运用比喻、拟人、对比、反问、通感、反复、排比、夸张等修辞手法，来增加语言的表现功能和艺术感染力，其中运用的最多也最成功的是比喻。例如《绿》中为凸现"梅雨潭的绿"，作者独出心裁地运用"明油"、"鸡蛋清"和"碧玉"来比喻水光。在《桨声灯影里的秦淮河》中写道："它们那柔细的枝条浴着月光，就像一支支美人的臂膊，交互地缠着、挽着。又像是月儿披着的发。而月儿偶然也从它的交叉处偷偷窥看我们，大有小姑娘怕羞的样子。"在《月朦胧，鸟朦胧，帘卷海棠红》中，把"月的纯净，柔软与平和"比喻成"一张睡美人的脸"。朱自清散文喜欢以少女作喻体，在摹景状物时，喜欢以女性作为参照或比拟物。"女性情结"是朱自清散文一个独特的审美趋向。

朱自清散文常运用叠字叠词、儿化词、富于变化的长短句、整散句等形式，形成特有的节奏性、韵律美和层次感。就以形容词叠字叠词运用而言，有 AA 式形容词重叠："任你人影的憧憧，歌声的扰扰，总像隔着一层薄薄的绿纱面幂似的"（《桨声灯影里的秦淮河》）；有 ABB 式形容词重叠："落下参差的斑驳的黑影，峭楞楞如鬼一般"（《荷塘月色》）；有 AAB 式形容词重叠："风轻悄悄的，草软绵绵的"（《春》）；有 AABB 式形容词重叠："在这个大梦里，一定还有长长短短，深深浅浅，肥肥瘦瘦，甜甜苦苦，无数无数的小梦"（《忆》跋）；有 AAAA 形容词重叠："走到山边，便听见花花花花的声音"（《绿》）；有 ABAB 式形容词重叠："一只插着小红花的游艇里，坐着八九个雪白雪白的白衣的姑娘"（《女人》）。这些叠词，读来朗朗上口，使句子产生了不同的节奏和旋律，韵味盎然，可吟可诵。

冰心（1900——1999）是中国现代文学历史上最早的一位女作家。她在诗、小说、散文诸方面的建树赢得广泛侧目。纵观冰心一生的文学创作，其创作重心是散文领域。她一生共创作散文作品四百多篇，较之其他体裁占了绝对优势。冰心终身钟情于散文，这与她所追求的实在之"真"大有关系。冰心的审美创造，在散文创作中具体表现为以下几个方面：

一、**爱的哲学**。"爱的哲学"在冰心的散文创作中具体表现为母爱、童心之爱和自然之爱等几个方面的内容。五四时期，面对国破民穷的现实，许多知识分子和作家诸如许地山、王统照等人都曾在爱的范畴里给社会寻找出路、开具药方，其作品的价值指向明显有着切实的现实功利性。而冰心却与他们不同。"在所有五四时期的作家中，只有冰心女士最最属于她自己。她的作品，不反映社会，却反映了她自己。"[①] 冰心自己也认为，文学家要创造"真"的文学，就要努力发挥个性，表现自己。[②] 就冰心的散文而言，所反复表达的是她自己"爱的观念"和"爱的实体"。父母之爱、童心之爱、自然之爱——这些"真爱"恰是人世间实实在在的东西。在冰心早期散文作品诸如《遥寄印度哲人泰戈尔》《"无限人生"的界限》《画——诗》《梦》《笑》等篇章中，"真爱"的理想已现端倪，但"爱的哲学"却是在以后的创作中才趋向定型的。冰心的"爱的哲学"并不仅仅是一时感情冲动的产物，而是痛苦选择后的结果。冰心显然不像别的作家仅仅把爱当做一种试剂，来对社会进行检验，发现不适就弃之一旁。她对于"爱"的本体意义和爱与人类的关系做过苦苦的思索。《问答词》一篇正是这种选择和思索的纪实。作品以"我"和"她"为凭借，实际上进行的是心与心的对话。"我"代表怀疑的一方，"她"则代表着"坚信"的一方。由人生、生命到快乐谈起，探寻的是人生如何得以永存之大旨。"我"说："'自然'只永远是无意识的，不必说了。小孩子似乎很完满，只为他无知无识。难道他便永远是无知无识？便永远是无知无识，人生又岂能满足?! 世俗无可说，因此我便逞玄想，撇下人生，来赞美自然，讴歌孩子。一般是自欺、自慰，世界上哪里是快乐光明？""希望做不到，又该怎样？创造失败了，又该怎样？古往今来，创造的人又有多少？到如今他们又怎样？……倒不如愚夫庸妇，一生一世，永远是无烦恼！""在这广袤的宇宙里，也只有无谓。""她"的回答："世界上的力量，永远没有枉废；你的一举手，这热力便催开了一朵花；你的一转身，也使万物颤动；你是大调和的生命里的一部分，你带着你独有的生命；你是站在智慧的门槛上，请更进一步！看啊，生命只在社会污浊，人生烦闷里。宇宙又何曾无情？人类是几时灭绝？不要低看了愚夫庸妇，他们是了解生命的真意义，知道人生的真价值。他们不曾感慨，不曾烦闷，只勤勤恳恳地为世人造福。回来吧！脚踏实地着想。"面对现实，冰心感到爱的无力、无谓、无效，因而一开始就怀疑自己的追求。我们可以看出，冰心对爱的倚重，绝不是面对自我的玄思，而是面对现实而能够具有的选择。正是这一痛苦的抉择，才使她发现了自我，找到了自我审美创造的基础和起

---

① 茅盾：《冰心论》，载《文学》第 3 卷第 2 号，1934-08。
② 冰心：《文艺丛谈》（二），载《小说月报》12 卷 4 号，1921-04。

点。自此以后，无论是《寄小读者》，还是《关于女人》，冰心的散文都是这一真爱主题在不同时空下的反复而真挚的变奏。

二、**纯情的天然与悠长**。从整体上看，冰心在抗战以前的作品就是"少女情思"的连续表白。自然赋予的思维智慧、父母给予的典雅气质及时代对每一个知识女性所带来的冲击，促成了冰心以"少女情思"连续自白为特征的散文世界。自《寄小读者》发表，这种"少女情思"的连续自白就以成熟的状态出现在我们的面前。此时，冰心为文的意识已经自觉，对自己的追求已进入理性的执著阶段。昔日的困惑已基本消失，对世间"真爱"的追求便形成了她"少女情思"的实质内容。首先是母爱。母爱在冰心笔下呈现为两个向度：第一，指向现实中具体的母爱。《寄小读者》中有很多篇章，径直就是母女昔日生活的回忆性纪实。如《通讯十》，从出生三个月起到初谙人事，从牙牙学语到病中的看护，趣事逸闻，一桩一件，不厌其烦。她从中感到了自我，从母亲的慈爱中认识了自己，因为爱母亲而爱自己——"我本身是她的一部分"，母亲那"不为什么"的爱，才使我真正懂得"世界便是这样的建造起来的！"，这不仅是单纯对母亲的赞美，实际上等于在弘扬对生命之爱了。母亲——生命，这便是冰心对母亲如此执著地怀有深情的秘密所在，正因为"她"是生命的具体，才显得神圣，正因为"她"创造生命，所以才能走向永恒。第二，超越具体而指向宗教式的母爱情怀。"小朋友，谁道上天生人有厚薄？无论贫富，无论贵贱，造物者都预备一个母亲来爱她。又试问鸿蒙初辟时，又哪有贫富贵贱这些人生的制度阶级？遂令当时人类在母亲的爱光之下，个个自由，个个平等。"（《通讯十二》）"因着母亲，使我承认世间一切其他的爱，又冷淡了世间一切其他的爱。"（同上）在这里，母爱甚至就是造世的上帝，自由、平等、幸福的源头。冰心对母爱的歌颂，已超出个人体验范畴，而无意之中将之宗教化了，作为一种生命活力来崇拜。同时，母爱也成为她情感世界的主体，她不知不觉地用母爱慈祥的眼光去看待一切，对待一切，爱一切。其次，在冰心的散文中，以母爱为中心，串起童心与自然，使她的审美世界既显得纯洁无瑕，又显得人间情深。这一单纯，即使到了40年代那些以女友为题材的作品里也依然如初。对爱的发现、对爱的感悟、对爱的思考与玄想，构成了冰心少女情怀里最本质的东西，她以纯洁赢得了尘世的认可。

三、**典雅之趣与隽秀之态**。首先，典雅之趣反映在冰心散文的语言风格上。冰心散文中的用词颇具匠心。动词多用古式而弃今式，多用单字词，力避双字词或多字词。在形容词的选用上，也极少用成语，"我真是不堪，在家时黄昏睡起，秋风中听此，往往凄动不宁"。"不堪"、"凄动不宁"这两个词，或省略，或自造，贴切极了。冰心还在句法上常把主词和修饰词反常使用，如"晚霞和湖波的细响"、"四周山中松梢的雪"等。作者常常省略主语，以使整节语言联结显紧凑之状。其次，如果说，典雅之趣是体现在语言上，那么它的隽秀之态则体现在叙述风致上。作者不但以母爱、童心和自然作了自始至终的题材，而且在叙述上竭力葆有女性特有的温柔纯真口吻及儿童对事物认识的情态。当然，这种风致随着时代和冰心年龄的增长发生变化。30 年代后，冰心散文中单纯的情思依然如昨，但作品的趣味变了。由过去简洁典雅的韵味变化到平和冲淡的意境，由原来建立在古典文学基石上的语体文，转到了以寻常口语或现代白话文为基础成分的语体，隽秀之态又添了一重沉稳感。

郁达夫（1896—1945）的散文创作，如其小说一样，在中国现代文学史上独具一格。面对他的散文创作，令人困惑之处有二：其一，我们无法从明确的含义上界定他的小说与散文的区别；其二，就散文而言，郁达夫的创作前后期风格变化幅度甚大。但是，也正是在这种困惑中，蕴藏着郁达夫散文创作的独特意义和审美价值。纵观郁氏散文，不论典型的抒情体，还是日记、游记、书简等，都灌注着作者那鲜活的充满自我激情的真诚。悲、苦、愤、哀都因成为"真诚"的一个侧面而显其价值。不管体裁、题材如何，所要宣泄的是心中那团热辣辣的"衷情"。从这点上看，郁达夫前后期的散文是具有内在一致性的，同时这又是其小说和散文界限模糊的根本所在。**最能代表郁达夫散文成就的当属他的游记**，而郁达夫游记体散文中所呈现的**感伤浪漫的"真诚"**是通过以下几个方面达到的：

一、**衷情的连续宣泄**。郁达夫早期散文创作在内容上有着明显的特征，所有的笔墨都是悲、苦、涩、哀诸种成分混合而成的内在衷情的连续宣泄。《还乡记》中所反反复复吟哼的主旋律就是凄伤、孤独、惨淡与哀情。离开上海时，耳闻目睹他人亲热的道别，孤独的哀伤涌满胸间。面对就在眼前的故乡，他的心里不是充满着柔情与感动，而是不得已的逃避。"只有这一回，到了山穷水尽，我委委颓颓地逃返家中，却只好仍到我所嫌恶的故乡去求一个息壤。投林的倦鸟，返壑的衰狐，当没有我这样的丧懊落胆的。啊啊。浪子的还家，只求老父慈兄，不责备我就对了……我一想到这一次的卑微的心境，竟不觉泫泫的落下泪来了。"一路上，真可以说他就是哭着回来的。泪湿衫袖，伏床暗泣，临景涕泗，对夜泪零，甚至想从火车上跳下来一死了之。及回到故里，在远处捱到天黑，"不声不响的摸上楼上我的女人的房里去睡了。"哭也罢，叹也罢，伤春悲秋，顾影自怜——这一切都无非淋漓尽致写"我"在那种特定时期里的凄婉哀情。这与小说《沉沦》有着相似的倾吐，抒发的是胸中那不尽的苦闷。20 年代前后的青年郁达夫，不管对外界存在的直观如何，他总要返回内心，在内视中来摄取外在投射到内心的印象。因而，在他的散文中，最为真实最没有虚构色彩的是"自我"，而系挂在这一"自我"线索上的所有景、事都被"自我"的感情所浸泡而染上了浓郁的空灵色彩。在常常内视的过程里，郁达夫看到的永远是心灵的"恶之花"。个性意识的骤然觉醒与外在压抑的无形对峙，所行诸文字的便只能是那颗滴着血与泪的心。这样的特点，在郁达夫后期创作的散文中依然明晰可辨。《感伤的行旅》和前期散文相比，显然有了些变化：移步换景的线索与"我"的心境变化线索都臻于完整。但有一点是基本的，即个人心绪的变化不仅时常影响着主体对外在景物的情态，而且依然是对景物进行联结的磁石。此时，虽然少了一些年轻的直喊，少了那些随情枝蔓的"野性"，但内视的习惯与"化物入我"的笔致并不曾有丝毫的更动。

二、**人性、自然与社会的融合**。从郁达夫散文的前后期来看，有一个明显差别很惹眼——即前期更多关注的是自我的内心，而后期着墨侧重点则在身外的山水名胜。在初期散文创作中，郁达夫对"人性、自然与社会的融合"的具体实践是以人——"我"为主。"内心独白"的肆意倾泻是他从事散文创作的功利动因。1928 年以后，郁达夫除了小说创作之外，散文创作几乎全部集中于游记文写作上，文体为之一变。赤裸裸地直喊基本看不到了，原来处在作品中心地位的"我"悄悄移至边缘，个人情思的流程不再作为作品的主线被使用，景语与情语在此打了个颠倒——描景状物、掌故杂谈成为重心，"我"反而若隐若现穿梭其间。郁达夫显然注意到了"物承己意"比"直抒胸臆"更要趋近于散文的"雅"境。

但郁氏的游记体散文绝不是纯粹的娱情记踪之作，其中埋藏着的依然是伤时感怀的忧患，所不同的只是以中年的冷峭换了年少的直喊。因此，我们依然可以在他后期游记中看到"内视"的笔致。《钓台的春昼》里的"我独立在江边，不知不觉心里头都兀自感到了一种他乡日暮的悲哀"贯穿首尾。厚道的船家与常愿在祠堂里留下劣迹的过路高官的"俗"形成了鲜明的对照。《半日游程》里感叹的是世事未变而自己已是"垂垂老了"。《方岩纪静》中他悟到的是古人借自然威力压抑人欲的企图。1935 年《扬州旧梦寄语堂》的结尾更是耐人寻味："你既不敢游杭，我劝你也不必游扬，还是在上海梦里想象欧阳公的平山堂，王阮亭的江桥，《桃花扇》里的史阁部，《红楼梦》里的林如海，以及盐商的别墅，乡宦的妖姬，倒来得好些。枕上的卢生，若长不醒，岂非快事。一遇现实，哪里还有Dichtung呢!"显然，作者对曩昔残梦的留恋正好折射了他对现实不平之愤。"寄激愤于梦幻"——正是他后期以游记为主体散文创作的主要趋势。"因为对现实感到了不满，才想逃回到大自然的怀中，在大自然的广漠里徘徊着，又只想飞翔开去……"说这是一种逃避也可以，但郁达夫敢于把这种逃避的赤诚向人托出，其内在指向恰是与逃避相反。游记中于山水指点间所不时流泻的感伤、苦闷与激愤欲向世人证明，尽管30年代初期的郁达夫遭到了许多的误解，但他并不改初衷，在孤苦的咀嚼里继续着他对历史、现实和人生的独特思考。他的"感时忧世"正是他全部散文创作的文心。醉心山水是为了"啸傲于虚空"，个人情感特征无处不在。从这些游记看，郁达夫一方面感到适闲游冶本是富贵者事，游山逛水寻求的是乐，但其实他始终未能从中感到真正意义上的冶性逸情。为忘忧而出游，到头来却无以脱俗忘忧。他所自觉遵循的"人性、自然与社会的融合"原则得到了更加圆满的体现。他不避讳借"官力"而游浙东浙西、乃至福建之行，但他并不因此放弃伤时感愤的人生真诚。郁达夫在《〈达夫自选集〉序》中说："散记清淡易为，并且包含很广，人间天上，草木虫鱼，无不可说，平生最爱读一类书，而自己试来一写，觉得总要把热情渗入，不能达到忘情忘我的境地。"如此心态下的文字结晶，即便是记游文，也让人感到愤懑之情透露在字里行间。在看似闲淡的游记中，郁达夫把自己或激或愤的感情压进山水间，近观山水，遥想人生，方志、传说、轶闻逸事、同游者的片言只语，总拢于"我"立足自然而冥思社会人生的情绪流程里。融情于景，藏感于物，一切景语皆情语，外表的客观沉静，却难掩文心深处奔突的激情。

从郁达夫游记创作的意境来看，作品中少了些前期名士般的狷狂，而变成了指点江山、六经注我式的潇洒。游记文大多兴到笔随，兴尽篇止。游程线索常若有若无，"我"亦若有若无，我们只可在叙述的过程中看到那意味中的"自我"与"线索"。这正是郁达夫自己所说的**"细、清、真"**的境界：清表现于山水之间我物两融而又不失自我色彩的错落有致上；真则既有游踪所至写实的外真，又有内在感慨点缀其间的"自我"的内真；而细则在以细做真，以真衬细，真细相织之间，因而遂成"清逸"之境界。

显然，到了30年代，半世飘零及生活的宽裕正渐渐改变着郁达夫的人生态度。他也许已经意识到狂热的呐喊已不足表呈内在海样的忧患，沉重的思索驱迫着主体须在文体上作出相应的调整。苦闷之状犹前，感伤之情日深，激愤之心愈炽，但表现的形式完全变了。连续的追求失望把他推入对人生、现实的沉重思考之中，这一切不能不影响到他对天人关系的再审视，不能不牵扯到他行文运笔的审美思索。

第三节　何其芳　丰子恺　李广田

何其芳（1912—1977）的散文创作，主要结集为《画梦录》《还乡杂记》《星火集》和《星火集续编》等，其中**《画梦录》**是其创作的第一本散文集，出版于1936 年，影响最大，代表其散文创作的最高成就，因其"独立的艺术制作"和"超达深渊的情趣"而获得《大公报》文艺奖。

《画梦录》在题材内容上主要表现为以下几点：

一、表达青春期对爱情的期待和失望。

青春期的何其芳对爱情充满渴望和向往，他期待并寻找"第一颗亮着纯洁的爱情的朝露"（《黄昏》）；他在秋海棠婆娑的枝叶间寻找神秘而甜美的爱情故事，深情怀念美丽的少女铃铃（《墓》）；他为爱情唱赞歌："假若没有美丽的少女，世界上是多么寂寞呵"（《扇上的烟云》）；然而，在现实中，美好的爱情总是被残酷的现实所粉碎，何其芳更多地感受到的是爱情的不幸、失望和幻灭。"爱情，这响着温柔的，幸福的声音的，在现实里并非完全美好。对于一个小小的幻想家，它更几乎是一阵猛烈的摇撼，一阵打击。我象一只受伤的兽，哭泣着而且带着愤怒，因为我想不出它有什么意义"；"梦自然是要破灭的，正如人自然要死一样"（《致吴天埠信六封》）。

二、真实表现抒情主人公的内在心灵世界，抒写孤独、苦闷、忧郁、焦虑和颓废的人生体验。在作者的笔下，"早秋的蟋蟀"是孤独的，马蹄声也是"孤独又忧郁的自远而近"，《墓》中的铃铃是在"寂寞的快乐里长大的"，而"雪麟的影子"也是"孤独的"，《秋海棠》中思妇是孤独的，《哀歌》中姑姑们是孤独的，《黄昏》中流浪者是孤独的……孤独体验无处不在，充满了整个《画梦录》的艺术世界。在《独语》中，作者细腻描写了这种孤独感："设想独步在荒凉的夜街上，一种枯寂的声响固执的追随着你，如黄昏的灯光下的黑色影子，你不知该对它珍爱，抑是不能忍耐了：那是你脚步的独语"，"每一个灵魂是一个世界，没有窗户。而可爱的灵魂都是倔强的独语者"。《画梦录》中，"秋"、"夜"、"梦"、"暮"、"墓""等意象大量出现。《墓》连用"秋"、"梦"、"暮"等词汇，形成了一种凄婉迷惘的苦梦情调。作品以秋伊始，亦以秋终结，"晚秋的薄暮，田亩里的稻禾早已割下，枯黄的割茎在青天下说着荒凉。草虫的鸣声，野蜂的翅声都已无闻，原野被寂寥笼罩着，夕阳如一枝残忍的笔在溪边描出雪麟的影子，孤独的，瘦长的"。情感的氛围已从篇首的"清冷"变为"荒凉"、"寂寥"乃至"残忍"。《画梦录》表现出对传统"悲秋"母题的新的颖悟。在中国传统诗词中，秋代表着自然界由生机勃勃向凋敝萧条的衍化，由热烈温暖向寂寥寒冷的骤变，故"秋"常与死亡、孤独、悲哀、忧郁、迷茫等情绪联系在一起。

三、描写幻想和现实的矛盾，表达对美好理想的追求和对人的命运的积极思考。何其芳把此散文集命名为"画梦录"，实蕴含深意，虽有孤独、忧郁等情绪，但也有对未来美好的幻想和希望，所谓"画梦"，就是描画出心中的美好梦想。作者认为，《画梦录》"那里不过是一片荒芜缺乏人迹的旷地，而且从那里，越来越明显的，越来越宽阔的，越来越平坦正直的道路就开始出现"①。《画梦录》喜欢描写"梦"的内容，通过梦境来表现自己的爱情和理想寄托，在现实和幻想之间建立一座转化乃至逃避的桥梁。如《墓》中将主人公雪麟对爱情的期待和幻想化作一场梦的体验。作者还在《画梦录》中积极"思索人的命运"、探索和思考人生的意义。在《梦后》一文中他说："历史伸向无穷像根线，其间我们占有的是几乎无的一点：这看法是悲观的，但也许从之出发然后觉世上有可为的事吧。因为，以我的解释，他们都是理想主义者。"这其中表现出一种积极有为、乐观向上的人生态度。

《画梦录》在艺术上呈现了独具的特色：

一、总体上采取**"独语体"**的话语方式。"独语体"与"闲话风"是中国现代散文中并存的两种话语方式。"独语体"的主要特征是情感表达的内在指向性和封闭性，即作者的情感倾诉对象不是外在的他人，而是指向自己的内心世界。整篇《画梦录》都是作者的自说自话，自言自语。《岩》表面上看是"我"在向"你们"讲述一个山间的故事，而实际上是作者的内心独白。《秋海棠》虽以"思

---

① 何其芳：《给艾青先生的一封信》，见易明善编：《何其芳研究专集》，168页，成都，四川文艺出版社，1986。

妇"为描写对象，但"思妇"的所思所想，如"能不对这辽远的无望的旅程厌倦吗"、"天上的爱情也有隔离吗"，实际上是作者自己寂寞的内心独白。

二、自觉追求散文**"诗意"化的精致**。《画梦录》名为散文，实为诗和散文的融合，是不分行的诗，篇篇充满了诗的含蓄、精致与空灵、情思的腾挪闪跃与回环往复。

三、通过**苦心经营的意象**来表达情感。《画梦录》中的意象可分为"时间意象"，如秋天、黄昏、深夜等季节和时间；"空间意象"，如荒阶古墓、古城落日、深宅大院、半山凉亭、地狱之门等；"情景意象"，如睡莲、幽兰、微风、月波、檐语等；"人物意象"，如"林妹妹"一般洁净幽怨的铃铃和姑姑。作者从小就浸淫于中国古典诗词，又深谙各类志怪小说、传统戏曲和民间故事，这成为他营造意象源源不竭的文化资源。

四、运用**比喻、通感、意识流、象征**等多种艺术手法。作者擅长运用精妙比喻来表现他心中的"颜色"和"图案"。如秋之夜"如一袭藕花的蝉翼一样的纱衫，飘起淡淡的哀愁"；"夕阳如一枝残忍的笔在溪边描出雪麟的影子，孤独的，瘦长的"。借景喻己，其实写的都是作者自己真实的内心情感状态。《雨前》则同时运用了意识流、象征和通感的艺术手法，作者把对故乡的怀想通过一段一段的意识流来表现，"雨"则具有特定象征内涵，象征着作者对幸福的渴望与追求；而其中的"一点雨声的幽凉滴到我憔悴的梦，"则运用了"通感"的艺术手法，用触觉"幽凉"来形容听觉"雨声"，一个"滴"字又表现了"幽凉"的动感。这种"通感"手法在其他各篇中皆有精彩表现，如："一缕寒冷如纤细的褐色的小蛇"（《秋海棠》）；"马蹄声，孤独又忧郁地自远至近，洒落在沉默的街上如白色的小花朵"；"我曾有一些带伤感之黄色的欢乐，如同三月的夜晚的微风飘进我梦里，又飘去了"（《黄昏》）……

何其芳常常刻意把诗歌创作的运思方式灌注于散文写作之中，醉心于散文形式的精雕细琢、苦心经营，大大拓展了散文的表现手法，使抒情散文更加精致和纯粹，但也显示了失之过分的遗憾，部分散文有人工斧凿的痕迹。但总体来说，何其芳对散文艺术美矢志不渝的追求精神和独特的创作成绩是值得肯定和尊敬的。《画梦录》之后，何其芳又创作了《还乡杂记》《星火集》和《星火集续编》，特别是《星火集》和《星火集续编》，是作者1938年奔赴革命圣地延安创作的散文集，收入何其芳1938年到1946年间所创作的散文和杂文45篇，主要表达了作者对解放区的歌颂以及对国统区的揭露，与《画梦录》相比，在思想主题上有着巨大的进步，但在艺术成就上却呈现出明显的退步倾向。

丰子恺（1898—1975），浙江崇德（今桐乡）人，中国现代画家、散文家、美术和音乐教育家。主要散文作品有《缘缘堂随笔》《缘缘堂再笔》《随笔二十篇》《甘美的回忆》《艺术趣味》《率真集》等。

丰子恺散文具有佛家的"禅味"。丰子恺早年师从李叔同（即弘一法师），与佛教文化结下不解之缘，1928 年跟随李叔同皈依佛教，法号婴行，成为在家修行的居士。佛教文化对丰子恺的人生观、艺术观和文学创作等都产生了深刻影响。丰子恺能从宗教智性的高度来审视人生，对人生的伦常日用能保持着一种宗教式的体验和感悟，这给他的文学创作带来浓厚的玄思妙悟和佛理禅趣。中文的"禅"即梵文"Dhyana"的音译，起源于释迦牟尼所传授的佛法，传到中国后成为禅宗在中国的始祖。禅修的目的在于发现佛性，即本性和自性，众生不能摆脱苦难的原因在于"迷"和"执"，悟就是"破执"的最佳方式，禅悟指修行者摒除心中杂念，凭借直觉达到对佛理豁然贯通的领悟，直抵明心见性的状态。丰子恺散文就充满这种佛学式的"禅悟"。在《山水间的生活》一文中，他说："我觉得上海虽热闹，实在寂寞，山中虽冷静，实在热闹，不觉寂寞，就是上海是骚扰的寂寞，山中是清静的热闹。"事实上，热闹与寂寞，都是来自内心的一种体悟。在《渐》中，作者以睿智的眼光道出生命本质和缘由在于"渐"，世间万物都处于不断的变化之中，说明世间万物没有"永恒"，近乎佛教世事无常的观点。作者又以搭船乘车为例，认为"一般人对于时间的悟性，似乎只够支配搭船、乘车的短时间，对于百年的长时间的寿命，他们不能胜任，往往迷于局部而不能顾及全体"。因此，只要造物主把人的寿命定得短促些，"也许在人类社会上可减少许多凶险残惨的争斗"，丰子恺认为一般人对于时间的悟性不够，进而提出"大人格"、"大人生""能不为'渐'所迷，不为造物所欺，而收缩无限的时间并空间于方寸的心中。故佛家能纳须弥于芥子"。佛教可以可以帮助人们拥有"大人格"、"大人生"，从而摆脱时间的蒙蔽，超脱时间的无常，洞明世间万物的本性，使人的心灵得到解脱。在《秋》中，他认为："天地万物，没有一件逃得出枯荣，盛衰，生灭，有无之理。……假如要我对于世间生荣死灭费一点词，我觉得生荣不足道，而宁愿欢喜赞叹一切的死灭。"其中显然有佛教悲观虚无主义思想的影响。《山中避雨》写作者和两名女孩游玩途中避雨，苦闷之中茶博士和作者拉胡琴，众人随着胡琴唱歌，雨停后依依不舍离开，文章随后转向佛教中有关因缘的思考："若没有胡琴的因缘，三家村里的青年对于我这路人有何惜别之情，而我又有何依依于这些萍水相逢的人呢？古语云：'乐以教和'，我做了七八年音乐教师没有实证过这句话，不料这天在这荒村中实证了。"

佛教认为众生先天具有一种未被尘世污染的"清净心"，即人们常说的"佛性"。而童心正因为没有受到世俗的蒙蔽污染，而近似于"佛性"。丰子恺的"儿童崇拜说"受到佛教这一观点的影响，他因此极力描叙儿童世界的天真烂漫，礼赞童心的纯净真实与灵气。正如他在《儿女》中所说："近来我的心为四事所占据了：天上的神明与星辰，人间的艺术与儿童，这小燕子似的一群儿女，是在人世间与我因缘最深的儿童，他们在我心中占有与神明、星辰、艺术同等的地位。"在《给我的孩子们》中，瞻瞻是"身心全部公开的真人"，是"出肺肝相示的人"，小小的失意，"象花生米翻落地了，自己嚼了舌头了，小猫不肯吃糕了，你都要哭得嘴唇翻白，昏去一两分钟。外婆普陀去烧香买回来给你的泥人，你何等鞠躬尽瘁地抱他，喂他；有一天你自己失手把他打破了，你的号哭的悲哀，比大人们的破产、失恋、broken heart、丧考妣、全军覆没的悲哀都要真切"。身为成年人的丰子恺这样感慨："这是何等可佩服的真率、自然与热情！大人间的所谓的'沉默'、'含蓄'、'深刻'的美德，比起你来，全是不自然的、病的、伪的！"而在《从孩子得到的启示》中，瞻瞻认为所谓"逃难"，"就是爸爸、妈妈、宝姐姐、软软……娘姨，大家坐汽车，去看大轮船"。在孩子的单纯的眼中，是没有什么战争、苦难、征服、算计、权势与利益的，这不过是成人制造出庸人自扰的把戏而已。让他痛心不已的是，随着儿童的成长，纤尘不染的童心逐渐被尘世所污染蒙蔽，正如《给我的孩子们》一文中所说："儿时的伴侣中的英雄、好汉，一个个退缩、顺从、妥协、屈服起来，到象绵羊的地步。"因此，在《阿难》一文中，他甚至不合常理地突发奇想："小孩子长到十岁左右无病的自己死去，岂不完成了极有意义与价值的一生呢？"表面上与佛教的慈悲精神相违背，但实际表达了他对儿童世界的向往和对异化的成人世界的批判。

丰子恺也有不少散文描写中国底层社会的苦难与不幸，表达了对底层人民的同情和对上层社会的批判。《半篇莫干山游记》《肉腿》《邻人》《伍元的话》《作客者言》《贪污的猫》《穷小孩的跷跷板》等是其中的代表作。而《防空洞见闻》《胜利还乡记》《传单是炸弹的种子》《全面抗战》《劳者自歌（十则）》《还我缘缘堂》《告缘缘堂在天之灵》等文则高度愤慨地控诉了日本帝国主义的侵略罪行，显示了丰子恺的爱国精神和民族气节。

丰子恺散文在艺术上也呈现出独具的特色：

一、**漫画般简练传神的表现手法**。丰子恺是一个漫画家，其散文往往秉承其画风，抓住事物的本质特征，注重整体构图和细节刻画，用寥寥数笔勾勒，笔法简练而传神。如《车厢社会》描绘了这样一幅画面："有的人老实不客气地躺着，一人占有了五六个人的位置"，有人"把身子扭转来，教一个屁股和一支大腿占据了两个人的座位，而悠闲地凭在窗中吸烟"。与之形成鲜明对比的是一群"和平谦虚的乡下人"，扶老携幼站在厕所门口而被查票人大声斥骂。寥寥数笔勾勒而成的两幅图画构成了"人间社会里所有的现状"的"缩图"。

二、**空白艺术的运用**。"凡诗文好处，全在于空"，丰子恺深谙此理。在写人状物时，他惯于将所写的人事景物限制于自己的视觉范围内，注重对生活片段的叙写，而不是完整的连续性描写，略去人物和事件的背景，较少对事件经过进行详细描述，留下大量"藏不尽之意于言外"的空白间隙。例如《怀李叔同先生》一文，作者旨在表现李叔同"不做则已，要做就非做得彻底不可"的"认真"精神，但在叙写李叔同的经历时，只描绘他五个不同时期的穿着打扮，而其间的所作所为及取得的成就则省略不写，留下了极大的空白，让读者从衣着的变化推测想象其生活方式与精神状态的变化。

三、**小中见大的艺术构思**。丰子恺善于从平凡琐屑的日常生活中寻找题材，发掘意义，通过细碎的生活表达人生哲理，追求"一粒沙里见世界，半瓣花上说人情"的境界。例如，丰子恺散文中的很多佛理玄思就是从日常生活的细微小事发掘出来的，往往通过一个比喻、一个故事、一次见闻便将所要表达的哲理讲述出来。《儿戏》一文，以"两个小孩子打架"的日常小事，喻指"国际的事如儿戏，或等于儿戏"，表达他对国际纠纷本质的深刻认识。

四、**对比手法的广泛运用**。对比手法或运用于整篇文章的构思，或运用于对具体人和事的描写。《山水间的生活》将上海生活与山中生活进行对比，显出自己的人生信念与价值取向；《杨柳》一文托物言志，通过杨柳与其他花木的对比来凸显杨柳的优秀品质。

李广田（1906—1968）出生于山东农村，20 岁之前他都是在农村文化环境中长大的——这从某种意义上决定了他毕生的审美情感的色调。身为黄河之子的李广田，家庭赋予他敏感，乡村文化培育了他的感情，自然的苍凉与涩甘并陈的现实人生又教会他深沉的感慨和向往。1929 年夏，李广田考入北大外语系，离开乡村进入都市。对于故土的爱和憎，两种情感并存于主体之身。二十多年的农村生活，使李广田扮演了一个特殊的角色——农村文化人形象。一方面，他与土地保持着血缘关系，那里山水的苍凉、人际关系的淳朴和各种各样的生活情趣，给予他的不仅是关于生活表象的认识，更重要的是培育着他以土地为基础的乡村文化性格。另一方面，他在新时代所接受的知识则赋予他与乡村文化不同的现代理性。**乡村文化性格和朦胧的理想追求之间的角力，形成了李广田散文独特的审美特征。**

一、都市里的"乡村忧郁"。都市文化环境中的乡村情感忧郁是构成李广田早期散文的内核。30 年代的知识分子怀有普遍的忧郁病。在当时，忧郁是一种进步，因为忧郁里含有对民族现实和未来发展的忧患。而李广田的忧郁与大多数人不甚相同——他的忧郁则更多地缘于自我的乡村文化情调与都市文化的落差，缘于他在落差中所感受到的痛苦，也可以说是"无根"的表现。这个时期的作者显然处于两种文化之外——在乡村或都市都无法完满地实现自己。他把审美的具体实践长期限制在往昔的历史范畴里，既表明了他的痛苦，又表明了他爱所附丽的对象，感情与理智活动在两种不同的文化时空中——这种情形一直保持到抗战爆发。《画廊集》《银狐集》两部散文集都是这样的产物。

《画廊》这篇作品，一开始以对话调制了作品乡村欢乐的基调。作品的重心"画廊"情景，向我们透露了年梢岁末乡村人的心态和情调：

> 每到市集的日子，里边就挂满了年画，买画的人固然来，看画的人也来，既不买、也不看，随便蹭了进来的也很多。庙里很热闹，真好象一个图画展览会的画廊了。
>
> 画呢，自然都很合乡下人的脾味，他们在那里拣着、挑着，在那里讲画中的故事，在那里细啄细磨地讲价钱。小孩子，穿了红红绿绿的衣服，仰着脸看得出神，从这一张看到那一张，他们对于《有余图》或《莲生九子》之类的特别喜欢。老年人呢，都衔了长粗管，天气很冷，暖着烟斗里冒着缕缕的青烟。他们总爱买些《全家福》《老寿星》或《仙人对棋》之类。
>
> 看画的，说画的，听画的，唱画的，没有拥挤，没有吵闹。一切都从容，闲静，叫人想到些舒服事情。就这样，从太阳高升时起，一直到日头打斜时止，不断有赶集人到这座破庙来，从这里带了微笑，拿了年画去。

一片祥和的氛围，一种乡野村人特有的闲适情调。这显然与都市灯红酒绿、花熏肉艳形成鲜明的对比。作者从容道来，从买年画入文，侧重于市集的文化情调。里头有叙述，然而是泡在感情中的叙述；有抒情，却是附丽在人生过程片段上的抒情。叙述的纡缓与情调的闲适及主体以淡寓浓的内在情怀，正好统一起来，显得情真意切。李广田以知识者的眼光回刍过去的一切，并不有意夸饰，也无意于在道德的比较中显示自我的理性。他仿佛只是在叙述着，但最后我们总能在这种情调的陶然痴醉中窥见作者面对都市文明所萌生的忧郁。

这种忧郁还展现在以个人生活和遭际为题材的作品中，主要是展示家乡的另一面：贫困、荒凉和生存的艰难，"我"的孤独、寂寞，父亲的辛劳、粗暴，祖母的慈爱，舅爷的乐天等，与其说是在传达一种情调，不如说是在写实。"我"的感情活动贯串始终，勾勒了人生的另外一面。《悲哀的玩具》《花鸟舅爷》等，以及那些类似独语的作品《黄昏》《忧》《寂寞》等正是这种忧郁的代表。

二、"人"的历史思考和现实思考。李广田前期散文中，记人的篇章相当多——这不能不说是一个特点。他的散文世界里存在着这样一些人物群落：（1）有血缘关系的亲人——父亲（生父、养父）、母亲、祖母、舅父、老祖父、弟弟等，主要是长辈。（2）活动在同一背景中的乡民——老实的铁匠（《老渡船》）、于无聊之中捱日子的老头（《上马石》）、落魄乡里然而又恩爱无比的画家夫妇（《银狐》）、在悬崖上靠摘取百合糊口的"山之子"——哑巴、无家可归的朱老太太、孤苦的青年问渠、死于黄河之中的傻子等。（3）潦倒的正直的知识者——落魄乡下的画家（《银狐》）、出身农民而自强不息的艺术家"他"及其作者的许多朋友等。（4）此外，还有些偶一涉笔的人，如《野店》中的旅客等。

这些人物群落合起来，便组成了特定时空中人生的整体轮廓。关于"人"的思考，是李广田散文创作中一条贯穿始终的思想线索。在对这些人物的描写上呈现出两种情形——对人的历史思考和对人的时代把握。出现在历史范畴里的"人"，大多数都是非自我的存在，客观的描叙传达出生活的真实，真实的文化氛围规定了人物命运的宿命性——这正是李广田对社会人生的独特思考。从李广田对人物的凄婉哀诉中，包裹着他历史思考的特有审美情调：是在叙述，也是在感叹；是回忆性的写真，又是今日理智牵导下的全新审视。在发现人的不幸的同时，也自然表露了社会的悲剧和文化的式微。《过失》的结尾，作者这样写道：

直到现在，只要想起这件事，也还觉得是自己的一件过失，当然，要在自己家里的窗前建一座小小花园的梦，是早没有了，所担心的，只怕上了年纪的父亲还难免有一棵枸杞树的记忆。至于那位曾经允许我移植月季花的舅爷呢，听说近来也还是在贫困中过着闲散的日子，养养鸟，种种花，也是老境了，据说又自己学着吹什么唢呐。

这是自责？还是责他？童稚的梦幻似有着沉沉的悲哀，引人向深处思考。对"人"作现实的思考的，更多地体现在自我的内心独白或寓言体的散文篇什中。这些文字，都是一些极精致的自我情绪意象化的结晶。与那些写实的文字绝不同，没有什么时间和方位，也没有刻意驱使我们去到在现实中寻找相呼应的人物，自然也没有什么情节。通篇是自我活动的大空间，即使出现现实中的事物，也均被赋予象征的意味，实际上完全可以将之当作诗来读的。《马蹄》《树》就是这一类的作品。

三、**从现实的感伤走向理想的象征**。以散文集《雀蓑记》为界，李广田散文创作可分为前后两期。"对现实的感伤"——这是李广田 30 年代前期的思想特色。这一思想不但包含着他对未来理想的追求，更重要的是影响到他在艺术创造中的审美情调的调制上。对故土人事风物的赞美，并且不讳饰自我的乡村文化情感，这恰恰说明李广田在有意抗拒着现实。以感伤的口吻所叙述的故土人物，虽然并不是作者理想根植的最后归宿，但它起码还可以给人以温暖。与前期相比，李广田后期创作则淡化了感伤的情调，而呈现出某种"理想的象征"境界。具体而言，就是作者不再执著于观照现实的写实和对生活过程具体情景的眷顾，而是抽身出来，尽量居于人和事的高处，在对事件的描摹中把自己的现实感觉糅进去，以凸显空灵。比如他在后期有情节和人物的散文写作中，有意使用寓言体就是明证。人物不再是生活中实有原型的照搬，而成为作者某种理念的象征，情节过程也不再具有展示人物性格的功能，而是象征意念与现实发生联系的过程，散文的意境明显地有了理念性、超生活性。《山之子》《谢落》正是这种创作的代表，故事中包含的意蕴主要通过夹在叙述过程中若有若无的议论来升华。这种特征正预示了散文集《回声》（1943 年）、《日记随笔》（1946 年）中杂文笔法的出现。

第四节　林语堂　梁实秋

　　林语堂（1895—1976）的散文创作开始于五四时期，他是"语丝派"的重要成员，表现出与鲁迅一致的文化立场和战斗姿态，发表了一系列具有战斗性的文章，针砭时事，锋芒毕露，嬉笑怒骂，爱憎分明，文风尖锐泼辣、酣畅淋漓，具有"浮躁凌厉"的总体风格，体现出林语堂作为一位民主主义者的战斗精神和思想风貌。林语堂在该时期创作的集战斗性、思想性与艺术性于一体的"语丝体"散文，记录和见证了他作为一位民主主义战士的战斗历程，产生了较大的社会影响，在林语堂的创作生涯中具有重要价值。

　　进入 30 年代，因各种客观原因和主观思想的变化，林语堂与鲁迅及左翼文坛逐渐产生矛盾与偏离，先后创办了《论语》《人间世》和《宇宙风》等刊物。林语堂一改"语丝"时期激进的反传统姿态，试图在传统文化中找到归宿，认为道家文化是中国文化的根源，由此出发，林语堂大力标举具有幽默闲适之风的语录体小品文，并形成了以他为中心的"论语派"小品文。"论语派"小品文受到"公安三袁"所提倡的"性灵"小品文的深刻影响。林语堂认为："自己见到之景，自己心头之情，自己领会之事，信笔直书，便是文学，舍此皆非文学。是故言性灵必先打倒格套。是故若性灵派之袁中郎袁子才，皆以文体及思想之解放为第一要着，第一主张打破桎梏，唾弃格律，痛诋抄袭。"[①] 林语堂看重的是"性灵"文学的"性灵"二字和"文体及思想之解放"的思想精髓。什么是"性灵"？关于"性灵"的诠释，林语堂曾在《写作的艺术》一文中认为，"'性'指一个人之'个性'，'灵'指一个人之'灵魂'或'精神'"。事实上，"性灵"在林语堂的散文中内涵是多侧面的，涉及"自我"、"个人主义"、"文章生气"等不同侧面的内涵，但总体来说，林语堂认为文章要表现作者的真情实感，"诚于己者，自能引动他人"，性灵之文人，亦必排斥格套，文章是真个性、真性情、真灵魂的自然展现，自不必为格套定律所拘囿，以免妨碍情感的表达。

　　林语堂的小品文同时受到西方文化特别是英国文化的影响，他积极引进西方幽默理论，形成其特有的幽默观。1924 年 5 月，林语堂在《晨报副刊》上发表了

---

　　① 林语堂：《论性灵》，载《宇宙风》，第 11 期，1936-02-16。

《征译散文并提倡"幽默"》，第一次将英文"Humor"音译为"幽默"，并一直沿用至今，此时他把"幽默"只是当成一种文艺风格来提倡。1932 年，林语堂主编的幽默杂志《论语》在上海创刊，此时他开始把幽默作为"人生大计"、"文学要津"来提倡。幽默之于林语堂首先是他的文艺观，在他看来，幽默不同于讽刺和"滑稽荒唐者"，在于幽默不但能收到谐谑的效果，同时"同情于所谑之对象"，不仅有拉开距离的讽刺，同时应包含人生的哲理。他在《论幽默》中说："幽默绝不等同于滑稽、逗乐，滑稽一词应包含低级笑谈，意思只是一个人存心想逗笑。我想'幽默'一词指的是'亦庄亦谐'其存心则在于'悲天悯人'。"亦即"带一点我佛慈之念头"，对现实生活中的滑稽可笑之处进行温和的戏谑，幽默更是一种"从容不迫达观态度"，① 这就把幽默上升到人生观的层面了。林语堂把幽默从滑稽、逗乐和低级笑谈中剥离出来，从审美的角度对幽默进行了系统的介绍，把幽默作为文学创作上一种自觉的美学追求，并进行了富有成效的创作。

以"性灵"和"幽默"两大理论为基础，林语堂主张小品文在题材和风格上"以自我为中心，以闲适为格调"，要"语出性灵，凡方寸中一种心境，一点佳意，一股牢骚，一把幽情，皆可听其由笔端流露出来"。② 这种小品文以表现"性灵"为核心，采取一种幽默式、闲话风式的格调，没有居高临下地进行说教，也非指点江山式地高谈阔论，而是像和老朋友毫无顾忌地促膝谈心一样，娓娓道来，说出真心话和知己话，令读者有一种亲切感，而又不乏幽默的感觉。《冬至之晨杀人记》是其幽默文学中的名篇。文章的开端，作者告诉读者这里是外国的冬至——圣诞节，"杀人"二字乃借用孔夫子的"中士杀人用语言"，而并非指真的杀了人。林氏幽默初见端倪。接下来交代"杀人"的原因：作者准备工作之时，有人来访，从天气说到往事，再议论时世，最后才谈到所托之事，作者由此总结出世俗社交的四段法："（一）谈寒暄评气候；（二）叙往事，追旧谊；（三）谈时事发感慨；（四）为要奉托之小事。"作者指出，凡读书人都不肯从第四段讲起，像洋鬼子"此次来为某事"开门见山点题，而要绕一个大大的弯子之后，才说到本题，点出那最重要的"小事"。文章对中国人托人办事、拉关系套近乎等客套虚饰之风进行了不动声色的讽刺。在散文《记春园琐事》中，作者以一种从容的心境，饶有兴趣地记载园中人与物的琐事，对于小狗阿杂的春情发作，作者

---

① 林语堂：《论幽默》，见《林语堂文集》，第 10 卷，195 页，北京，作家出版社，1998。

② 林语堂：《叙〈人间世〉及小品文笔调》，见《林语堂文集》，第 10 卷，173 页，北京，作家出版社，1998。

幽默地说道:"我明白;他要一个她,不管是环肥燕瘦,只要是她就好了。"林语堂善于从婚姻家庭中寻找生活的乐趣和蕴含的哲理,"成功的婚姻就是在你忍无可忍的时候再忍一次就可以获得了。""唯一快乐的男子是住在天堂里的亚当,因为他没有丈母娘。""因为我们有这么个会死的身体,以致于遭到下面一些不可逃避的后果:第一,我们都不免一死;第二,我们都有一个肚子;第三,我们有强壮的肌肉;第四,我们都有一个喜新厌旧的心。"在近乎调侃的笔调后,蕴涵了作者对凡俗生活通透的勘破和乐观的应对。

林语堂小品文的题材丰富多样,无所不包,"宇宙之大,苍蝇之微,皆可取材",特别擅长对日常生活情趣的挖掘和发现,体现出闲适的风格。如《我的戒烟》《我怎样刷牙》等文书写的是日常生活中的琐事;《读书与看书》《谈话的艺术》妙论治学与读书的艺术;《茶和交友》《快乐的问题》《看电影流泪》闲谈如何享受人生;《发现自己:庄子》《休闲生活的崇尚》纵论人生的哲学。

林语堂的小品文语言不事雕琢、质朴无华,闲谈式的笔调看似漫不经心、散淡平和,实际上是平中有奇、拙中见巧,引人发笑或富有哲理的思考。在《我的戒烟》一文中,有一段叙述作者艰难戒烟的文字,三个星期处于"昏迷"和"懦弱"状态,"真是一段丑史",其曲折的心理过程真是"罄竹难书"。文章用这几个词语来形容作者戒烟时的心理状态,真可谓"大词小用",但在一种不协调的语义语境中,却达到了一种出奇制胜的幽默效果。《秋天的况味》给读者传达一种秋天的感觉,这是一种只可意会不可言传的"情"态的展现,犹如"抽雪茄烟时恍惚迷离的滋味","烟上熏热、温香的红灰","一张用了半世的书桌","一本用过二十年而尚未破烂的字典","一块涂熏黑了老气横秋的招牌","风韵犹存的半老徐娘为二八佳人所不及者"。文章在多种可触可感的意象中表现出"情"态翩然的幽默。

林语堂所提倡的以"幽默"、"闲适"为特征的小品文,为中国现代散文"花园"中增加了一种独具特色的崭新文体。他为中国现代文学首次引进了"幽默"的文学质素,促进了一种具有全新内涵的"幽默"文学的诞生与发展;其次,与中国传统的"公安派"的"性灵文学"接上血脉,创造了一种"语出性灵"、清淡平和闲适的散文文体,总体上促进了现代散文多样化风格、多元化格局的形成。从文学风格的丰富和文学文体的发展的层面来说,林语堂小品文的贡献功不可没。但评价一种文学却无法脱离特定时代背景和社会关系,林语堂是在"风沙扑面、狼虎成群"的时代大力提倡"小品文"的,这也是林语堂在30年代遭到鲁迅等作家批判的原因。鲁迅在《论语一年》中批评林语堂在"炸弹满空,河水漫野"的时代提倡"幽默"，实际上"是将屠户的凶残，使大家化为一笑，收场大吉"。鲁迅事实上指出"论语派"在民族陷入严重危机和国民党白色恐怖统治的时代背景下，回避政治而大力鼓吹幽默，专门刊载喝茶饮酒之类的闲适小品、谈鬼说怪之类的消遣文字，而不见"挣扎与战斗"的文章，只会引导民众以所谓的小品文来躲避严酷的社会现实，终究会"将粗犷的人心，磨得渐渐的平滑"①，客观上起到涣散民族意志、麻醉民族灵魂的消极作用。

梁实秋（1903—1987）是中国现当代卓有成就的作家、学者与翻译家，著述甚丰。梁实秋真正饮誉文坛始于其发表**"雅舍小品"**的 40 年代，当时，作者客居重庆北碚，"雅舍"指的是他与友人合住的六间陋室。这组小品写作始于 1939 年，他应邀为重庆出版的《星期评论》写专栏，以"雅舍小品"为栏目，每星期一篇，每篇两千字，开篇之作名为"雅舍"，到 1947 年共完成 34 篇，1949 结集于台湾正中书局出版，这就是《雅舍小品》第一集。移居台湾后，梁实秋又出版了《雅舍小品》续集、三集、四集，以及《雅舍谈吃》《雅舍散文》等，从而奠定了他在中国现当代散文史上的地位。

《雅舍小品》中大部分篇章完成于抗战时期，**总体上表现出一种闲适旷达、随遇而安的人生态度**。《雅舍》是《雅舍小品》的开篇之作，很能代表整部《雅舍小品》的情感基调和哲理趋向。"雅舍"是作者在重庆时的避乱隐居之地，也是他在现实生活中经历各种碰壁和磨难之后的灵魂栖息之所。作者在文中用心平气和、不怨不怼的笔调娓娓描述了雅舍的简陋。它"篱墙不固，门窗不严"，"不能蔽风雨，因为有窗而无玻璃，风来则洞若凉亭，有瓦而空隙不少，雨来则渗如滴漏"，"若大雨滂沱，我就又惶悚不安了，屋顶湿印到处都有，起初如碗大，俄而扩大如盆，继则滴水乃不绝，终乃屋顶灰泥突然崩裂，如奇葩初绽，素然一声而泥水下注，此刻满室狼藉，抢救无及"。但"'雅舍'还是自有它的个性。有个性就可爱"，居住在简陋的"雅舍"中，作者能感受一种旷远、静谧与超脱的感觉。月白风清时，可"看山头吐月，红盘乍涌，一霎间，清光四射，天空皎洁，四野无声，微闻犬吠"，细雨蒙蒙时候，"推窗展望，俨然米氏章法，若云若雾，一片弥漫"。作者虽身处荒野，寄居陋舍，但却能以一种常人难以拥有的超然洒脱态度来体味欣赏这种生活，体现了一种知足常乐、随遇而安、宠辱不惊、优雅

① 鲁迅：《论语一年》，见《鲁迅全集》，第 4 卷，592 页，北京，人民文学出版社，2005。

豁达的人生态度，这是作者在经历风云变幻、世事沧桑、人生磨难、人事纠葛、接受中西两种文化影响后所形成的精神风貌的综合体现。

中国知识分子惯从儒道那里寻找精神的庇荫所。儒家的入世和道家的出世思想影响的结果，是中国的知识阶层形成了"达则兼济天下、穷则独善其身"的人生态度。但考究中国历史，历代知识分子一生通达者少，穷途末路的时候多。因此，感怀伤世、悲老叹秋、消极颓废的人生观普遍存在于中国知识分子之中。梁实秋的人生观虽受道家思想熏染，但一扫其中的消极颓废色彩，呈现出积极明朗的色调。在《穷》一文中，作者告诉我们，人不能取消"穷"的存在或阻止"穷"的降临，但必须正视它，"人的一生，就是和穷挣扎的历史"。在《中年》一文中，他把40岁当做生活的新开端，"别以为人到中年，就算完事"，"四十开始生活，不算晚"，"中年的妙趣，在于相当的认识人生，认识自己，从而作自己所能作的事"，体现出一种积极进取的人生态度。

《雅舍小品》在取材上回避时代重大题材和热点问题，也不谈政治，多截取"小"的生活题材，关注身边琐事，男人、女人、孩子、客人、猪和狗，无所不谈；汽车、理发、住房、送行、下棋，无所不写。**在细微琐碎的生活题材中寄托情感趣味，描摹人生百态，展现世相人情，针砭人性弱点，思考人生哲理。**《女人》一文中，作者以敏锐的洞察力和幽默的笔调，对女人的喜欢说谎、善哭、善变、话多、胆小、嘴杂等种种特性进行了善意的调侃和揶揄。而在堪称姊妹篇的《男人》中，作者又以一种自嘲的方式，一针见血地刻画了男性的脏、懒、馋、无聊、自私、谈女人等缺点。《握手》《送行》和《谦让》等文敏锐发现了中国传统礼仪中所体现出的虚伪的人性弱点，《握手》一文，作者以亲身经历写出了"握手"中所遭受虚伪的痛苦："第一是做大官或自以为做大官者，那只手不好握。"因为"他常常是挺着胸膛，伸出一只巨灵之掌，两眼望青天，等你趁上去握的时候，他的手仍是直僵的伸着，他并不握，他等着你来握。"这种程序化的、冷漠的被握，确实毫无真诚可言，但又不得不进行，所以梁实秋视之为痛苦。《送行》一文中，本应"纯朴真挚，出之以潇洒自然"的"送行"，却成为和拜寿送殡一样的应酬礼节之一。《谦让》描写中国的宴会中常见一种互相让座的"谦让"现象，让座现场，往往是"你推我让，人声鼎沸"，但"直到大家的兴致均已低落，该说的话差不多都已说完，然后急转直下，突然平息，本就该坐上座的人便去就了上座，并无苦恼之相，而往往是显着踌躇满志顾盼自雄的样子"。前恭后倨，表里不一，虚伪的面目昭然若揭，对"谦让"这种中国传统"美德"进行不动声色的讽刺。握手、送行、谦让等都是每个人日常生活中最常见的礼仪细节，因为熟悉，所以人们常常忽略和遗忘了对其真实本质的审视和把握，但作者却能于这种司空见惯的生活细节中敏锐地发现其隐匿的虚伪本质，同时对孕育这种礼仪细节的儒家文化也进行了一种反思。如果说虚伪是一种来源于社会文化属性层面的人性弱点，而作者所针砭的"懒"、"馋"、"脏"等则是更接近于自然属性层面的人性弱点了。《雅舍小品》还有部分作品对现实世相进行暴露和嘲讽。《孩子》一文中，父母望子成龙，其目的是因为成龙后可以"掌财政大权，同时兼营投机买卖"，至于业务水平，正如《写字》中所言，"只会写个'行'、'阅'、'如拟'、'照办'，便可为官"；《医生》展现了庸医致人死命的劣技；《乞丐》生动刻画了大后方庸碌的众生相。《雅舍小品》虽被视为闲适散文，但并没有忘怀社会，常能偶及时弊，于闲适笔调中时显讽刺机锋。这才是《雅舍小品》的全貌。

《雅舍小品》具有**"知识性"**的特色。由于作者具有深厚的中西文化修养，能在创作中涉古通今、旁征博引、融会贯通，穿插许多中外文化史上的趣闻佚谈、俚语俗谚、人物典故、民俗风情，给人以知识性的趣味，是典型的文人散文与学者散文。《中年》一文调侃女士脸上频添"苍蝇屎"，不得不倍施脂粉，又"容易使人想起聊斋志异的那一幕《画皮》"，再引用施耐庵《水浒传·序》所言，"人生三十未娶，不应再娶；四十未仕，不应再仕"，并与西洋谚语"人的生活在四十才开始"互相对比，得出中年自有中年的优势的结论。《鸟》一文中则征引济慈的《夜莺》、雪莱的《云雀》以及哈代的诗句。作者并非单纯地罗列知识，而是试图让这些知识在幽默魔杖的点化下，闪现出机智的光芒，让读者读后发出会心一笑。

《雅舍小品》具有**"幽默性"**的特色。《孩子》一文运用相声式的"掉包袱"方法来达到幽默效果。文章开头说："我一向不信孩子是未来世界的主人翁"，观点出乎预料，接着阐明理由："因为我亲眼见孩子到处在做现在的主人翁"（掉包袱），并一一举例：在家庭中，"爹妈全是在为孩子服务"，"最好的都要献呈给孩子"，"孩子的健康及其舒适，成为家庭一切设施的一个主要先决问题"。接着，作者又特意幽默地把"孝子"解释成父母"孝顺孩子"，还借助一个幽默小故事，说明对孩子严加管教的重要性。作者事实上是劝告天下为人父母者不要溺爱孩子，但因为是通过幽默的方式表达，"忠言"也就显得不"逆耳"了，而易于被读者接受。《男人》一文则运用夸张手法来描写男人之"脏"，营造幽默效果："耳后脖根，土壤肥沃，常常宜于种麦"，手绢"像是土灰面制的百果糕，黑糊糊粘成一团，而且内容丰富"，一双脚"多半好像是天然的具有泡菜霉干菜再加糖蒜的味道"，"曾有人当众搔背，结果从袖口里面摔出一只老鼠"。梁实秋散文的幽默是一种与"俗幽默"相对的"雅幽默"，与"市民幽默"相对的"贵族幽默"，虽取材于平凡琐碎的日常生活，但能阐幽抉微，察常人所未见，发现人类个体生存的乐趣、意义以及荒诞，然后以智者训谕世人的亲切姿态，娓娓而谈，让读者在其幽默的表达中得到哲理的启迪。其散文讽刺的锋芒节制适度，含蓄理性，谑而不虐，绝不咄咄逼人，既具有儒家君子的温柔敦厚，又不失英美自由主义的绅士风度，显示其优雅深湛的贵族修养和人文传统。

《雅舍小品》的**语言雍容典雅**。梁实秋的西洋文化造诣精深，中国传统文化修养亦很深厚，散文上尤喜唐宋八大家散文和晚明小品，在语言上，他有意识地融汇一些文言词汇，仿写一些文言句法，使用简洁典雅的四字句和短句，形成了《雅舍小品》以白为主、文白杂糅、雅致含蓄的语言特色。

在中外文学影响渊源上，《雅舍小品》受到外国作家兰姆、蒙田、艾狄生等人随笔小品的影响。例如，兰姆随笔家常絮语的"闲话风"、含泪微笑式的幽默、注重"自我表现"、从琐碎中发掘趣味的"观察点"等特征给梁实秋以影响，梁实秋对之进行了"拿来主义"的吸收和创造，形成了自己的独特风格。晚明性灵小品不仅影响了《雅舍小品》的语言特色，同时其追求闲赏自适、神情风趣、独抒性灵、选材的"小"与"近"等特征也对《雅舍小品》的创作不无启示。

第五章　本时期戏剧文学

第一节　田汉　丁西林

　　田汉（1898—1968）**是五四时期戏剧文学的代表作家**，要理解田汉的戏剧，首先需看到其诗人气质在创作中的显现。作为一个诗人，田汉在其戏剧表现中，对心灵世界种种困惑与挣扎的兴趣显然超过对外部世界复杂关系与表象的兴趣。他认为："艺术的动机只在表现自己！把自己思想感情上一切的活动具体化、客观化。"① 思想感情上的活动在田汉戏剧中主要呈现为**"灵与肉"的冲突**，灵肉冲突包含着多种现实形态，或指理想与现实，或指精神与物质，或指人性与兽性，或指爱情与艺术，生存范畴内种种对立的两项皆可归入其内。在其第一个剧本《梵峨璘与蔷薇》中，灵与肉的种种冲突形式得到初步的呈现：大鼓艺人柳翠精湛的表演艺术沦为看客们消遣的玩意儿；在自由恋爱反受其累、给人作小现世享受的世风之下，柳翠也萌生了顺世逐流的念头；秦信芳的父亲当年清廉刚正，却斗不过官场的利益潜规则，落得个丢官荡产的下场；秦信芳不愿走仕途之路，专情于艺术，却因没有经济支撑难以为继；李简斋当年志气昂昂献身革命，至革命成功后，当官赚钱、寻欢讨小，与世间俗物一般无二；柳翠为助爱人完成艺术的追求不得已选择给人作小，若不是李简斋成人之美助其资财，他们也难以获得爱情与艺术兼得的理想结局；艺术家在自由与安定、艺术追求与家庭婚姻之间的两难选择在此剧中也初露端倪。但由于该剧缺乏足够的篇幅构建合理的戏剧动作以演绎主人公的人生境遇，以上种种命题在剧中都只是浅尝辄止，而在田汉此后的

---

① 田汉：《田汉论创作》，395 页，上海，上海文艺出版社，1983。

戏剧创作中，这些冲突命题或各有侧重或兼而有之，不断地回旋、演进、深化，谱写出一曲曲苦闷、感伤、彷徨的人生哀歌。

从形式上看，田汉早期的戏剧正面展示的主要不是灵肉冲突的现实形态，而是这些冲突在主人公心灵中的显影。人物在现实人生中的际遇往往通过追溯往事的形式而得以显现。《梵峨璘与蔷薇》中，秦信芳的家庭与个人遭际通过吴妈妈的讲述得以交代，李简斋的过往在李太太与儿子的对话中彰显；《湖上的悲剧》中，老仆的讲述引入痴情少女素苹（即白薇）在恋爱受阻后投水自尽的遭际，梦梅弟与白薇的谈话则交代了杨梦梅在白薇死后迫于父命结婚却仍然心系旧情奋笔写作的往事与现状，及至梦梅与白薇相认，则道出当年音讯不通的原因及白薇投水复被救活、蛰居湖畔的隐情；《古潭的声音》中，美瑛的过去及如何投潭自尽都通过诗人及母亲的叙述得以交代；《苏州夜话》中，画家在战争中为了保存艺术，无暇顾及妻女导致妻离子散进而家破人亡的悲剧也全是通过剧中人的对话叙述出来。以叙述来交代前情，一方面是为了戏剧时空的统一，演出场面的精简；另一方面也可见出，田汉在早期创作中对于正面展示生活客观形态这一戏剧形式并不擅长。他更感兴趣的是外部世界在内心的投影，在对话中呈现的事件是为展开内部精神活动而设的境遇。舞台正面展现的空间让位给人物大段的抒情独白，通过这些独白对人物心灵世界中灵肉交缚的情状进行揭示。因此，田汉早期戏剧具有抒情性强、情节性弱的特点。然而，戏剧毕竟是发展的艺术，戏剧动作在舞台上必须有所推进，最终得以完成，由于田汉早期戏剧弱于正面展示客观生活形态，也就难以充分演绎人物与现实环境之间的生成制约关系，难以精细刻画不同个体意志、情感的相互作用形式，则推动戏剧动作得以发展与完成的力量常借助奇人、奇事、奇境的构筑。

《梵峨璘与蔷薇》中，李简斋对秦信芳、柳翠二人感情的成全与经济的援助没有动机与条件的充分铺垫，简直是兴之所至。凭借奇人奇事的设置使主人公之前所面临的艺术与爱情难以两全的危机得到克服，也体现着理想原则对于现实原则的主观超越。《湖上的悲剧》中，白薇再次自杀的行为没有经过思想感情的充分酝酿，从戏剧逻辑上看唐突得很。如果说这一戏剧行为的设置缘于作者对《梵峨璘与蔷薇》的大团圆模式的突破，但这种突破由于缺少对人物的现实处境及其主体情志的深刻揭示，它的迅速形成就显得牵强与突兀，而其现实意义也因之而削弱。《苏州夜话》中，失散多年的画家父亲与卖花女儿在郊外奇迹般地相遇并相认。奇遇设置的目的并非指向始离终合的欢乐主题，却是借助"相遇"揭开战争给这个家庭带来的巨大创伤，以及艺术家在动荡现实中的无力之感。从内容上看，该剧具有极强的现实批判色彩，但由于画家一家妻离子散、家破人亡的经历主要借助转述的形式呈现出来，这一批判性内涵的传达也终究显得不够真切感人。

总体来看，田汉早期戏剧由于缺乏对灵肉冲突现实形态的正面展示，主人公思想、情感也就无法随其境遇的发展，借助于不同主体精神的相互作用形式而得到渐次深入的揭示，因此田汉早期戏剧大多能够给人以哀婉的印象，却难以获得震撼的艺术效果。在这一阶段相对优秀的戏剧作品中，由于加强了对灵肉冲突现实形态的正面展示，其艺术效果也相应得以增强。

《获虎之夜》被视为田汉早期戏剧中的优秀之作。魏福生所代表的世俗利益原则与女儿莲姑及黄大傻所代表的情感至上原则相互冲突的现实形态在舞台上得到正面展示。剧情以"获虎"为情节依托，依次呈现：魏家上下为莲姑婚事而做的准备，莲姑对父母之命的抗拒，黄大傻误中捕虎机关受伤后被抬回，与莲姑及其家人的情感交流与交锋，最终在身心俱损的情境下自杀。围绕着灵肉冲突构建出现实形态的戏剧情节不仅使戏剧性得以增强，亦使情感的表现更为真切动人。

《南归》在灵肉冲突主题上的表现比起之前的作品有了进一步的深化。剧作通过春姑娘、少年、母亲与流浪诗人四者关系的正面展现将灵肉冲突的现实形态与象征形式融为一体。母亲与少年对春姑娘世俗安定婚姻的期许，春姑娘对流浪诗人漂泊人生的向往，母亲对女儿与流浪者恋爱关系的阻挠，流浪者在南方与北方情事受阻、无所栖止、只得继续流浪的境遇，春姑娘违抗母亲意志，追随流浪者而去的选择，这一系列情节的设置使灵肉冲突既关乎现实生存中物质与精神的常态矛盾，又关乎个体生命中安定与追寻的永恒轮回。该剧因而成为田汉"在人生征途上继续向着一个更深远的世界探索前进的真实情感的记录"①。

《名优之死》被誉为 20 年代田汉最优秀的戏剧作品，其戏剧形态与早期剧作的诸多特点存在鲜明的差异。该剧围绕着刘振声、刘凤仙、杨大爷三人之间的冲突构筑戏剧情节。京剧名老生刘振声不仅爱惜自己的艺术，认定"玩艺儿就是性命"，而且希望自己亲手调教出来的弟子刘凤仙在艺术上能精益求精，越有名气越用功。但杨大爷一类的流氓绅士却以物质、名利诱惑腐化着刘凤仙，刘振声对弟子语重心长地规劝，却难敌杨大爷的引诱。台下抱病负气的刘振声上台后唱哑

---

① 陈白尘、董健：《中国现代戏剧史稿》，245 页，北京，中国戏剧出版社，1989。

嗓子，被居心险恶的杨大爷喝倒彩踢下台，最终气绝身亡。该剧对现实生活形态的正面展示取代了前期戏剧常见的以转述呈现人物经历的形式，而精练、性格化、富于生活气息的语言也取代了前期戏剧中长篇大段的抒情性独白，人与人、人与环境的相互作用在该剧中得到了充分的展示，因此戏剧动作的形成与发展不再靠奇人奇事来推动，刘凤仙的腐化、刘振声的死都是内外原因交汇生成的必然结果。这使该剧所展示的世俗诱惑对艺术的腐蚀、强权势力对艺术家生命的吞噬这一灵肉冲突命题不仅有其深刻的现实性，而且散发出强烈的艺术感染力。田汉在《名优之死》中达到的艺术成熟肇基于长期以来的剧艺探索与磨炼，也根源于对京剧演员的生活及其性格特质的熟悉。这样，田汉在创作时就不是从理念出发，而是从生活汲取艺术的灵感与范本，从而创造出现实性与艺术性相互遇合的优秀之作。

《梅雨》是 30 年代田汉发生艺术转向后创作的一部独幕剧。该剧对于底层困苦的揭示并不同于 20 年代常见的灵肉冲突主题，然则生之苦闷的传达仍可见出，与前期创作一脉相承。《梅雨》既相承于田汉作为一个诗人对生之苦闷的天然敏感与关注，又熔铸着田汉在 30 年代对社会现实及底层生存的深刻理解。该剧中，失业工人潘顺华借高利贷做小本生意营生，然而接连而来的梅雨天气却使生意蚀本无利，女儿手指被机器压断无法上工，妻子的工钱也不一定能发得出，同时面临着还不了利息钱被高利贷上门逼债、交不出房租被房东找借口驱逐的困境，曾夸下海口可借回巨款解决难题的未婚女婿阿毛被巡捕带回，原来他欲向有钱人行敲诈勒索之术终以失败收场。潘顺华在贫病交加、重重打击之下，举起斧头结束了自己的生命。该剧中，以潘顺华为核心设置的种种境遇，形成一浪推进一浪的戏剧情势，生之苦闷在这样的情势中得到强有力的表达，主人公最后的自杀就不是突兀之举，而是情绪发展的必然结果。而阴雨连绵的"梅雨天气"既形成潘顺华做不了生意赚不了钱的现实境遇，也产生着压抑身心的情绪气氛，剧中人对于天气的诅咒体现着境与情的融合。使"事"转为"势"，将"情"融于"境"，田汉对前期浪漫主义剧艺的吸纳与发展，使《梅雨》得以克服 30 年代创作中常见的理盛于情、事淹灭境的通病，一跃成为左翼戏剧的佼佼之作。

丁西林（1893—1974）在中国现代戏剧作家中，是颇具个性的艺术探索者。现代话剧以悲剧为主体，而他写的几乎全是喜剧；现代剧作家的代表作一般为多幕剧，而他被誉为**"独幕剧的圣手"**①；剧本写作是文人活，但他却是物理系的教授，越轨与矛盾之处恰恰成就了丁西林戏剧的特质。

丁西林的独幕剧特别讲究戏剧的结构。有研究者指出，他的独幕喜剧通常运用"二元三人"模式，即将剧中人物压缩到最大限度，通常由三个人构成，但不是三足鼎立，而是二元对峙对衬的格局，第三者起着结构性的作用，或引发矛盾，或提出解决矛盾的某种契机。② 而丁西林在完成一个喜剧环节之后，通常在剧尾翻转一笔，推倒原先情境得以成立的某一因素或侧面，将喜剧的浪潮又往前推进一层。

《压迫》中，房东太太与男客在租房一事上产生矛盾。房东太太因家中有未出阁的女儿，为免生纠葛，只愿出租房子给有家眷的客人，而女儿却另有心思，只愿接纳单身男房客。男主人公来租房时恰逢老太太不在家，与其女商妥并付了房租，等搬来之日碰上老太太在家，二者之间引发矛盾。矛盾双方因各执其理形成相持不下的僵局，随后却以第三者的登场，一个通达的知识女性假冒男客的家眷而得到化解。通过"作假"解决难题已经产生喜剧效果，而男客对女客"你姓甚么"的发问却使刚才配合默契的夫妻身份之"假"再次暴露在观众面前，从而使喜剧的效果又推进一步。

《酒后》中，一个英俊善良感情失意的男客的到来使夫妻情感陡生波澜，妻冒昧提出要在客人酒醉未醒时吻他一下，夫起初不同意，在妻子诱迫之下终于妥协。而当妻子鼓足勇气要实现这一吻之恋时，客人的醒来又使她临阵退缩。蓄积的戏剧情势扑了个空，成为一出无事的喜剧。剧尾，当妻子为避免泄露真相使劲封住丈夫嘴巴时，其怯懦的举止对之前的放达形成了解构，从而再次引发剧场的笑声。《一只马蜂》中，吉先生与余小姐互有好感，吉老太太却错配鸳鸯，要将余小姐说给吉先生的表兄，余小姐以需写信询问父母之意为缓兵之策并提出需要吉先生的一封信作陪。这一智举终于促成吉先生向余小姐诉出心曲。到了剧尾，丁西林照样又翻转一笔，让正在亲热的年轻男女被吉老太太撞见，巧妙配合演出"一只马蜂"的假戏，化解了尴尬，也引发了剧场的笑浪。

以上这些喜剧在结构中就内存着喜剧性。它反映着平衡的打破与恢复，恢复的力量或借助巧智，或借助情境的突然变化，而最后一笔都是对"假"的曝光。

---

① 司马长风：《中国新文学史》上卷，225 页，香港，昭明出版社，1980。
② 朱伟华：《丁西林早期戏剧研究》，载《文学评论》，1993（2）。

在丁西林的作品中，这种"喜剧性"可以撇开外部世界的复杂形态，而凭借自身内蕴的喜剧元素来达到喜剧效果。这种喜剧效果的形成就像物理公式一样，生活现象不过是一种实验品，反映着喜剧的公式。现实生活的具体内容及人物的社会属性与其性格特质在这种喜剧情境的构建中并不特别重要。事件在丁西林的喜剧中首先不是用来表现生活的真实形态，而是为构造喜剧情境而服务，它往往较为单纯，并不具有许多枝节；人物在喜剧中是作为结构性要素而存在，他的人格内涵也就显得不那么重要。这可以帮助我们理解丁西林喜剧何以现实性不强的特征。

除了结构本身所内蕴的喜剧性，机智的语言也是丁西林喜剧的重要构件。丁西林喜剧往往用俏皮话揭示出人或事的某种悖反性。吉老太太数落吉先生："我问你，这样的人也不好，那样的人也不好，旧的，你说她们是八股文，新的，你又说她们是白话诗。"（《一只马蜂》）北京的主人对上海的客人说："旁人家是主人教听差的应该怎样的小器，他是听差教主人应该怎样大方。"（《北京的空气》）有时，剧中人用善于辩论的口才，将逻辑层层推进，使看似乖张的言论或行为最终获得情理的支撑。《三块钱国币》中，吴太太与杨长雄围绕着"一个娘姨打破了主人的一件东西，应该不应该赔偿的问题"，展开了唇枪舌剑的争辩。看起来，吴太太所说的"一个人毁坏了别人的东西就应该赔偿"是公理，但杨长雄采用"以子之矛攻子之盾"的方法，抓住"你说是毁坏了别人的东西（应该赔偿），可是你不是别人"这一自相矛盾的论题，予以层层批驳。从"李嫂是不是你的佣人？"、"你的花瓶脏了，你要不要她替擦擦？"到"一个花瓶是不是有打破的可能"、"谁可以把它打破？"，最后归结出："该有花瓶的人，不会把花瓶打破，因为他没有打破的机会。动花瓶的人，擦花瓶的人，才会把它打破。擦花瓶是娘姨的职务，娘姨是代替主人做的事。所以娘姨有打破花瓶的机会，有打破花瓶的权利，而没有赔偿花瓶的义务。"机智的语言对丁西林喜剧况味的生成起着重要的作用。这种语言的喜剧效果多由人物的能言善辩，或性格的俏皮特质而产生。由于这种语言喜剧性的建构多借重于逻辑，从另一角度看，也就难以彰显人物深邃的心理内容，同时也缺少浓郁丰盈的生活质感。

凭借结构内蕴的喜剧性与语言的机智来建构喜剧效果，这使丁西林的喜剧可以没有问题，也没有教诲，只以情趣与机智作为审美诉求，在巧的同时，也显得小了。丁西林的喜剧往往只有一幕，在构成一个喜剧环节之后就戛然而止，女客的出现解决了男客与房东的争执，朋友的醒来使女性的情感失调很快得以平复，余小姐要吉先生帮忙写信询问自己父母对婚姻对象的意见，试探出了对方的真情。可以想象，这些戏剧情节完全有着延伸、拓展的空间。《压迫》中，男客与女客以夫妻身份分租房子，日后在与房东太太及其女儿的相处之中，必定还会引发一系列的喜剧性矛盾。这些矛盾可以更深刻地映现人情世态及青年男女的情感关系，从而使剧作包容更多的现实内容。同样，《酒后》也可以写下去，如果让妻子在将吻未吻之际，朋友突然醒来，觉察了这一情状，那么三者之间的情感关系也将勾连出更多的纠葛。顺着写下去，对于中产阶级伦理心态与男女关系的揭示也将更为充分，但丁西林却浅尝辄止，不再深究下去了。小巧圆熟、点到为止的艺术构思从其成因来看与作者长期的学院派生活、理科性思维深有关联，这二者导致其戏剧创作缺少展开宏大艺术建构的生活基础与艺术想象力。

《妙峰山》是丁西林为数不多的多幕喜剧之一。该剧中，妙峰山的寨主"王老虎"原是个大学教授，深感困难时期现实的黑暗，也为实现抗日救国的抱负，带领一批知识分子和拥护他们的群众在妙峰山安营扎寨，抗击日本侵略者，而官方却视之为"土匪"，直欲杀之而后快。王寨主下山抢军火被俘，因不愿将枪口对准同胞，甘愿束手就擒。该剧从王寨主在被押送到省城的路上，与年轻的知识女性华华相遇开始写起。华华因学过看护，又兼敬重王寨主的行为，对他悉心照护。在这一过程中，二人的交谈显现着丁西林喜剧轻松、俏皮的惯有特色，愉悦的气氛消融了王寨主被抓这件事所内蕴的悲剧性。而王寨主对"被抓"毫不为意，屡屡拒绝华华帮助他逃走的提议，这其间埋藏着戏剧的悬念，直至王寨主的囚车为其部下所劫，得以顺利脱身，而且反客为主地拘禁了押送他的保安队长，戏剧悬念曝光。但这一过程被处理为"暗场"，并没有展示危机被克服的难度。待到王寨主将华华等人作为"肉票"押送上山，杨参谋眼见寨主与华华坠入情网，因惧怕华华干政，扰乱寨中秩序，便蓄图谋杀华华。这一危机情境同样被陈秘书的几句劝导很快化解。最终，华华以其爽快利落的个性轻易攻破王寨主"不结婚"的心灵堡垒，以大团圆结局结束了全剧。《妙峰山》仍以丁西林创作中常见的男女情感关系为主线，而每到危急关头，总以理想原则取代现实原则，以圆满结局消解可能有的悲剧因素，避重就轻的写法成就其轻快活泼的喜剧色彩的同时也丧失了容纳更深广现实与人性内涵的可能性。该剧未能将参与到喜剧情境构筑的多方情势融合成为一股完整的喜剧力量，共同推动喜剧情境的发展，郭士宏、谷师芝夫妇所代表的自私利己的小市民面目，与阿祥、小苹果夫妇所代表的慷慨热忱的好公民形象在完成自身喜剧元素展示之后，未能更深刻地参与到妙峰山整体秩序及华华与王寨主关系的构建与推动中，从中可以看到独幕剧单线发展与一个环节就结束的思维惯性的影响，从深层面来看，也是丁西林对社会各种力量、各色人等之间相互掣肘关系缺乏更深入的了解所致。因此，从独幕剧到多幕剧，尽管情节发展的空间扩大了，而丁西林喜剧的现实内涵及戏剧张力却未见显著增长。

将《妙峰山》与陈白尘写于 40 年代的《升官图》相比较，喜剧思维与其艺术效果的关系将更加显明。《升官图》中危机情境的克服并不依据理想化原则，而是根据官僚集团中利益交换这一现实原则，使危机情境发生——克服——再发生——再克服，一环一环延伸、拓展开来，戏剧中的所有角色在这一现实原则的操控下卷入总体动作中，而最后当危机情境膨胀到难以为继的地步时，外来力量的介入引爆了危机情境中的毁灭性因素。这使得《升官图》的喜剧张力呈现出不断发展、扩大的态势，而喜剧性越强，对于现实的讽喻力量也越大。《升官图》与《妙峰山》在喜剧思维、喜剧效果上的差异仍可归因于作者生活经验的积累与对社会现实的理解上。丁西林长期的学院式生活，使他在《妙峰山》这部多幕喜剧中采撷了社会现实的面影，却未能基于对现实的深刻理解以现实性原则推动喜剧情境的发展，其喜剧投射着知识分子对伊甸园式社会理想的想象，也使得这出戏应有的现实内涵及批判力量得不到有效的发挥。

第二节　曹禺

曹禺（1910—1996）是中国现代杰出的戏剧作家。随着他的《雷雨》《日出》《北京人》等作品的连续问世，标志着中国现代话剧创作走入成熟状态。对东西方戏剧文学精深的领悟，对戏剧表演与导演实践的参与，对社会细致的观察，对人的深入理解，都使曹禺足具条件将话剧文学提升至前所未有的高度，而其剧本技巧上的成熟，写人的深度亦有效地锻炼了话剧表演与导演艺术。因此，**曹禺的创作对中国话剧走向全面成熟具有重要的推动意义**。

曹禺的经典作品几乎全是悲剧，除了遭遇之苦——失业、贫穷、老病、系狱、失去亲人或爱人等，更有精神之苦——孤独、追悔、冷漠、隔阂、幻灭、仇愤、恐惧等。曹禺总能通过遭遇之苦揭示精神之苦，而且在这条道路上，比一般的剧作者走得更远、更深，以至于能够超越某一个体特殊的境遇，抵达人类共通的境遇。周冲的痛苦代表着青春期共有的理想幻灭；仇虎的复仇过程折射出向外扩张到向内敛抑的典型心路历程；曾文清的出走又返回成为生命力匮乏的经典范例。经由个体境遇的特殊性到达人类精神的一般性，因此，曹禺的戏剧表现他所处的时代中人的具体生活形式，但却能够超越时代、地域，获得广泛的精神认同。

曹禺的前期戏剧往往通过家庭或相类于家庭的格局展现人性、文化、社会秩序等各种原因带来的苦痛人生，家庭限定了人活动的范围，然而并不限制人与人之间关系的复杂性。正是在封闭的空间内，人的行为更多地为个体的情感、性格、思想所推动，而人与人之间的关系更反映着意志、欲念之间的冲突与较量。曹禺继承五四以来以"人"为中心的文学理念，在其前期戏剧中持之以恒地向人的内心掘进。欲念与欲念的冲撞、欲念与陈规的搏斗、人心内部的自我格斗等，使他笔下的人物关系呈现内向的纠结。这种纠结的往复，既成就戏剧的紧张度，也成就人性的深度与迷人之处。

戏剧家于剧场效果的考虑，往往在悲剧中融入喜剧的成分。李渔在《闲情偶记》中将"剂冷热"作为戏剧创作的重要原则提出。《雷雨》作为曹禺的第一部戏几乎是纯悲剧，但剧中的鲁贵以其混世的无赖相创造出剧场的喜感；而到了《日出》《原野》，悲剧情境中时常穿插喜剧性的段落，《日出》中顾八奶奶的卖弄做作，张乔治的洋腔洋调，潘月亭与李石清在得势失势之间其高低姿态迅速脱换；《原野》中的常五"试探不成反被试探"，白傻子"作证不成反被收买"，等等，这些喜剧人物与喜剧段落，既是戏剧主题与情节链环不可缺少的部分，同时也是剧作家为调动剧场气氛的策略性安排。在以上剧作中，"笑"基本上由特定类型的人所引发，并不足以改变悲剧的本体属性。《北京人》在剧作家的定位中，已然是一出喜剧。虽然该剧展示的仍是苦涩的家庭经验，但在愫方和瑞贞的"走"中，能够看到剧作家对"旧"的毁灭、"新"的重生的欢欣之感，其身姿在结局时发生了逆转，是迎向于新，而非踟蹰于旧。如果说，这种身姿在《日出》《原野》中已经呈现端倪，此时则落实于"行动"。因此，从纯悲剧到在悲剧中加入喜剧性段落再到喜剧，也可观照出曹禺的心灵变化曲线。

相较之前的剧作家如欧阳予倩、郭沫若、田汉、洪深等，**曹禺在中国现代戏剧史上的独特贡献，在于第一次使戏剧中人物的语言个性、行事逻辑、心理发展轨迹具有了深广的现实性**。在他之前的剧作家们笔下的人物在性格化、生活化、典型性上，均不及曹禺。这首先源于曹禺对现实的精细观察与研究。由于父亲万德尊曾有过不小的官职，家中出入过各色人等，年幼的曹禺有机会接触到形形色色的人情世态，对不同个性、不同等级、不同关系、不同动机的人均有过观察，借此练就了善于观察的眼睛与善于体察的心思。当老年回忆起与父亲交往过的形形色色的人物时，曹禺绘声绘色地逐一形容，显然得益于幼年时的观察，这种观察的习惯与能力伴随曹禺终生。在《日出》"跋"里，他详细地记载了如何深入各种场所与各式各样的人打交道，冒着名誉受损的危险，获取底层生存的真相。由此可知，曹禺笔下各种类型的人物，不论阶层、性别、美丑、善恶，均能做到各肖其面，各行其是，与其长期对生活、对人的深入观察是分不开的。

在曹禺戏剧中，人的精神均非只有一个层次，执拗的争取、激切的反抗、慑人的威严、优雅的教养与生的无力、恐惧、谄媚、猥琐相互交织渗合，其戏剧人物的真实性与深度，来源于对主体多重性的洞察与揭示。曹禺往往以"否定之否定"手法拷问灵魂重重面具下的真实质地。周萍就不用说了，当冲动退潮，理智苏醒，之前的一切不过像"老鼠在狮子睡着的时候偷咬一口的行为"，令他感到恐惧、难堪与痛苦。就连繁漪这样不依不饶的人，为保存情感沙漠中的最后一个水源，亦屈尊恳求，"日后，甚至你要把四凤接来——一块儿住，我都可以，只要，只要你不离开我"。曾思懿的尖刻怨毒造就曾文清精神的炼狱，而在文清就要离家之前却让思懿怀孕了；愫方处处体贴思懿，为的是："他（指文清）所不爱的也都还是亲近过他的。"打开心灵黑暗的闸门，深挖出人身上的"人"，在这一点上，曹禺无疑是现代戏剧家中最努力的一位。

在曹禺戏剧中，假面与真情的错综渗合往往造就精彩的艺术形象。假面与真情并非表里真伪的对立，在现实人生中它们往往相互渗透，互为表里，假作真时真亦假，最典型莫过于周朴园。多年以来，周朴园在家中处处展示对亡妻的怀念，他保留着侍萍一切的生活习惯，不允许别人去改变它。周朴园对侍萍的情感是真情还是假面在读者/观众中一直存有争议。其实可以换个角度理解，曹禺以对周朴园灵魂的深入洞察写出了真情与假面的交汇。周朴园的行为既是"秀"给他人看的，也是寄托孤冷灵魂、祭奠青春情怀的仪式。艺术形象的多义性来源于曹禺对人性体察之深。曾皓当初收留愫方，是对遗孤的怜惜。到他晚年时，已经离不开愫方的照料了，但又怕别人说他因为自私抓住愫方不放。因此，曾皓在家人要替愫方做媒之时说的一番话中，既有对老姑娘婚姻前景的忧心，又有恐吓使之不离开自己的机心；既有因自己拖累住她而自责的表白，又有故意示苦以乞哀怜的用意。真假渗合、情伪掩映之间闪现着一颗老灵魂的复杂色调。在曹禺戏剧中，人常常被置于突转情境中，显现两副嘴脸的更替。周朴园认出侍萍之时，前一刻还是温情的怀想，后一刻便是严厉的申斥；潘月亭与李石清在得势失势之间，高低姿态迅速脱换；江泰慷慨激昂欲外出借钱以挽救曾家颓势，出走一夜后不但两手空空毫无所获，反而以酒徒窃贼的狼狈形象被带回。在现实生存中，人为了应对各种情势而产生不同的主体姿态，于是有了不同嘴脸的脱换；而每一种情感都无法单一地被指认为真实或虚假。随着情势的变化，真情可能变成假意，而假意亦可能转成真情。主体姿态的更替既显现人性的复杂度，同时亦造就戏剧的精彩瞬间。

假面还常常以潜台词的形式呈现，潜台词源于话语能指与所指的不对称。人在面对他人时，通常不是直接表达自己的真实意向，或王顾左右而言他，或声东而击西，这也是中华民族的集体人格之表现。《雷雨》中，鲁贵已经窥察了繁漪与周萍私通的事实，在面对繁漪时，既要让她知晓这一事实，又要保持奴才对主子应有的恭敬，同时还要表达自己的利益索求。而繁漪面对四凤时，既有情敌之间的敌意，又要保持做主子的尊严，同时还要借四凤之口探听周萍的行踪。因此鲁贵与繁漪的语言就产生言此意彼、旁敲侧击、隐显不定、抑扬交错的特点。而《北京人》中，思懿狭恶的心肠与慷慨的言辞，曾皓利人的告白与利己的动机相互掩映。在现代剧作家中，曹禺的戏剧语言之所以最耐咀嚼，缘由之一也在于他善于通过虚虚实实、真真假假的语言映射出人情人性的无限奥妙。

戏剧是"群趣"的艺术。从文明戏时期起，话剧应该如何适应中国广大市民阶层的审美需求，就成为从业者们自觉的艺术探索命题。在这一点上，曹禺更是进行了不懈的探索。对于文明戏，曹禺这样评价："演得非常香艳哀痛"，"这种文明戏对我是有影响的，使我感到戏剧的确有一种动人的魅力"。[①] 香艳哀痛是平淡人生的补充，也是普通观众来到剧场的基本观赏需求，曹禺在戏剧中毫不吝啬地将这些东西馈赠给观众。男女、家族、阶级之间的恩怨情仇恨是其戏剧的基本情节范式。上到高等旅馆交际花与有钱人的周旋，下到三等妓院底层妓女与各色人等的厮混；或是士大夫家庭中有妇之夫与表妹的暗通款曲，或是监狱出逃的囚徒与有夫之妇的通奸调情；上一代的罪孽在下一代身上报应，下一代的养尊处优掏空上一代的积累，曹禺在戏剧中反复演绎着市井百姓喜闻乐见的人情世态。巧合、突转、埋伏、发现、剑拔弩张、一触即发、峰回路转、水落石出，这些戏剧

① 田本相、刘一军：《苦闷的灵魂——曹禺访谈录》，10页，南京，江苏教育出版社，2001。

性的佐料在他笔下从来不缺。曹禺前期的四大名剧，尽管从个案上来看各有特点，《雷雨》《原野》浓一些，《日出》《北京人》淡一些，但写人造境的总体风格是相似的，都追求鲜明、浓郁的中国风味。在其戏剧中，对比、重复的反复运用，气氛情感的浓度、强度，戏剧动作的鲜明真切，足以创造强烈的剧场效果。因此，平淡含蓄的契诃夫戏剧艺术尽管在曹禺看来非常高妙，但"中国人演也演不出来。就是演得出，也没人看"①。虽然有研究者指出了契诃夫对曹禺戏剧的影响，但我们如果从影响所带来的相似之外看到相异，也许更能体会曹禺戏剧的民族色彩与大众化取向。

曹禺的戏剧创作在通俗情节剧的表层下却蕴涵着对生存本真的深度探索。在《雷雨》中，他展现的不仅是两代人的情爱悲剧，还有宇宙的残酷法则；在《日出》中，他看到的不只是上等旅馆与下等妓院的浮浪生活，而且是"人之道以不足奉有余"的世道；在《原野》中，他要表现的不仅是一个复仇的故事，还有复仇者内心的价值困惑与心灵压抑；在《北京人》中，他透过封建遗老家庭中鸡零狗碎的争吵洞见文化生命力的中空。在其戏剧中，时常出现人物的"出位"状态，比如暗恋四凤的周冲突然发现自己对四凤不是"爱"，而是一场"胡闹"（《雷雨》）；过着纸醉金迷生活的陈白露幽幽道出："太阳升起来了，黑暗留在后面；但是太阳不是我们的，我们要睡了"（《日出》）；以洋文凭混世的张乔治做了个梦，数不清的鬼拿着活人的脑壳丢来丢去（《日出》）；一向克己奉人的愫方感慨："我们活着就是这么一大段又凄凉又甜蜜的日子啊！叫你想想忍不住要哭，想想又忍不住要笑啊！"（《北京人》）。人物突然站出位反观自身的生存状态形成全剧的"剧眼"，它与戏剧所展示的一系列情境构成了本质与表象的"参照"，使观众于繁华中观见枯涩、热闹中洞察虚妄、希望中体认绝望。超越世俗表象的洞察力使曹禺总能比一般的剧作者看得更深，他对契诃夫戏剧的评价也可借用来形容他自己："他看得更深，写真实的人在命运中有所悟，在思想感情上把人升华了，把许多杂念都洗涤干净了。"② 研究者们所论及的曹禺戏剧的诗性正在于此。

将曹禺的戏剧作品纵向排列，可以看到一戏一格的探索足迹。尽管他很了解来剧场看戏的观众的接受前视野，但不论是在精神内涵，还是在审美形式上，他

---

① 田本相、刘一军：《苦闷的灵魂——曹禺访谈录》，148 页，南京，江苏教育出版社，2001。

② 曹禺：《和剧作家们谈读书和写作——在中青年话剧作者读书会上的讲话》，见《曹禺全集》（5），石家庄，花山文艺出版社，1995。

从未止于适应，也从不故步自封，而是坚持不懈地探索与挑战。他将从不同类型的戏剧中接收到的艺术营养与观照世界、理解人性的不同视角结合起来，创作出各具风貌的戏剧作品。坚持灵魂深处的叩问，坚持剧场艺术的更新，体现着曹禺不断越出界外，凝眸远方的超凡艺术追求。

《雷雨》的出现，标志着不论是文学形态的戏剧，还是舞台形态的戏剧，都迎来了它的真正成熟。结构是戏剧形式诸要素的核心，一出戏能不能成立，靠的是结构。**在结构的严谨、精巧、缜密上，中国现代戏剧未有超过《雷雨》者。**

《雷雨》包含两个时态的悲剧：过去时态是周朴园与鲁侍萍的情爱悲剧，现在时态是繁漪、周萍、四凤之间的乱伦悲剧。一个长达三十余年涉及两代人的故事要在不足一天的舞台时间内演绎完，这需要高度的剪裁技巧。第一幕一开场，我们就可以感受到曹禺的匠心独运。鲁贵与四凤的谈话看来像父女间的家常闲聊，却包含了许多重要的信息：不仅包括他们各自的身份、地位与习性，还揭示出剧中主要人物间的关系，四凤与周萍的情爱、周萍与繁漪的暧昧、繁漪对四凤的敌意等，对于舞台上正面展开的情节，这是近前因；而谈话同时透露了鲁侍萍要来周家这个重要的规定情境，为揭开现时态悲剧的远前因埋下伏笔。之间再穿插进周冲来客厅寻找四凤、鲁大海来周家见周朴园这样的过场戏，将周冲对四凤的爱慕、鲁大海对周家的仇恨也展现出来。至此为止，剧中主要人物之间的关系已经基本明朗，按下不表的只有鲁侍萍与周家的关系，它将作为后面情节发展中必不可少的推动力量而存留。

如何使事态在一天之内迅速到达悲剧的顶点，曹禺巧妙地利用了现在时态与过去时态交织而成的合力制造情节发展的势能。舞台上正面展开的是悲剧的现在时态，繁漪为支走四凤，叫来鲁侍萍，导致三十年前的悲剧显影，侍萍认出周朴园和亲生儿子周萍；繁漪尾随周萍到鲁家目睹他与四凤的幽会，绝望中将周萍的退路堵住，致使二人关系暴露，侍萍由此发现了兄妹间的乱伦关系；回到周家，就在四凤与周萍征得侍萍同意准备远走时，繁漪叫来周朴园，导致血亲关系及乱伦真相完全暴露。发现与突转的适时运用使情节急转直下，迅速抵达毁灭的结局。

《雷雨》中每一个场景都是情节进程中的有机组成部分，而场景本身又包含着饱满的戏剧性。戏剧性可以体现于外部的行为冲突，也可以体现于内部的心理冲突。《雷雨》中的戏剧场面融二者于一体。在周朴园逼繁漪吃药这场戏中，冲突的双方是周朴园与繁漪。这场冲突围绕着"吃药"这个可视性极强的外部动作，经历了三个回合的斗争：周朴园强迫繁漪喝药，繁漪抗拒；周冲替繁漪说情失败，只好依从父命劝母亲喝药，繁漪把药拿起又放下；周朴园让周萍跪下来劝后母喝药，繁漪抢在他跪之前，忍着愤恨把药喝了。在夫妻二人"命令——反抗"的冲突模式中，周冲与周萍的加入使冲突复杂化，周朴园利用两个儿子强化他的家长意志，周冲、周萍与繁漪的特殊关系使得繁漪抵抗意志削弱，最后屈服于周朴园的意愿。三个回合中，周朴园的家长意志控制着家庭中的每个成员，周冲、周萍、繁漪先后屈服于周朴园的权威却有着各不相同的心理基础：周冲的屈服里有对母亲的同情与对父亲的反感；周萍的屈服里有对父亲的畏惧与自己的难堪；繁漪的屈服里有对周萍的不忍与对周朴园的愤恨，人物间简短的对话亮出了各自灵魂的底色。而如果从情节发展的角度来看，这场冲突不仅提供了之前情节的心理成因——继母与儿子的乱伦关系在这个家庭里何以会产生；而且提供了之后情节的心理动因，繁漪拼命抓住情感沙漠中的最后一个水源，而周萍却在父亲权威的笼罩之下避之唯恐不及，两个人之间的关系成为悲剧推进的情节动能。在这一场戏中，我们看到了曹禺如何将写人与写戏完美地融合于一体。

前后照应、左右埋伏是戏剧写作中经常运用的手段，它使戏剧的发展合情合理，同时又意味深长。《雷雨》中多次提到的那根走了电的电线引起观众的注意，形成一种悬念，当它最后导致四凤与周冲的死亡时既不使人感到突兀，又体现了冥冥之中的天意。此外，周萍在周家打了鲁大海，鲁大海在鲁家也打了周萍，第一个巴掌打得鲁大海暴跳如雷，第二个巴掌打得周萍忍气吞声。后来鲁大海又递给周萍一支手枪，这支手枪正是周朴园在矿上用来镇压工人的，经由鲁大海之手交给自己的同胞兄弟，最后成为他自杀的工具，隐约地体现着因果报应之旨。

《雷雨》的序幕与尾声在演出中通常被删掉，以致许多人不知道它们的存在。在序幕、尾声中，时间已经过去十年，昔日窒息身心的周公馆改建成了医治身心的教堂医院，如箭在弦的戏剧冲突随着那场雷雨的歇止也代之以平静，舞台上他人的闲谈与教堂弥撒的钟声创造出宁静、和平、肃穆的气氛。序幕、尾声的舒缓与本事的紧张形成强烈的对比。如果说本事如夏日午后一段离奇憾人的梦，对于观众，序幕与尾声恰好起到了导入梦境与导出梦境的作用。为了不使人们对作品作过分切近实事的理解，曹禺将《雷雨》表述成"一首诗"，而运用序幕与尾声的深义也在于此："我不愿这样戛然而止，我要流荡于在人们中间的还有诗样的情怀。'序幕'与'尾声'在这种用意下，仿佛有希腊悲剧 Chorus（合唱队，笔者注）一部分的功能，导引观众的情绪入于更宽阔的沉思的海。"（曹禺《雷雨·序》）

戏剧是剧场的艺术。案头剧是指可供案头阅读、却不适合于舞台演出的剧本，曹禺的戏剧非案头剧，它能读又能演。为什么能演，而且演出的效果特别好？从语言的角度可以提供对这一问题的一种诠释。**《雷雨》的语言是真正的戏剧的语言，它使得曹禺的戏剧深具舞台的特性**，不妨以《雷雨》中周朴园、鲁侍萍相认的片断为例来阐析这一特点。

一、**动作性**。就表现人物心理内容而言，戏剧与小说的区别在于，小说可以直接进入人物心灵空间，通过大段的分析性文字对人的多种心理内容进行揭示，戏剧则一般不用这种方式。戏剧是动作的艺术，也即主体在发出动作的过程中使心理内容逐一呈示。中国早期话剧仿莎剧的写法，在表现人物心理内容时常使用抒情性独白，但难以做到像莎剧那样结合着戏剧行动的发展对人物心理内容洞烛幽微，这样的心理性独白与戏剧的行进相脱节，使剧场节奏拖沓、迟滞，严重影响了戏剧的表现效果。曹禺的戏很少使用长篇抒情独白，他擅长在戏剧行动的发展中，通过恰如其分的语言逐一揭示出人物的心理内容，使戏剧行为始终处于发展、变化、行进的态势中，从而增强了戏剧的动作性。

在周朴园、鲁侍萍相认的这一片断，周朴园对鲁侍萍有四次的问，这四问层层递进、交替展开二人的心理发展变化过程。

第一问：

（鲁妈关窗后）

周朴园　（看她关好窗门，忽然觉得她很奇怪。）你站一站，（鲁妈停）你
　　　　——你贵姓？

鲁侍萍　我姓鲁。

第二问：

（周朴园向鲁妈打听起侍萍的事，鲁妈揭穿：她不是小姐，她是无锡周公馆梅妈的女儿，她叫侍萍。）

周朴园　（抬起头来）你姓什么？

鲁侍萍　我姓鲁，老爷。

第三问：

（鲁妈说起侍萍又被救活了，一个人在外乡活着，那个小孩也活着。）

周朴园　（忽然立起）你是谁？

鲁侍萍　我是这儿四凤的妈，老爷。

第四问：

（最后，侍萍说起衬衣上的梅花和萍字。）

周朴园　（徐徐立起）哦，你，你，你是——

鲁侍萍　我是从前伺候过老爷的下人。

第一次周朴园问鲁侍萍是疑惑，眼前这个背影，这个动作多么熟悉！问是似曾相识而产生的奇怪而惊愕的反应。而后面两次突然质问鲁妈的身份，透露出周朴园内心的紧张与恐慌。他对过去那件事情有愧于心，抛弃侍萍是他不体面的记忆，又因他对年轻的侍萍确怀有感情，因此多年来耿耿于怀。他一直打听是否有知道这件事的人，既是对目前名誉安全的测试，也是借此机会来缅怀或祭奠过往的时与事。而眼前的鲁妈对这件事的真相知道得那么详细，显然让周朴园觉察到了威胁，由此心生怀疑，马上警觉起来：你是谁。最后当鲁妈说出衬衣的细节时，身份不言自明了，此时周朴园说出："哦，你，你，你是——"，虽未点出侍萍之名，却正透示其内心被击垮的真相。通过周朴园不断地追问鲁妈的身份，我们可以把握到周朴园情感发展与变化的清晰线索。这条线索其实还体现在舞台提示中，第一次问是坐着，第二次是抬起头来，第三次是忽然立起，第四次是徐徐立起。这些动作变化显示出周朴园内心情绪的逐步紧张，最后崩溃于真相面前。曹禺对人的内在心理变化体察得细致入微，在表达时，又深谙戏剧之道，将这些心理内容呈现为相互作用、交替发展的行为过程，从而形成戏剧的动作性。

从剧场接受的角度看，富于动作性的戏剧语言能将观众自始至终地卷入戏的进程中。这几个"问"对于观众注意力的抓获太重要了。对于已经觉察到鲁妈可能与周公馆有特殊关系的观众来说，第一次的"问"唤起了一种期待心理。我们想知道一些已有信息之外的东西，但鲁妈只说，我姓鲁。于是一种期待心理被暂时压抑了，而这种压抑事实上是留下更大的期待。第二次问的时候，是鲁妈在讲梅侍萍的故事，而周朴园问她，你姓什么？这里作者借着周朴园的口再次提醒观众注意到眼前这个鲁妈的身份（姓是身份的关键）。第三次，讲到那个被侍萍带去的小孩，周朴园对眼前这个鲁妈竟然知道这么多细节而惊愕，所以他问"你是谁"，而不再是"你姓什么"。"姓什么"还具有一种客气、试探的意味，而"你是谁"更具有质问的色彩，从中可见周朴园内心紧张感的增强。鲁妈只是就势回答："我是这儿四凤的妈，老爷。"这时，鲁妈的身份虽还未揭晓，但，一问一答所弥散出的情绪气氛却已经使这个身份的谜底呼之欲出了。最后，当鲁妈说出衬衫的细节时，周朴园徐徐立起，观众心中也水到渠成地完成了对鲁妈身份的认知。这四个"问"引领着观众一步一步完成了"发现"的过程，由于它是动态向前的，观众的专注力也就自始至终地被席卷其中，从而产生了良好的剧场效果。

二、**听觉性**。戏剧语言在剧场中经由演员声音的演绎被观众所感知，剧作家在写剧时必须充分考虑到戏剧的这一特性。在中国古典戏剧理论中，王骥德的《曲律》对戏剧语言的音韵格律作了严格的限定，因现代戏剧语言与现实口语高度相似，在戏剧写作中对音韵格律再作严格要求已经不切实际。但现代戏剧毕竟还是场上之剧，观众听声而会意，那么在"可听性"方面是否还有可为的空间？曹禺在这一方面作出自己的探索。

我们发现，在周朴园与侍萍相认这一段落，曹禺使用语气助词的频繁程度为全剧之最。读者读剧本的时候可能不太注意这些语气词。他们接收到的往往是语气词之外的那些实词所传递出的明确信息。但看戏与读戏不同的是，观众在剧场中通过听声看形来会意，此时，语气助词在剧场中的重要性就等同于乃至超过那些有明确意义的实词。周朴园在听鲁妈说起三十年前那件事的时候，他情绪上产生强烈的反应包括疑惑、震惊、惶恐等，然而防御性极强而又老于世故的性格使他不会把这种反应直接暴露在下人鲁妈面前，这种有触动却不愿暴露的情绪就被曹禺转化成频频出现的语气词。在这一段中，经由周朴园之口说出的"哦"字有十四次之多，它是周朴园对鲁妈说话的一种应答。曹禺替"哦"字加上的符号有句号、逗号、问号、感叹号，应答的语调变化造就了该词非常丰富的情感内容，再结合着每一句的语境，"哦"字所产生的表意效果绝不亚于那些有着明确语言信息的实词。设想由一位有着卓越的舞台表现力而又深刻理解周朴园的演员来演绎这些语气词，那么，其舞台效果一定是精彩非凡的。这样，曹禺通过小小的语气助词的精心设计，使人物的情感得到精准而又含蓄的表达。现代戏剧语言失却传统戏曲的音乐性表现特长，却亦能借助语气助词的使用实现口语表达的幽微丰富，在剧场的"听觉"系统中，可谓失之东隅，收之桑榆。

自然，现代戏剧语言的"可听性"不只落实在单个词汇语气音调的呈现上，在剧场中，细心聆听人物语言流程中的节奏变化，也能领会其情感的潮汐起伏。在周、鲁二人的这场戏中，一开始周朴园向鲁妈打听三十年前梅侍萍的事时，是一个盘询者的角色，姿态是居高临下的，语气是从容不迫的，侍萍的语量少，而周朴园的语量多。到侍萍拆穿了姓梅小姐的真实身份时，二人的情势发生变化，侍萍变成一个质询者，而周朴园成了一个应对者，侍萍的语量多，而周朴园的语量少。二人说话的对答速度（可以想象地）快了起来，气氛情势跟着紧张起来。到周朴园认出侍萍的身份时，周朴园的防卫意识加强，心理又渐渐强势，二人之间呈现出的是一种势均力敌的对抗之势。到周朴园提出用钱来弥补，鲁侍萍撕掉支票时，戏剧冲突到达一个沸点，同时又是一个静点，接下去如何发展？鲁大海的到来使戏别开生面，周鲁之间外部静态，却饱含内部张力的对抗转成了语言充满火药味，形体动作激烈的外部冲突。鲁大海一上台就以其暴烈的脾气对周朴园进行指责与咒骂，以至于周萍伸手打鲁大海，鲁大海还手，仆人们一起殴打大海。这时全场已经闹得不可开交，鲁侍萍面对自己的亲生儿子周萍，正想冲口叫出他的名字，最后却换成了"你是萍，……凭什么打我的儿子?"曹禺通过"萍"到"凭"的同音转换，巧妙地实现戏剧情势的逆转，将即刻要泼出去的水戛然收住，这一场戏以鲁大海与鲁妈退出周家为收煞。在这短短十来分钟的戏里，撇开语汇的实在意义，单从语流的张弛收放也能清晰感知到场上人物间关系情感的变化，这样的语言效果自然是剧场中的观众能够"听得出"的。

三、**形象性**。剧场以形象飨赐观众，观众饱餐形象的盛宴之后完成对戏剧意义的接受，如此，教与乐方能合璧。剧场形象可以借助演员的音容形体，配合以灯光、布景、音响等剧场设施形成，而戏剧语言所唤起的形象联想亦是重要手段。莎士比亚深谙此理，他以源源不绝的想象力在戏剧中驱遣各种比喻，"或喻于声，或方于貌，或拟于心，或譬于事"（《文心雕龙·比兴》），这些比喻虽无法在剧场中直接现形，却能在观众的想象中绽放成异彩纷呈的感知形象。曹禺的《雷雨》虽不像莎剧那样尽情使用比喻，但在戏剧语言如何生成感知形象这点上，却可见出同心一理。

周朴园要出门，叫繁漪给他拿雨衣，繁漪叫四凤拿了三件雨衣，周朴园却不要新的，要旧的。为什么要引入雨衣，为的是让周朴园到这个客厅来有了缘由，这是其一；通过周朴园"要旧不要新"揭示出他恋旧（怀念侍萍）的特定心理以及与繁漪之间夫妻感情的不谐，这是其二；而第三个理由，我们可从剧场形象的创造这一特定角度来认知。雨衣的旧与新经由周朴园之口说出，以具体的形象感知于观众的头脑，从而达成对周朴园性格心理的认知。这种方式是具象可感的，而非抽象化的。与"关窗户"这个细节相比，二者都可生成剧场形象，关窗户是现诸舞台表演，而新/旧雨衣的形象则需借助观众的想象来完成。雨衣虽置于桌上，但周朴园的一句"不对，不对，这都是新的。我要我的旧雨衣"才使观众真正在脑海里展开雨衣的"新"/"旧"形象，从而完成对其特定心理内容的认知。

同样的例子还见于以下二人交谈中提到的"旧衬衣上的梅花，绣着的萍字"。就情节功能而言，这个细节使周朴园知晓了侍萍的身份，从而推动了戏剧情节的发展；而从剧场认知的角度来看，语言展开的这些极具画面感的细节生动地复现了周梅二人的年轻时光与生活场景。当观众在剧场中听到这些话的时候，自然而然就"看到"了他们年轻的时候，从而理解了周朴园这么多年以来为什么对侍萍一直难以忘怀。

剧场语言所创造的形象一则可生成生动的画面感，二则可与切身经验相连接。剧中，侍萍说："三十多年前呢，那时候我记得我们还没有用洋火呢！"作为一个转绕于灶台的下人，将三十年前的时间记忆定格于没有用上洋火（生火必备）是自然而然的。而对于坐在剧场中的观众而言，时间是抽象的，哪怕说出"三十多年"这个具体数字也还是一种抽象，而"用洋火"则调动了观众对"时间"的切身体验。此时洋火已经是大众生活中无处不见的必需品，借助于切身经验，抽象的"三十多年前"被还原成了"还没用上洋火"的感性认知。《茶馆》中王利发的一句话，"好容易有了花生米，可全嚼不动！"可谓异曲同工，对人生、对世道的喟叹，因连接于观众的日常经验而引发深切的共鸣。

"当年海上惊雷雨"（茅盾语），创作《雷雨》时的曹禺不过是个二十三岁的初试身手的写剧者，一出手就占据中国现代戏剧的制高点，这不能不是天才所创造的奇迹。

下编 中国当代文学

ZHONGGUODANGDAIWENXUE

(1949—2000)

第一章　本时期文学概要

第一节　时代变化与文学阶段

中国当代文学，是指中华人民共和国成立之后的文学历史，时间是从 1949 年至当下。本书的论述范围限制在 1949—2000 年这一时段。这一时段 50 余年的文学历史，如果着眼于差异性，大致可以划出两个段落：1949 年到 70 年代末约 30 年为第一段落，这一时间段包含两个既相对独立又有复杂关联的时期——"十七年文学时期"和"文革文学时期"。70 年代末至 90 年代末为第二段落，对这一时段的文学，人们习惯分为"80 年代文学"和"90 年代文学"两个时期。我们在介绍中国当代文学时，为了清晰与方便，将以两个时段、四个时期分别论述。

一、1949—70 年代末的文学

（一）"十七年文学时期"。1949 年 10 月，中华人民共和国宣布成立，中国文学也迎来了历史的新时代，文艺为政治服务、为工农兵服务成为统治文学的主导思想。

在新政权的支持之下，1949 年 7 月 2 日在北平召开了第一次中华全国文学艺术工作者代表大会，史称"第一次文代会"。毛泽东到会讲话，郭沫若作了总结报告，茅盾和周扬分别总结了国统区和解放区文艺的成绩。大会通过了中华全国文学艺术联合会章程，成立了全国文学艺术界联合会（简称"全国文联"），郭沫若担任主席，茅盾、周扬担任副主席。会后又成立中华全国文学工作者协会（后改名为中国作家协会，简称"中国作协"），茅盾为主席，丁玲、柯仲平为副主席。第一次文代会奠定了共和国文学的基本体制和格局。

共和国时代的文学，受宏观政治的影响和制约，出现了前所未有的波澜起

伏。文学史的发展，呈现出文学与政治互动的状态。"十七年"时期里，国家在政治经济和文化领域采取了一系列的措施，史称"运动"。这些"运动"大略包括镇压反革命、"三反"、"五反"、抗美援朝、农业合作化运动、城市里的资本主义工商业改造运动、知识分子思想改造运动、1957 年的"反右"运动、1958 年的"大跃进"运动和 60 年代初期规模不一的各种运动，如"四清运动"等。在宏观的政治经济运动之下，发生了众多针对文学和知识分子的文学批判运动。主要的有：1951 年，对电影《武训传》的讨论和批判。这是新中国成立以后文艺界的第一次重大的文艺思想论争；1954 年，对俞平伯的《红楼梦研究》和胡适资产阶级学术思想的批判；1952—1955 年，对胡风文艺思想的批判；1957 年，对何直的论文《现实主义——广阔的道路》的批判；1957 年，关于人性、人道主义的讨论和批判；1962 年，对邵荃麟等人的"写中间人物"和"现实主义深化"的讨论和批判。其间，针对文学艺术也出现了一些政策的调整。主要有：1956 年毛泽东提出"双百方针"；1961 年周恩来《在文艺工作座谈会和故事创作会上的讲话》和 1962年广州会议上《关于知识分子问题的报告》；1965 年提出"调整"的口号。"十七年"时期，文学的体制化，一直是主导趋势。虽然时紧时松，时有调整，但总体趋势向紧。

由于文学一直在政治的制驭之下运行，文学对政治及其运作进行了及时的符合即时需要的"反映"，虽然发生了一系列针对文学创作的批判运动，但文学面貌和文学规模比起民国时代来，有了明显的发展与变化。

（二）"文革时期的文学"。从 1966 年至 1976 年前后的"文革"时期，是共和国文艺事业发展历程中的大曲折时期。社会生活的各方面陷入无政府的"动乱"。文艺领域在各个方面都受到了前所未有的重创——各级各种文艺组织及其活动全面瘫痪或终止，各类文艺期刊除《解放军文艺》之外，包括在"十七年"时期具有权威性的重要刊物如《人民文学》《文艺报》《收获》等也被迫停刊。知名作家、艺术家遭到不同程度的迫害，其中有 200 余人被迫害致死。中外一切历史形态的文艺创作成果，遭到粗暴的否定性批判。

作为"文革"时期极"左"政治思潮的衍生物，这一时期形成了带有鲜明专制主义色彩的"激进主义"文艺思潮。在这种思潮形成与发展的过程中，姚文元在 1966—1967 年间的一系列批判文章、《纪要》的公开发表、"革命样板戏"的创作与推广、"三突出"原则的确立、毛泽东《讲话》的重新发表及其相关的纪念活动、1972—1974 年间出版的作家浩然的长篇小说《金光大道》（第一部、第二部）及其同类创作如《虹南作战史》《牛田洋》《矿山风云》《沸腾的群山》《征途》《峥嵘岁月》《飞雪迎春》《激战无名川》等、1973 年上海文艺丛刊《朝霞》的创刊、1974 年年初国产彩色故事影片《艳阳天》《青松岭》等在全国各地的陆续上映、1975 年年初的"评《水浒》运动"、政治影射影片《春苗》《决裂》的上映等，都是值得重视的文学事件与现象。与此同时，出版于这一时期的一些"革命历史题材"创作、以"白洋淀诗群"为主体的青年诗歌创作及其如《第二次握手》等手抄本小说，都以其与当时的主流创作风尚"相异"或"相悖"的异类性，蕴含了文学在时代变化之后发生逆转的可能性。

"文革"文学时期，文艺创作对政治的直接呼应，产生了特有的"政治直接美学化"[1] 的审美景观。"审美政治化"——可以看作"文革"文学在创作上的一种主导思潮。

不过同时又必须看到，全新的共和国时代，从一开始就没有仅仅满足于获得正统文化的继承者的地位。权力主体对于共和国文化的激进想象一直贯穿于1949—1979 年文学发展的进程之中。此一阶段的文学，不仅要破除中国古典文学形成的巨大影响，同时也要重新看取西方文学、民间文学乃至五四以来的中国现代文学的价值，一种一以贯之的创造、超越的冲动，持续性地体现在共和国文学前 30 年的历史建构之中。认识到这一点，对于我们客观充分地把握共和国文学尤其是"十七年文学"，是必要和重要的前提。

二、70 年代末至 90 年代末的文学

从 70 年代末至 90 年代末这一时段，可以看做共和国历史发展的第二个时段。1976 年冬，随着"四人帮"政治集团的倒台，尤其是 1979 年邓小平主政，中共十一届三中全会作出了对于"文革"的全面否定，并施行了"改革开放"的政策。一大批在新中国成立后历次政治运动，尤其是在"文革"中被打倒的党政官员和文人知识分子得到"平反"。从 70 年代末期到 80 年代中期，中国沉浸于"改革开放"的狂喜之中。共和国政治由此走入了新的历史阶段，史称"新时期"。结合这一时段文学发展和变化的实际情形，"新时期文学"可以划分为既有区别又有联系的两个时期——"80 年代文学"和"90 年代文学"。

（一）**"80 年代文学"**。政治上，"改革开放"在新时期的突然降临，带来了

---

① 此观点的细致阐述可参阅洪子诚：《中国当代文学史》，北京，北京大学出版社，1999。

"新时期"与"十七年"（包括"文革"）两个时期的思想意识形态的激烈碰撞。文学充当了那个时期思想解放运动的先锋，它在主题方面一次次逾越表现内容的禁区，也自然成为两种意识形态的焦点。在80年代的思想解放潮流中，域外文学思潮如潮涌入。西方现代主义文学作品被大量翻译出版，西方的现代哲学和现代主义文学理论被大量翻译和介绍。这为当时的文化提供了与此前不同的意识形态模式和文化与文学经验。由此，在文学理论和哲学等领域爆发了多次具有火药味的论争，主要有：哲学和文学上的人性和人道主义论争，文学和意识形态领域的现代主义论争，以及"现代化与现代派"的论争①，等等。而涉及具体文学作品评价的论争更是数不胜数，较有影响的有关于"朦胧诗"的论争，关于小说《班主任》《晚霞消失了的时候》《离离原上草》《人啊，人》的论争，关于电影《苦恋》的争论与批判等。这些涉及具体作品的论争往往与哲学和文学理论领域的论争交叉融合进行。这些论争总体上具有意识形态冲突的特征，既有同质意识形态之间的碰撞，也有不同质的意识形态之间的交锋。但仅有一部分论争的内容涉及文学的本体方面。这些论争在导致政治桎梏和文学表现禁忌的崩溃的同时，使得文艺领域所形成的新的审美价值观念日益获得社会和文学艺术界的认同。

与这一改革开放时代政治相呼应的，是文化的活跃和文学的繁荣。包括被放逐和坐牢的大批作家、从下放地回到城市的"知识青年"等，都投入到满怀激情的文艺创作之中，文学艺术出现了前所未有的生动、活跃、丰富的局面。文学史将这一时期的文学称为"新时期文学"，亦称"80年代文学"。但我们必须注意到，80年代文学的前期和中后期存在不少差异。

1985年前后，中国社会涌动着强烈的新变诉求，推动着"改革开放"进一步深化。在广泛的文化领域，域外（包括港台）的思想观念和生活方式，日益发生着影响。文学、哲学、史学、美学等领域迭次出现了"新启蒙"、"文化热"、"方法论热"等热点。一些小说作家提出了"文化制约着人类"的命题，主张文化应该"寻根"②；刘再复提出了文学"主体性"的命题③，并引发争鸣；文学应该"怎么写"引起了关于文学"形式"的价值、意义和作用的讨论。1985—1986年被称为"方法年"、"观念年"，接受美学、符号学、象征主义、表现主义甚至自然科学界的系统论、信息论、控制论等被引入文学批评的领域。综观这一阶段的

---

① 参阅徐迟：《现代化与现代派》，载《外国文学研究》，1982（1）。
② 阿城：《文化制约着人类》，载《文艺报》，1985-07-06。
③ 刘再复：《论文学的主体性》，载《文学评论》，1985（1）。

文化和文学思潮，有关文学艺术本体的理论和方法备受重视，甚至给人以技术主义的印象。尽管如此，西方现代主义文学观念，给予中国文化和文学创作以极大的启迪。政治意识形态的骚动，刺激着人们在文化方面的更大胆的想象，也鼓励着作家在主导的革命现实主义之外做更大胆的尝试、试验，以至于冒险。

文学在80年代中后期走向进一步深化，从初期呼应政治的文学逐步转入对文化领域的表现，文学思潮开始呈现出多头并进的特点。先锋文学、新写实文学、文化寻根文学、探索剧、女性文学、第三代诗等都以集束的形式出现。它与初期的"政治—文学"类型既有着时间的延续性，同时又有着新的文化和审美特质。

假如说80年代初期，是在喜悦中延续着和耗散着革命现实主义文化遗产的话，那么80年代中后期的关键词显然是"消解"。知识分子的精神心理在剧烈的社会文化震撼之下出现裂变。逃避政治或消解中心文化体系，强调"还原"、回归真实的"生活"，嘲讽偶像和典雅，文化中洋溢着戏谑和嘲讽，民间化的意识形态受到崇尚。各种各样的形式主义试验大行其道，传统的革命现实主义逐渐走向败落，交织着愤懑、悲凉和无奈的现代主义情怀日益浓厚。

（二）**"90年代文学"**。进入90年代，中国社会改革开始向经济领域迈进，商品经济大潮涌起。文学艺术市场化趋势明显，文学艺术的消费品性开始被人们理解、接受。证券市场、商业经营等非政治的市场经济内容，大规模进入作家的表现视域；大众消费文化的情势在商品经济的催生之下渐趋成型。商业文化的多元需求使然，也出于对集权政治话语权威的规避与消解，消费文化甚嚣尘上，文学艺术日益边缘化，这既消解了革命现实主义的文化价值，也溶蚀着精英知识分子神圣的文学精神。精英知识分子不得不面临着新的诱惑和考验。在这一特殊社会文化语境里，关于人文精神和文化保守主义的讨论应时而起，文化危机的显现，促使人们开始了新的反思。与此同时，西方的后殖民主义、后现代主义等理论在中国以加速度流行，中国文学理论界出现了一系列的以"新"和"后"命名的理论名词，诸如"后殖民主义"、"后现代主义"、"后新时期"和"新状态"、"新写实"、"新历史"、"新市民"、"新表现"，等等。90年代文学，一方面表征为具有精英文化情怀的知识分子，依然顽韧地坚持着对于庄重的理想主义的追求，传统现实主义的文学精神在文学艺术中继续伸展根茎；另一方面，消费文化呈现出蓬勃的态势，消解着正统意识形态，也把消费文化纳入自己的表现视域。这一时期的文学，起于80年代后期，覆盖整个90年代，一般史称"90年代文学"。

从以上可以看出，共和国文学的发展与当代政治的变化息息相关，正是不同时代的政治造就了不同时代的文学。文学与政治的关系，也由单纯的从属状态而逐步走向相对独立。文学表现的内容，也从相对单一的政治革命逐步走向丰富和复杂的文化呈现。文学叙述方式，改变了纯粹的革命现实主义，形成多样化兼收并蓄的跨界叙述。共和国文学五十年的道路，其脉理清晰可见：单一封闭的政治文学时代——开放的政治文学时代——多元共存的精英文学时代——消费主义的大众文化和文学时代。

第二节　各阶段文学的特征

一、"十七年"时期文学的特征

"十七年"时期的文学，其主导的创作倾向是革命现实主义。文学与时代政治有着紧密的关联，并自觉充当政治代言者和时代传声筒的角色，与此同时，作家们也在多重限制中努力寻求文学的创新，意图对以往的文学有所超越。

取材于"革命历史"的创作是这一时期的主流。它以中国共产党的现代革命历史为想象的蓝本，用历史的"长时段"叙事的手法，展现了红色革命的漫长历程，以及这一历程从艰辛波折到最后胜利的历史必然性。即使是一些非红色革命的历史想象，如对于辛亥革命以前的中国历史的表现，也基本着眼于现实的革命意识形态的先验性佐证。而作为中国红色革命历史发展的当下阶段的"十七年"政治现实，当然也是这种文学的历史想象的重要部分。"十七年"时期文学的现实想象，大都与共和国当时的"社会主义改造"相关。在这些有关现实的文学叙事中，在题材上有一部分是关于城市的资本主义工商业改造和工业革命的，如长篇小说《上海的早晨》和《原动力》，但大部分是有关农村中的社会主义合作化运动的叙事。

"十七年"时期也出现了一些"边缘性"叙事作品，如陈翔鹤的《陶渊明写挽歌》表达了知识分子的颓废心理，宗璞的《红豆》中所展示的"爱情"与"革命"的矛盾性，在当时是具有特异性的；而王蒙等人所创作的被称为"干预生活"的作品，则披露了官僚主义对现实生活的腐蚀性侵害。

但是，从总体上来看，这一时期的文学在表现内容上大都可以称为"颂歌文学"——歌颂中国红色革命的历史，验证历史发展的必然逻辑；赞颂革命的现实，想象现实的光明灿烂，并将未来的理想想象为现实的一部分。文学以符号的形式，参与构建着政治的乌托邦。文学与政治之间的关系呈现为一体两面的形象：文学反映政治，甚至图解现实的政策；政治影响文学，甚至侵入文学，将文学变成政治。文学惯常作史诗性叙述，而它所建构的是想象性的革命历史。战争叙述是这一时期文学史诗性叙述中最为突出的表象。文学直接表现两个阶级和政治集团的战争，或表现具有界限分明的斗争的战争化生活，并在一种革命的道德理想主义之下，创作主体直接介入，对处于对立状态的叙述对象进行美丑善恶的夸张性表现和立场分明的道德评判。

"十七年"时期的文学，在创作方法上恪守革命现实主义。无论是关于历史的还是关于现实的，都将事实呈现与浪漫化想象相结合，成功地营构了符合红色革命价值观的文学境界。

在具体的创作手法上，民间的、古典的创作形式受到作家和诗人的广泛青睐。尤其是在小说和诗歌两种题材上，古典小说（主要是民间化的创作如《水浒传》等章回小说）的表现方式被运用于小说叙事之中，而民歌风则在诗歌方面运用得极为广泛。同时，知识分子风格的创作也在叙述之中兑入了民间化的手法，如《创业史》《红旗谱》等小说和贺敬之等人的政治抒情诗都是如此。

二、80 年代文学的特征

政治与文化的启蒙是 80 **年代文学在思想方面的主导倾向，而对于文学自身的审美建构在最初的狂欢之后，迅速成为** 80 **年代文学的价值追求。**文学在主题和形式方面都充满了探险精神。朦胧诗、伤痕文学、反思文学、知青文学、改革文学、探索话剧，都呈现出思潮化涌现的特点。大量的同类题材的作品同时出现，以集束形式投入社会，大有让人眼花缭乱的阵势。文学表现都具有主题叙述的特性。"主题的突破"，是那个时代文学的最大特点，而主题主要着眼于新时期政治所给定的两个方面：对于刚刚过去的"文革"历史表达否定性感受，政治上进行否定和反思，传达个人受伤和受难的经验和情绪；而对于未来，则认同改革开放的理想主义的政治文化价值，对政治改革所预约的美好未来表现出惊喜和欢欣鼓舞。文学也基本延续着政治文学的格调，奉行着美丑善恶的道德两极化评判。无论是道德层面还是艺术思维，这一时期的文学都具有传统性。在所有的这些文学现象中，朦胧诗和探索话剧相较于一般的伤痕文学、反思文学和改革文学，都要走得更远。现代主义艺术手段，诸如象征和隐喻等都以艺术技巧的面目，被吸收进文学的想象之中。它对历史观察的深度，已经脱离了五六十年代的想象所设定的范围，有的已经进入人性层面。

80年代文学由于其强烈的政治气息，以及单纯的浪漫理想气质和论辩的色彩，使其审美性在时过境迁之后迅速弱化。

在80年代中后期，文学开始对于文学本体的思考和探索。一些作家有意进行着具有现代主义倾向的"先锋文学"试验。先锋文学，无论是在形式上还是内容上，都具有叛逆精神。形式的叛逆所展现的是精神的多元吸纳。另一些作家则走向民间文化，企图在现实政治内容之外寻求民间文化的创作资源和精神的支持，试图达成文学创新。

消解正统与崇高，是80年代中后期文学的一大潮流。具体表现为，报告文学已然摆脱了最初的乌托邦叙事，开始从社会纪实的层面，展现中国社会的边缘世界及边缘心理。贾鲁生的《中国丐帮大扫描》等作品，用亲历纪实的手法，展现了中国当代乞丐的生存状态。与这种纪实文学同时产生的是新写实小说，以及以戏谑的语调叙述所谓"边缘人"生命状态的王朔的小说。新写实小说采用写实的手法，揭示了中国社会底层小人物的生活细节和生存状态，叙述了他们生活中的琐碎的油盐酱醋茶和酸甜苦辣，从而将"人民文学"时代高大全式的人物还原到现实之中，消解了他们身上的崇高光环。同样具有消解冲动的还有第三代诗歌。它"告别"朦胧诗，提出"诗到语言为止"和"口语诗"的口号（韩东），"拒绝隐喻"（于坚），消解深度。

总体而言，启蒙是80年代文学的主题，而文学本体也已经开始觉醒，个性与自我已经在文学的叙述中崭露头角。而在叙事方面，一方面消解着主导政治的宏大叙事，另一方面则建构着精英知识分子的深度模式。令人眼花缭乱的形式实验，引导着文学由政治走向文化，由政治工具走向文学本体。但文学转型依然处在新旧交织、中外互渗的不断调适之中。

三、90年代文学的特征

90年代的文学实现了自身的转型，文学呈现出众声喧哗和消费主义的征候。主要表现在以下几个方面：

90年代文学在总体上呈现着多元的众声喧哗格局。革命现实主义一统天下的局面已经结束，多种创作方法和风尚并现：传统的现实主义、革命现实主义的主旋律文学、现代主义文学、新写实主义各行其是；官场文学、女性文学、后现代诗、乡土风俗文学、都市文学你方唱罢我登场；纯文学和通俗文学并行不悖，而新兴的消费文学更是活力充沛。在众多的文学思潮中，现代主义和后现代主义创作成为主流，在对革命现实主义的冲击和解构中显示出巨大的力量。

90年代现实主义文学形成其新的生命力。具有精英属性的先锋文学形式主义实验发生"转向"，将现实主义融入现代主义叙事，形成两者兼具的"跨界叙事"面貌，并继续着启蒙的历史使命。而在现实主义之中融入了现代主义叙述方式，使得在"十七年"时期产生的政治史诗叙事，被拓展为具有个人色彩的民族历史的文化寓言。

90年代文学呈现着由精英启蒙走向民间世俗生活的趋势。由80年代中后期延及90年代的新写实主义和第三代诗歌，进一步发挥了它消解深度的优势。文学的风貌发生了变化，由高雅和严肃的诗意书写，正走向对"口语"和世俗庸常生活状态的侧重。

90年代文学创作的私人化倾向日趋浓重。历史的集体的叙事逐渐为个人化、私密化、欲望化叙事所取代，新历史小说以自我的主观想象历史，使得历史成为了私人的历史，丧失了集体归纳和宏大描述的功能；陈染、林白等人的创作，把女性从大文化中推向其内心和身体，在体验中展露了女性成长的私密经验和受伤的情绪。

第三节　各类创作的成就及其特点

一、小说

（一）在"十七年"时期的文学创作中，小说无疑是各种体裁中最为发达的。

"十七年"时期的小说，总体来说是一种革命历史和现实的史诗性叙述，共和国政治的历史认同和合法性诉求，通过小说这种时间性叙述得以很好地展现。革命现实主义在小说创作上表现得非常突出，培养革命和革命家的"典型环境"，蕴含了历史的必然性；小说一般都在典型环境中塑造"典型人物"——革命英雄人物的成长历程，并最终将这种成长导引到"无产阶级革命战士"的高度。

这一时期小说从表现内容看，主要有两种类型。

"革命历史小说"。它主要采取回溯叙述的方式，在想象中演绎中国红色革命的历史，以回答红色革命政权的历史"由来"与合理性问题，此类作品数量众多。主要作家有梁斌、曲波、姚雪垠、欧阳山、吴强、杨沫、峻青、杨益言等。《青春之歌》（杨沫）和《三家巷》（欧阳山）等主要讲述了小资产阶级知识分子或工人知识分子的曲折的成长历程；《红旗谱》（梁斌）则形象化地展示了农民朱老忠从复仇农民成长为革命者的蜕变；《黎明的河边》（峻青）、《林海雪原》（曲波）、《红日》（吴强）和《保卫延安》（杜鹏程）等则以真实的国共战争历史为背景描绘了正面战场或剿匪的战斗图景；《红岩》（罗广斌、杨益言）、《野火春风斗古城》（刘知侠）则以革命者地下斗争的惊险故事，张扬理想情怀；而《苦菜花》《报春花》《迎春花》（冯德英）、《新儿女英雄传》（袁静、孔厥）、《敌后武工队》（冯志）、《铁道游击队》（刘知侠）和《吕梁英雄传》（马烽、西戎）等则大都讲述共产党游击队的抗日反奸的故事。特别值得注意的是，玛拉沁夫的《在茫茫的草原上》（上部，后改名为《茫茫的草原》）、李乔的《欢笑的金沙江》、陆地的《美丽的南方》、乌兰巴干的《草原烽火》、李根全的《老虎崖》等作品，有意识地表现少数民族如蒙古族、彝族、壮族、朝鲜族等族人民在共产党领导下争取国家独立和民族解放的坎坷历程，成为这一时期"革命历史叙事"的重要构成部分。同时由于这些小说叙事对象的民族文化和历史的特殊性，在革命斗争的主线中融进了民族的、宗教的和风俗的等等因素，更显出丰富与多彩。这些小说主要叙述中国红色革命的历史，塑造革命的英雄人物，宏大的历史叙事和崇高的人物形象塑造是其主要特征。其中，《青春之歌》因为涉及小资产阶级知识分子的成长，曾引起很大的争议。《在茫茫的草原上》也引发了关于如何正确地认识与描写民族之间尤其是汉民族与少数民族之间关系的话题。

"农村小说"。这些小说基本上都是以中国农村的社会主义合作化运动为故事演绎的背景，表现中国农民在走社会主义合作化道路还是走小农经济的老路之间的选择。主要的作家作品有赵树理的《三里湾》《锻炼锻炼》、柳青的《创业史》（第一部）、周立波的《山乡巨变》、李准的《不能走那条路》《李双双小传》、浩然的《艳阳天》（第一部）等。这些小说的着力点在于叙述社会主义和资本主义"两条道路"的斗争。小说塑造了一系列的"社会主义新人"形象，但多数形象比较平面化，其中李双双、梁生宝等较有特色。这些小说同时也塑造了众多的"中间人物"形象，这些形象虽然在政治上被定为"落后人物"，但由于这些人物的性格内涵丰富，行为语言等带有夸张性的幽默感，其形象呈现出的生动性更为读者所欢迎。及至60年代，政治生活中的阶级斗争意识日益膨胀，文学叙事中的

"两条道路"斗争逐渐演变为"两个阶级"的斗争，而作品中的三类人（即好人、坏人、不好不坏的人）则逐步演变为两类人（"我们"和阶级敌人）。这种变化在浩然的小说《艳阳天》和《金光大道》中表现得最为典型。

50—60年代的农村题材的小说，虽然大都以两条道路或两个阶级的斗争为题材，但由于都以乡土为背景，涉及地方的风俗民情和传统的人格构成，因此，都具有政治乡土小说的特点。无论是赵树理的《三里湾》、柳青的《创业史》，还是浩然的《艳阳天》，除政治表现之外，在乡土人物和风俗民情的表现上都有可圈可点之处。

在革命历史小说和农村题材小说之外，"干预生活类"的创作也值得注意。此类作品通过描写现实生活中的"阴暗面"，呈现出对生活进行干预的功能指向，王蒙的《组织部新来的年轻人》可谓代表。此外，还有极少数小说作品涉及爱情、民俗方面，但这些内容的描写在当时是受到抑制的。

（二）70年代末小说发展进入新时期，50—60年代盛行的僵化的革命现实主义受到冲击，众多小说作品将新时期政治的"改革开放"作为总主题，一方面回溯性地叙述"过去"受伤害的遭遇、反思"文革"以及一系列"极左"行为发生的原因；另一方面则面向"现实"和"未来"，叙述政治改革中的惊喜。作为一种政治叙事，新时期小说延续了革命现实主义的二元对立思维，虽然表现手法单调，不乏道德理想主义的简单化判断，但作品内容的人生范围却大为扩展，人物形象的人性色彩得到强化。

80年代文学时期，出现了众多的小说类型或小说现象。早期有"伤痕小说"、"反思小说"、"改革小说"、"知青小说"、"意识流小说"等；中后期则相继出现"现代派小说"、"寻根小说"、"先锋小说"、"新历史小说"、"新写实小说"等。有的经过发展变化，形成了重要的小说类型，而有些则在时过境迁之后逐步淡出文学历史。上述小说类型中，"知青小说"、"寻根小说"、"先锋小说"等对后来的小说发展产生了一定影响。

80年代文学初期的小说主流是**"伤痕反思小说"**，主要的作家作品有刘心武的《班主任》、卢新华的《伤痕》、古华的《爬满青藤的木屋》《芙蓉镇》、张贤亮的《绿化树》《男人的一半是女人》、从维熙的《大墙下的红玉兰》、茹志鹃的《剪辑错了的故事》、谌容的《人到中年》、张一弓的《犯人李铜钟的故事》、王蒙的《蝴蝶》、宗璞的《我是谁》、高晓声的《李顺大造屋》、李国文的《冬天里的春天》，以及李存葆的《高山下的花环》等。这些小说从不同的方面突破了文学表现内容的禁锢。比如《班主任》通过描写青年学生的受害发出了"救救孩子"的呼声；《人到中年》则通过中年女知识分子陆文婷的遭遇，提出了"知识分子不公正待遇"的问题；张贤亮和从维熙的小说大都以监狱中的政治犯为题材，表现人性的苦难，被称为"大墙小说"；高晓声的《李顺大造屋》则表现了农民在那个特殊年代里遭受无情剥夺的遭遇；《剪辑错了的故事》通过两个时代人民对待八路军和革命干部的不同态度，反思了"文革"所造成的灾难性后果；而长篇小说《芙蓉镇》则通过一个美丽的女人胡玉音在新中国成立以来的遭遇，将反思的触角跨越"文革"，一直延伸到解放初期。

"伤痕反思小说"作为"政治化"的小说，它们呼应着新时期政治的变革，对于"文革"政治有反思后的否定，也有儒家式的对于苦难的感恩；同时由于它们多以受难者为叙述对象，因而洋溢着人道主义的激情。在格调上，此类作品多有情绪宣泄、申辩性和概念化的倾向。

"改革小说"是 80 年代初期小说的另一种类型。其主要的作家作品有张锲的《改革者》、柯云路的《夜与昼》、张洁的《沉重的翅膀》、李国文的《花园街五号》、陆文夫的《小贩世家》《美食家》、高晓声的《陈奂生上城》、贾平凹的《鸡窝洼人家》等。蒋子龙是改革小说创作上倾心用力的代表，他的《乔厂长上任记》《一个工厂秘书的日记》《锅碗瓢盆交响曲》《赤橙黄绿青蓝紫》等曾引起社会的广泛反响。改革小说主要呼应着新时期"改革开放"的政治变革，塑造了一大批"改革者"形象。在表现内容上具有泛政治化的倾向，所塑造的人物大多具有封建时代的清官或独裁色彩，而且拘泥于当时时代的政治理想，缺乏超越性的思考和艺术表现力。单纯而强烈的政治性，热情似火但缺少意蕴的语言，简单的改革与保守相对立的冲突设置，叙述和描写的粗糙，艺术审美的孱弱，都使得其艺术生命所行不远。

在 80 年代初期的小说中，**"知青小说"**是一个独特的类型。主要的作家作品有竹林的《生活的路》、叶辛的《蹉跎岁月》、梁晓声的《这是一片神奇的土地》《今夜有暴风雪》、张承志的《黑骏马》、史铁生的《我的遥远的清平湾》、王安忆的《本次列车终点》、孔捷生的《大林莽》以及路遥的《人生》和《平凡的世界》等。其中路遥和他的长篇小说《平凡的世界》影响最大。延及 80 年代中后期和 90 年代的还有李锐的《黑白》、张抗抗的《隐形伴侣》、老鬼的《血色黄昏》和梁晓声的《雪城》《年轮》等。知青小说书写了一代"下乡知青"的生活遭遇与青春记忆，从一个侧面再现了那个时代单纯的社会梦想、知识分子的启蒙意识以及他们引以为自豪的人民情怀；同时也有着伤感的人生经历，理想主义的自我完善追求。"知青小说"普遍带有以自传性"我"为叙述中心的抒情小说的情调。

80 年代中期，伴随着时代思潮变化和文学意识的逐步自觉，小说作家开始有意疏离平面化的政治叙述，或将触角伸向传统的民间文化"寻根"，或走向形式和思想皆为叛逆的现代主义先锋实验，或者走向原生态的生活之中。

"寻根小说" 代表性作家作品有阿城的《棋王》、韩少功的《爸爸爸》、扎西达娃的《系在皮绳扣上的魂》《西藏，隐秘的岁月》、莫言的《红高粱》、贾平凹的《野山》、郑万隆的《异乡异闻》、王安忆的《小鲍庄》等，此外如汪曾祺的《受戒》《大淖记事》、林斤澜的《矮凳桥传奇》、冯骥才的《神鞭》《三寸金莲》、邓友梅的《烟壶》等描写市井风情的作品，亦可归入。这些小说的内容涉及传统文化或民间文化的多个层面。作家在"文化寻根"的审美描写中，展示了对待传统文化的不同态度——或以启蒙精神观照，表现其愚昧；或将其作为文化精神之源泉，表现其精湛和深厚；也有在表现其现代化背景下的落寞和消亡的悲哀。但总体上以认同和接受为主导倾向。寻根小说怀古恋古泥古，有原始主义倾向，同时不无赏玩倾向和民粹倾向，甚至有意凸显地方主义文化趣味。但在叙事艺术探求方面付出不少努力，比如扎西达娃、莫言的小说在乡土叙述中融入了"魔幻"的色彩；汪曾祺的小说，则喜欢用简洁、含蓄的方式呈现生活或人生的诗化境界。文化寻根小说，将小说的表现从政治领域向传统文化的深处拓展，摆脱了二元对立的政治思维，使当代小说变得厚实而有韵味。

80 年代中后期出现的 **"先锋小说"** 则醉心于形式的实验，有意追求现代主义的审美表现。"先锋小说"与前期的王蒙的"意识流小说"、"现代派小说"有着一脉相承的关系。主要作家作品包括余华的《世事如烟》《现实一种》、格非的《褐色鸟群》、马原的《冈底斯的诱惑》、残雪的《山上的小屋》《苍老的浮云》等。这些小说深受马尔克斯和博尔赫斯等拉美作家的小说的影响，游魂式梦幻的叙述、时间和空间的跳跃、记忆碎片的组合、精神分析式的灵魂剖析、多重叙述视角的叠合、诉诸直觉的语流、能指的飘移不定、语言和结构形式的游戏等是其特点。先锋小说以破坏性的形式和暴力性的表现内容，运用暗示、影射和象征等手法，传达对于稳定的历史和现实的谴责和消解；在形式和思想的叛乱中沉醉狂欢，宣泄快感。先锋小说广泛地运用陌生化的手法，从而将接受美学的观念发挥得淋漓尽致。

"通俗小说" 在 80 年代后期走向繁荣。其作家作品大多来自港台，也多是六七十年代的作品。这些作品在中国大陆属于延时性走红。大致有三大类：武侠小说，主要有金庸、古龙、梁羽生、温瑞安等人的创作。其中金庸的《射雕英雄传》《神雕侠侣》《鹿鼎记》等都很流行。爱情小说，则主要有以琼瑶为代表，她的作品有《窗外》《几度夕阳红》等。此外，还有香港女作家梁凤仪等的财经系列小说如《豪门惊梦》《九重恩怨》等。这些小说大多具有情节程式化、人物类型化的特点。其流行模式符合典型的商业化流程法则。在所有这些通俗小说中，金庸的评价最高，影响也最大。而中国大陆也有些作家发表了一些仿作，但均未能超越金庸。

（三）90 年代的小说，总体上延续了 80 年代中后期的发展态势，同时在整合变异中呈现诸多新的特点。重要的小说类型和小说现象包括"新写实小说"、"新历史小说"、"新现实主义小说"、"女性小说"、"现代都市小说"等。消费主义文化语境也影响着小说的表现内容和叙事方式的嬗变，小说在叙述和情节内容上对于读者趣味有着明显的迁就，相对平易的生活化的叙述，让小说具有了写实的特征。而且，相较于 80 年代，90 年代的长篇小说创作日渐发达，其对文化蕴含的开掘也更显深厚。

"新历史小说" 是 90 年代具有重要影响的小说类型，并取得明显成绩。"新历史小说"的新颖性首先来自作品所展现的新的历史观、观察历史的视角和处理历史的方式。这与新时期以来文学领域关于历史叙事的逐步变化和西方现代、后现代理论的传播接受大有关系，应该说是多年来文学中历史叙事不断探求与尝试的累积结果。自 80 年代中后期开始，在作家那里已出现了自觉解构既定历史的冲动，如余华的《鲜血梅花》、格非的《迷舟》、苏童的"枫杨树系列"（《罂粟之家》《妻妾成群》等）、池莉的《预谋杀人》、方方的《祖父活在父亲心中》、季宇的《当铺》《盟友》、刘醒龙的《圣天门口》、潘军的《风》等。此类作品采用现代主义的蒙太奇和梦幻等手法，破坏以往历史叙事所建立的整体化结构，通过对历史存在的断裂、缝隙以及偶然性的叙述，阐释必然性因果链的虚妄，消解主流意识形态的中心历史话语；要么对历史进行解码和重新的编码，在一种抒情的诗意的叙述中，托出历史的另一种真相；也有相当部分的新历史小说喜欢以边缘人物如土匪、地主、罪犯、妓女等为叙述的对象，意欲建构以民间为主体的历史。尤其是当"新历史小说"与"家族叙事"融合之后，形成了 90 年代"新历史小说"的庞大阵容——陈忠实的《白鹿原》、贾平凹的《高老庄》、高建群的《最后一个匈奴》、阿来的《尘埃落定》、刘震云的《温故一九四二》《故乡天下黄花》《故乡面和花朵》、刘恒的《狗日的粮食》《伏羲伏羲》、苏童的《我的帝王生涯》《1934 年的逃亡》、叶兆言的《追月楼》《状元镜》《半边营》、莫言的《红高粱家族》《檀香刑》《丰乳肥臀》、阎连科的《夏日落》《耙楼天歌》、张炜的《古船》《家族》、李佩甫的《羊的门》、铁凝的《玫瑰门》、王蒙的《活动变人形》等。这些乡土家族叙事往往将具有中国传统文化特征的大家族，放在近现代历史的长河中，来演绎其艰涩的存在及其无可奈何的衰变。在家族小说中，家族丑恶人性的理性批判、文化本源的认同感，以及艰难生存的体念等都处于胶结的状态。陈忠实的代表作《白鹿原》，以家族兴衰和民族革命为经纬，在一种神秘的乡土世界中，叙述了家族的起源、壮大及其湮灭与中国近代历史风云变幻的复杂图景，成为新时期文学里鲜见的富有史诗意味的厚重之作。总体上来说，新历史小说喜欢以民间野史为想象的资源，以在野的个人化的民间视角观照历史。它强调历史的个人体验性，致力于发掘人性，乃至人的本能欲望在历史中的作用。它强调历史的审美性和想象性，注重展示多种因素在历史构成中的相互作用，力图表现人与历史的复杂景观。当然，我们也必须看到"新历史小说"各位作家的风格差异。

　　"新写实小说" 萌芽于 80 年代后期，在 90 年代形成创作高潮，成为重要的小说类型。主要的作家作品有池莉的《烦恼人生》《太阳出世》、刘震云的《一地鸡毛》《单位》、方方的《风景》、苏童的《离婚指南》、陈源斌的《万家诉讼》等。新写实小说将革命现实主义的典型化乌托邦模式作为解构的对象。它用纪实的手法书写小人物的冷暖人生和鸡毛蒜皮的生活现象。将人物置于平庸平淡平常的伦常日用生活底层，表现人物在凡庸无聊的日月流逝中的生存状态。作家采用意大利新写实主义的纪实手法，叙述生活的流水账，尽量减少主体的介入和感情的显现，号称"零度情感"。在"新写实小说"世界里，王朔的创作别具一格。他的小说大多以当代生活中的"边缘人"为对象，书写他们对主导文化的嘲弄，对自我生活的放逐，这种具有"痞子文化"意味的小说，曾一度引发见仁见智的评论热潮，也曾对后来一些作家的创作产生影响，如刘恒、王小波等。"新写实小说"在 90 年代与"新历史小说"呈现合流的态势。

　　"新现实主义小说" 主要是指 90 年代出现的以描写当下社会矛盾和人生焦点为主要内容的作品。它可以包括"官场小说"、描写改革后的农村生活的小说以及一些在叙事方式上采用传统现实主义手法的小说。"官场小说"在 90 年代特定的文化语境中得以盛行。早期的官场小说的作家作品主要有：张平的《抉择》、刘震云的《官场》、陆天明的《苍天在上》、王跃文的《国画》、阎真的《沧浪之水》等。以传统历史为背景的官场小说主要作家作品有：凌力的《少年天子》、二月河的《康熙皇帝》、唐浩明的《曾国藩》等。官场小说主要叙述诡秘的官场人生和权力生态。历史官场小说以封建王朝历史作为叙述的资料，展现封建王朝内部的权力斗争，虽在叙述中引入了一定的现代性观照，但总体上重在表达皇朝观念。而以当代社会为题材的官场小说，则将官场的权力斗争与民生疾苦相结合，在对于官场人生表现出悲悯的同时又不得不对生成官场生态的体制框架予以认同。官场小说在手法上吸收影视艺术的画面和对话叙事。

描写90年代中国深入改革过程中出现的新的矛盾与社会问题的作品，如何申的《年前年后》、谈歌的《大厂》、关仁山的《大雪无乡》《麦河》、许春樵的《找人》、刘醒龙的《分享艰难》《凤凰琴》等可称之为**"新革命现实主义"**小说。这些作品大多以乡镇小官僚或底层人物的生活为焦点，在朴实的叙述中展现社会基层的小人物（小官僚、下岗职工、乡村教师、农民）艰难的生活状态，以及他们对于苦难的担当和分享。现实主义的批判中又蕴含着人道主义的悲悯、宽恕和谅解。

"女性小说"也是90年代文学的一道风景。新时期的女性文学应该始自舒婷的《致橡树》等诗作，但真正引起注意的却是由王安忆发表于80年代中期的"三恋"（《小城之恋》《锦绣谷之恋》《荒山之恋》）而起，不过真正大胆主张女权观念，深度叙述女性生存境遇的小说却出现在90年代。带有传统现实主义特色的女性文学的代表作是《长恨歌》（王安忆）、《麦秸垛》《无雨之城》《大浴女》（铁凝）、《情爱画廊》（张抗抗）、《扶桑》《人寰》（严歌苓）等。其中《长恨歌》可以说是比较成功的代表作。小说在长时段的现当代历史中，叙述了女人王琦瑶与城市的关联以及遭遇。她的另一部小说《纪实与虚构》则运用交叉的形式轮番叙述两个虚构的世界，将女性自我放置在"纪实"和"虚构"两种可能之中来叙述她的存在。铁凝等人将女性放在宏观历史的视域下，来表现女性内在的精神创伤。而晚生代的林白的《一个人的战争》、陈染的《私人生活》、徐坤的《狗日的足球》、虹影的《嘴唇里的阳光》等作品则倾向于叙述女性私密的生命经验和成长史，喜欢在独语呢喃中暴露女性的躯体与欲望，以及对于父权制文化的不满。

此外，90年代所谓**"新生代小说家"**也值得注意。其代表作——朱文的《我爱美元》《中国人民是否需要桑拿》、毕飞宇的《推拿》《哺乳期的女人》、卫慧的《上海宝贝》、棉棉的《糖》等，曾引起文坛关注。

二、诗歌

（一）"诗歌"在"十七年"时期有了新的发展，这一发展是在对五四以来中国白话新诗所形成的各种风格类型的重新选择基础上取得的。以郭沫若、艾青为代表成熟起来的现代自由体诗传统，得以有效承续，被新时代诗人们赋予昂扬奔放的格调，形成"十七年"诗歌的一个重要类型——**政治抒情诗**，涌现出一大批诗人，郭小川、贺敬之在此类创作方面成绩明显，影响广泛。纳·赛音朝克图、巴·布林贝赫（蒙古族）、铁依甫江·艾里耶夫（维吾尔族）、饶阶巴桑（藏族）、晓雪（白族）、巴图宝音（达斡尔族）、汪玉良（东乡族）、木斧（回族）、哈拜（锡伯族）、库尔班·阿里（哈萨克族）等也是这一诗潮中的重要诗人。

"爱情诗"虽然在这一时期的创作上并不受到鼓励，但浸染着时代气息的爱情表达并没有断绝。尤其是少数民族诗人，由于深受本民族文化文学传统的影响，爱情书写在这一时期依然是少数民族诗歌的重要内容，对"十七年"诗坛产生了相当影响。闻捷的"爱情诗"创作，就颇受新疆地区民族文学传统和民族诗人创作的启发与影响，并在实际创作中形成自己的鲜明特色。他的此类诗作有意借鉴了新疆地区少数民族诗歌艺术手法，着力描写青年男女在劳动过程中产生的甜蜜爱情，内容健康、格调清新，散发着特定时代的青春气息。少数民族诗人在此类诗歌创作方面占有重要分量。

与共和国一同成长起来的青年诗人如公刘、邵燕祥、李瑛、张永枚、严阵等，诗歌创作的题材选择常常集中于某个生活领域，抒发了对于现实美好和工农兵模范人物的赞美之情，在当时产生了一定的影响。在民国时代已享誉诗坛的现代诗人如艾青、田间、何其芳、臧克家、牛汉、鲁藜等，亦在努力适应新时代的转变中不断有新作问世，不过大多成就不高。值得注意的是，共和国成立之后进入创作高峰期的一批少数民族诗人，如蒙古族诗人纳·赛因朝克图、藏族诗人饶阶巴桑、维吾尔族诗人铁依甫江·艾里耶夫等，他们的诗歌创作是体现"十七年诗歌"成就的重要构成部分。

"叙事诗"创作成绩突出。郭小川、闻捷、李季、阮章竞等都曾在这一时期有意进行叙事长诗的创作探索，其中郭小川的《将军三部曲》、闻捷的《复仇的火焰》等产生了一定影响。在叙事诗创作上取得更为明显成就的是少数民族诗人。由于少数民族有着叙事诗传统，深受这一传统影响的少数民族诗人在此类创作方面显得得心应手、顺然成熟。著名的有纳·赛音朝克图的《南迪尔和松布尔》、莎蕾的《日月潭》、阿·吾铁库尔的《喀什之夜》、韦其麟的《百鸟衣》、苗延秀的《大苗山交响曲》、包玉堂的《虹》、汪承栋的《黑之英雄》、吴琪拉达的《阿之岭扎》、李旭的《故乡的人们》（又名《延边之歌》）、艾哈迈德·孜亚和穆·萨迪克的诗体长篇小说《热碧娅——赛丁》《伊犁河的子孙们》（第一卷）、丹真贡布的《拉伊勒和龙木措》、康朗英的《流沙河之歌》、阿斯哈尔的《马勒比海》，等等。这一时期整理出版的少数民族史诗作品，如蒙古族的《嘎达梅林》、彝族的《阿细人的歌》、傣族的《召树屯》、回族的《马五哥与尕豆妹》、撒尼族的《阿诗玛》以及流传于多地的《格萨尔王传》等，都无疑成为中国当代诗歌发展的重要资源。

"十七年"时期的诗歌，总体格调上呈现为"颂歌"形态——回顾艰难困苦的革命历史、赞美火热动人的现实生活、想象光明灿烂的美好未来、描绘无私奉献的英雄剪影、抒发壮怀激烈的政治情怀，是这一时期诗歌创作的共同追求。

"十七年"时期，诗歌在艺术上的探求也付出了很多努力。比如贺敬之的《雷锋之歌》、郭小川的《致青年公民》等诗作中对苏联诗人马雅可夫斯基"楼梯式"的化用、郭小川吸收中国古代的辞赋体的铺排手法创作了新辞赋体、闻捷等人诗作中的"民歌风味"、少数民族诗人对于本民族诗歌传统和民间文学手法特征的创造性吸收与运用，等等。总体来看，"十七年诗歌"作为现代白话诗的一个阶段，有着自身鲜明的特点，对中国现代白话诗的成熟做出了贡献。

（二）80年代诗歌感应着改革开放的时代潮流，诗人的创作一方面仍与政治抒情有着千丝万缕的牵系；另一方面现代主义的诗歌技术开始为诗人所运用，诗歌开始摆脱直白而注重意象化。在诗情表达上，多样化的人性内涵为诗歌多所摄入。

80年代诗歌的主流是**"朦胧"诗潮**。朦胧诗以北岛等人的《今天》派为主体，主要的诗人有食指、北岛、舒婷、顾城、梁小斌、芒克、多多、江河、英子、欧阳江河、王小妮等。代表性作品有北岛的《回答》、食指的《相信未来》、舒婷的《祖国啊！我亲爱的祖国》《双桅船》、顾城的《我是一个任性的孩子》、梁小斌的《祖国，我的钥匙丢了》以及杨炼的《诺日朗》等。朦胧诗肇始于"文革"后期，经常运用象征隐喻等具有掩护性的修辞手法，以表达政治的叛逆、信仰的迷茫、人性的苦难和对未来的执著追求。其中，北岛的风格更趋向于格言警语式的象征表达；舒婷喜欢使用具有古典韵味的意象抒情感怀；顾城的纯净如沙的"童话王国"中总是潜伏着"黑暗"的记忆；杨炼的诗作则喜欢以青藏高原及藏族人民信仰为书写的意象，运用神话原型，集合密集繁复雄壮的意象，表现原始欲望和潜意识。朦胧诗派的创作，浸染着现代主义的风尚。诗的意象，既与其身处的政治语境相关，又指涉着广泛的文化和人性领域，其隐喻内涵复杂丰富。"朦胧诗"的出现使中国当代的诗歌终于走出了五六十年代诗歌的直白政治抒情的泥潭，冲破了此前颂歌、战歌式框架，显示了现代诗歌的美学价值。

新时期初期的伤痕反思思潮在诗歌领域得到回应，出现了一批富有政治意味的抒情诗作，主要的诗人诗作有雷抒雁的《小草在歌唱》、公刘的《哎，大森林》、艾青的《古罗马大斗技场》《光的赞歌》等，内容多是对"文革"的反思和对社会、人生的理解。

80年代中后期，朦胧诗对于历史社会的政治伦理判断，在改革变化的时代里逐渐受到质疑，诗歌开始寻找新的突破，**"新生代诗歌"**诞生。"新生代诗歌"倡言躲避政治和崇高的压力，"重归"世俗生活，"告别"朦胧诗"回到"诗歌"自身"的呼声日益强烈。新生代诗人以"团伙"的形式出现，并自封"诨号"，如"非非主义"、"他们文学社"、"海上诗群"、"撒娇派"、"莽汉主义"、"圆明园诗群"、"病房意识"等；出版了一批"民刊"或"同人集"，如《他们》《海上》《撒娇》《非非》等。1986年，徐敬亚联合《深圳青年报》和《诗歌报》组织"中国诗坛1986年现代诗群体大展"，推出60多家自封的"诗派"。新生代诗歌主要的诗人诗作有：廖亦武的《大盆地》、欧阳江河的《悬棺》、万夏的《莽汉》、李亚伟的《中文系》、周伦佑的《带猫头鹰的男人》、杨黎的《冷风景》（又名《街景》）、韩东的《有关大雁塔》《下午的阳光》、于坚的《作品108号》、吕德安的《父亲和我》、孟浪的《连朝霞也是陈腐的》、王寅的《时辰之书》、黑大春的《圆明园酒鬼》等。新生代诗歌虽然"名号"和"理论"千奇百怪，但他们的诗歌追求却有着大略的一致性：躲避崇高，拒绝隐喻，反意象，口语化，生活化，世俗化，甚至野蛮化，追求形而下层面的狂欢式的物象的暴动。新生代诗歌宣告了新时期政治隐喻的死亡，虽然它们的艺术成就现在还很难断定，但却为未来的诗歌创新开启了可能性。

80年代中后期诗歌的另外一脉是北京的**"校园诗歌"**。主要诗人诗作有海子的《亚洲铜》《面朝大海，春暖花开》《土地》《弥赛亚》《遗址》及诗剧《太阳》、骆一禾的《大海》《世界的血》《向日葵——纪念梵高》《麦地——致乡土中国》等。海子的诗作单纯、简洁、流畅、想象力充沛，常用带有原型意味的麦地、村庄、月亮、少女等构成诗歌意象。骆一禾的诗作具有沉静的智慧、古典的信仰。① 校园诗人追求精神和诗意的纯粹，海子的诗作更充满悲剧性的天国梦幻情怀，他 所营构的"麦地"意象是那一代知识分子怀乡病的典型征候。两位诗人的生命都 终止于 80 年代的最后一年，成为那个时代的绝响。

（三）90 年代的诗歌继续着 80 年代中后期的诗歌风潮，**"民刊"成为其存在** 和传播的主要方式。主要的诗人诗作有翟永明的《黑夜中的素歌》、西川的《体 验》《虚构的家谱》、王家新的《帕斯捷尔纳克》《词语》、张曙光的《尤利西斯》、 孙文波的《枯燥》、臧棣的《咏荆轲》《唤醒伐木者》、西渡的组诗《献给卡斯蒂 丽亚》《挽歌》、柏桦的《悬崖》、北魏的《断桥》、白鸦的《可能性》、杨键的诗集 《暮晚》《古桥头》、伊沙的《饿死诗人》、默默的《懒死懒活》、尹丽川的《为什么 不再舒服一点》、沈浩波的《一把好乳》等。翟永明等人的女性诗歌是跨越 80— 90 年代的突出的文学现象。90 年代的诗歌存在着"后现代"诗歌的戏谑和自虐， 既有对于身体与性的明目张胆的吟咏、坦白的"直接"美学，也有着向典雅的古 典主义抒情回归的趋向。

三、散文

（一）**"十七年"时期的散文发展，主要在两个时间段展开。**一是共和国初 期，报告文学比较发达。50 年代初的纪实性的报告、特写、通讯等在散文中占据 绝对主要的位置。主要的作家作品有：刘白羽的《万炮震金门》、魏巍的《谁是 最可爱的人》《汉江两岸的日日夜夜》、巴金的《我们会见了彭德怀司令员》《一 个英雄连队的生活》、罗广斌的《圣洁的血花》、刘白羽的《为祖国而战》、徐迟 的《难忘的夜晚》、丁玲的《莫斯科——我心中的诗》、莎红的《阿妈妮——赴朝 慰问散记》等。这些作品大多与国共内战和抗美援朝战争有关。50 年代末到 60 年代中期，还出现了刘宾雁的《在桥梁工地上》《本报内部消息》、魏钢焰的《红 桃是怎么开的?》、黄宗英的《小丫扛大旗》等"干预生活"的批评性的报告文 学，也出现过孙谦的《大寨英雄谱》、穆青的《县委书记的好榜样——焦裕禄》 等树立英雄典型的报告文学。二是相对宽松的 1956—1957 年、1961—1965 年， 抒情性散文出现两次"复兴"，并出现了一个散文创作群体，主要的作家有：袁

---

① 洪子诚、刘登翰：《中国当代新诗史》（修订版），228、230 页，北京，北京大学出版社， 2006。

鹰、碧野、菡子、郭风、何为、陈残云、曹靖华、巴金、邓拓、吴晗、翦伯赞等。发表或出版了一批比较优秀的散文：《风帆》（袁鹰）、《天山景物记》（碧野）、《初晴集》（菡子）、《珠江岸边》（陈残云）、《忆当年，穿着细事且莫等闲看》（曹靖华）、《三家村札记》（邓拓、吴晗、廖沫沙）、《樱花赞》（冰心）等。这一时期，抒情性散文享有较高的成就，冰心的散文柔婉、亲切；碧野的散文景物描写细腻，语言优美清新。一些有关革命生活的回忆录式的散文也写得质朴可喜，如吴伯箫的《记一辆纺车》《歌声》《菜园小记》等。杨朔、刘白羽、秦牧被称为"十七年散文三大家"。杨朔的散文主要有《荔枝蜜》《蓬莱仙境》《雪浪花》《香山红叶》《泰山极顶》《茶花赋》和《海市》等。这些散文以诗性见长，大多在一种固定的叙事抒情模式下表达作家的政治情怀。刘白羽的散文以气势雄浑、激情洋溢见长，代表作有《长江三日》《日出》等。秦牧的散文则喜欢化入历史场景，在叙述中有意添加知识内容，多有"随笔"风致，主要有《花城》《土地》《社稷坛抒情》《古战场春晓》等。

"十七年"时期的散文大多具有强烈的时代性，追求与当时社会政治契合的思想寓意。在构思上则将历史与现实相联结，将自然景观和人文历史通过隐喻的手段引导到对于现实的赞颂和论证。抒情散文有时会突出借景抒情的艺术性，而报告文学则基本上是时代的"传声筒"。

（二）改革开放之后，散文的创作得到了解放，散文领域在多方面有新的拓展。**整个80年代出现了两次报告文学热**。新时期初期，伴随着"实现四个现代化"的嘹亮歌声，知识分子尤其是科学家成为报告文学的主角。徐迟的《哥德巴赫猜想》《地质之光》等，主要为陈景润、李四光等科学家立传，歌颂他们为祖国献身的精神。黄宗英创作了《大雁情》《美丽的眼睛》《桔》等作品，其中《大雁情》影响最大。这是一篇伤痕文学作品，它主要为知识分子的遭遇鸣不平。此外还有遇罗锦的《一个冬天的童话》、陶斯亮的《一封终于发出的信》、柯岩的《船长》等，以及刘宾雁的《白衣下的污垢》《人妖之间》《一个人和他的影子》《艰难的起飞》等，或是申诉"文革"冤屈宣泄痛苦的情绪，或对当代社会的官僚阶层的腐朽和黑暗进行揭露。这些报告文学带有政论色彩，在诗意的描写中融合着作家的政治见解。第二次报告文学热出现在80年代中后期，报告文学已然开始摆脱乌托邦叙事，出现了许多全景式、长镜头的纪实性报告文学，报告文学也悄然变成了"纪实文学"。主要的作家作品有：理由的《香港心态录》《倾斜的足球场》、苏晓康的《阴阳大裂变》、钱钢的《唐山大地震》、刘亚洲的《恶魔导演的战争》、李延国的《中国农民大趋势》、贾鲁生的《中国丐帮大扫描》、胡平与王胜友的《命运狂想曲》等。这些报告文学在手法上从典型化蜕变为全景扫描和散点透视，信息量增加，社会资料性更强，注重对社会新闻性热点的回应。

80年代的**抒情性散文**也由于政治的开放而出现创作数量上的繁盛状态。主要作家作品有流沙河的《锯齿啮痕录》、巴金的杂文集《随想录》、杨绛的《干校六记》、邵华的《我爱韶山的红杜鹃》、黄秋耘的《丁香花下》、叶君健的《远足野餐》、萧乾的《北京城杂忆》、陈白尘的《云梦断忆》、田野的《挂在树梢上的风筝》、张洁的《拣麦穗》《火红的柿子》、柯蓝的《在记忆的海洋上飘荡》、郁风的《冬日抒情》、王蒙的《塔什干晨雨》、菡子的《香溪》、施蛰存的《在福建游山水》、凤子的《记忆》等。这一时期的抒情散文，起始阶段以记录和反思"文革"伤痕、悼念故友亲人的较多；稍后逐渐走向多元化：有颂扬新时代呼唤改革的，也有山水游记和日常生活随笔杂忆等。

贾平凹、孙犁等人的**艺术性散文**创作成就比较高。老作家孙犁在新时期的散文集主要有《晚华集》《秀露集》《澹定集》《尺泽集》和《曲终集》等十部集子。其散文洗尽铅华，情感节制，文字简净，叙述明快，结构也不拖拉，如经水中淘洗一般。贾平凹的散文集主要有《月迹》《心迹》《爱的踪迹》《抱散集》《商州初录》等，其中《月迹》《丑石》和《秦腔》等均是名篇。贾平凹的散文以农耕文明的民间风俗为题材，记叙着乡间诸事，吃喝居住、山川风物、营生希望、村庙信仰、爱好情趣等。他的散文既有文人趣味，又有民俗味道和浓郁的三秦"土"的气息。语言拙朴，意境空灵，整体上有种仙风道骨的禅味和隐逸赏玩的趣味。作者犹如一个乡间的私塾先生，观察书写乡间风物，有描写，有故事；有情致，有体验；有感悟，有喜悦。贾平凹的散文是那个时代的上品。

（三）90年代出现了**"散文复兴"**热潮，创作队伍空前扩大，作家结构也趋向多元化。学者如张中行、金克木、季羡林、王元化、余秋雨、黄裳、何满子等；作家如汪曾祺、王安忆、贾平凹、铁凝、李国文、王蒙、张洁、叶梦、斯妤、苏叶、黄爱东西等。散文复兴更为本质的原因是创作观念的开放和艺术思维的拓展，回忆录模式、政治抒情模式和好人好事好山好景模式被抛弃，美文的观念真正实现了回归。大体上有以下几个类型：

90年代初期的**"新潮散文"**，主要作家作品有唐敏的《心中的大自然》《女孩子的花》、张承志的《静夜的功课》《午夜的鞍子》、张佩星的《第九苹果交响曲》、叶梦的《女人的梦》、斯妤的《心灵速写》、苏叶的《总是难忘》、苇岸的

《大地上的事情》、扎西达娃的《聆听西藏》、任洪渊的《找回女娲的语言》、梁小斌的散文集《地主研究》、翟永明的散文集《纸上建筑》、史铁生的《我与地坛》、周涛的《牧人的姿态》《天似穹庐》等。新潮散文追求艺术的"纯美",大多有着鲜明的自我意识,对物象的摹写具有体验性,感知细密敏感,抒写大胆,语言融合了现代派的跳跃性和心灵性,风格异彩纷呈,不拘一格。还有些作家、艺术家的散文别致优美,如黄永玉的《太阳下的风景——沈从文与我》、李国文的《骂人的艺术》《大雅村言》等。

"文化散文"创作的旺盛,是始于80年代中后期并绵延至90年代的重要散文现象。作者大多为一些大学里的学者。主要的作家作品有张中行的《顺生论》《负暄琐话》《负暄续话》、金克木的《天竺旧事》《燕口拾泥》《燕啄春泥》、季羡林的《牛棚杂忆》、王元化的《思辨随笔》等。这些文化学者所创作的散文,总体上有着书卷气,往往在知识介绍和理论辨析中显示出文学的才情,也有的侧重于表达知识分子的人生感悟和文人生活情致。余秋雨从90年代早期开始散文创作,陆续出版了《文化苦旅》《文明的碎片》《千年一叹》等散文集,他聚焦于历史文化的"大散文"写作实践,引领了"文化散文"的创作风潮,在90年代中后期及其以后一个时期赢得广泛声誉。

80年代中后期以及90年代,具有消费性的都市"小女人散文"蔚然成风。主要作家作品有叶梦的《今夜我是你的新娘》、王英琦的《重返外婆的家园》、素素的《生命是一种缘》、莫小米的《永不言别》等。这些散文书写女人生活的点滴感受和感悟,于细腻的啰唆之中表达小女人的生命滋味。这些小女人散文大多发表于那个时代兴起的晚报、周刊之上,沾染了晚报的文风和消费性、世俗性。其风尚随着时间一直流淌至21世纪,漫漶于都市生活,形成一种浪漫的小资情调。

四、戏剧文学

戏剧文学进入共和国时代,在题材与形式两方面都发生了巨大的变化。

（一）**"十七年"**时期,戏剧文学总体上是当时革命现实主义颂歌文学的一部分。题材内容相对还是比较广泛的,既有传统历史题材,也有革命历史题材,而革命的现实题材更多;戏剧的样式也很广泛,既有新文学的话剧,也有西洋歌剧改编的新歌剧,还有中国传统戏剧戏曲的新编。

"十七年"时期的历史题材话剧包括两个部分,一是传统历史剧。主要有郭沫若的《蔡文姬》《武则天》，田汉的《文成公主》《关汉卿》、曹禺等的《胆剑篇》、朱祖贻等的《甲午海战》等。这些剧作以真实的历史故事和历史人物结构故事情节，主要的意义指向不在于历史的探讨和再现，而在于对于现实政治的隐喻，用历史说明现实的政治以及政策。这些剧作的作者大多是现代时期的老作家。二是革命历史题材的话剧。主要的作家作品有：陈其通的《万水千山》、胡可的《槐树庄》、于伶的《七月流火》、金山的《红色风暴》、所云平等的《东进序曲》、马吉星的《豹子湾战斗》等。这些革命历史剧大多运用编年史的手法讲述了红色革命各个历史时期的斗争，塑造了各类革命英雄的形象。

"十七年"现实题材的话剧作品数量众多，主要作家作品有曹禺的《明朗的天》、沈西蒙的《霓虹灯下的哨兵》、老舍的《龙须沟》、杜印等的《在新事物的面前》、夏衍的《考验》、海默的《洞箫横吹》、杨履方的《布谷鸟又叫了》、田汉的《十三陵水库畅想曲》、王炼的《枯木逢春》、陈白尘的《哎呀呀，美国的小月亮》、孙芋的《妇女代表》、鲁彦周的《归来》等。这些剧作大多配合当时的政治运动，诸如知识分子思想改造、工业战线和工人斗争、农业合作化运动、抗美援朝等，有的甚至仅仅是为了表现某项工程、某项政策等。艺术手法上各有千秋，有些剧作也有生动有趣之处，但总体上艺术水准较弱。

老舍的话剧《茶馆》可谓"十七年"戏剧领域的代表作品。这部剧作采用片段组合的方式，选取中国近现代历史上三个重要时段，即清末戊戌变法失败之后、民国初年的军阀混战和抗战胜利后，通过裕泰茶馆在不同时代的状况，来演绎中国近现代历史的变化。《茶馆》人物众多，但次序分明，多而不乱；语言是俗白的京腔，但精练、幽默、抒情、含蓄。作为语言的艺术，《茶馆》取得了很高的成就。除了《茶馆》之外，老舍还创作了《龙须沟》《女店员》《全家福》《西望长安》《春华秋实》《红大院》等。《龙须沟》是这些剧作中成就比较高的。它表现了新旧社会两重天的主题，歌颂了社会主义革命，语言幽默，有力地表现了北京下层百姓对于新社会的喜悦之情。

共和国成立后，解放区的新歌剧也从"山沟沟"里进入了大城市。主要有于村等的《王贵与李香香》、宋之的等的《打击侵略者》、杜宇等的《刘胡兰》、湖北省歌剧院集体创作的《洪湖赤卫队》、阎肃编剧的《江姐》等。这些剧作大多从《白毛女》汲取经验，将西洋歌剧与中国民间戏曲、民歌的唱腔曲调融合。

本时期还推出了一些经过改编的旧戏，如昆曲《十五贯》、越剧《梁山伯与祝英台》、黄梅戏《天仙配》等。同时也出现了大量新创现代戏，如评剧《刘巧儿》、沪剧《罗汉钱》、吕剧《李二嫂改嫁》、豫剧《朝阳沟》、花鼓戏《三里湾》、淮剧《海港的早晨》、新编历史剧《海瑞罢官》等。1964 年在北京举行了首届全国京剧现代戏观摩演出大会，演出《红灯记》《芦荡火种》等几十个新编京剧现代剧目。其中一些革命现代京剧剧目在"文革"中被改造为**"革命样板戏"**。

"文革"时期的戏剧文学，以"革命样板戏"为主体，同时各种地方戏曲和各种地方民间文艺形式也纷纷被用来表现"革命"与"斗争"，文艺呈现为"单一"的繁荣。1967 年 5 月 1 日，上海的现代京剧《智取威虎山》《海港》、芭蕾舞剧《白毛女》和山东的京剧《奇袭白虎团》，会同北京的京剧《红灯记》《沙家浜》、芭蕾舞剧《红色娘子军》、交响音乐《沙家浜》，聚集在首都北京举行了会演。随后，《人民日报》社论《革命文艺的优秀样板》，第一次开列了"八个革命样板戏"名单——京剧《红灯记》《沙家浜》《智取威虎山》《海港》《奇袭白虎团》、芭蕾舞剧《红色娘子军》《白毛女》、交响音乐《杜鹃山》。后来陆续出现流传广布并被视为"样板戏"的还有京剧《平原作战》《龙江颂》《杜鹃山》等作品。样板戏在原有剧作上改编并强化阶级斗争，以"敌我"斗争作为戏剧冲突，采用"三突出"、"三铺垫"的手法塑造革命英雄人物。革命样板戏是红色革命意识形态的极端表达，所有作品都是革命斗争的情节剧，驱逐私人亲情；采用脸谱化的手法，表现两个阶级的人物，阶级敌人被丑化，革命战士则给予美化。样板戏在传统戏剧戏曲的现代生活化和西洋音乐歌剧中国化方面的实验等，取得了突出成绩。样板戏中流传较广、艺术成就较高的有《沙家浜》《智取威虎山》《红灯记》等。

（二）**新时期初期的话剧，可以视为新时代的"政治剧"**，如王景愚等的《枫叶红了的时候》和陈白尘的历史剧《大风歌》用喜剧的手法讽刺了"四人帮"；苏叔阳的《丹心谱》、宗福先的《于无声处》、崔德志的《报春花》等表现了人民群众在逆境中的斗争精神；贺国甫等的《血，总是热的》则呼唤工业战线的改革；丁一三等的《陈毅出山》和所云平的《彭大将军》等则歌颂了过去受到迫害的革命家的气节和品质。而梁秉坤的《谁是强者》、中杰英的《灰色王国的黎明》、沙叶新的《假如我是真的》、李龙云的《有这样一个小院》等则批判现实生活中的种种"阴暗面"——血统论、现代迷信、腐化犯罪等。它们不仅提出了人民关心的问题，更将历史反思推向深入。在艺术手法上，大多数剧作遵守传统的二元冲突的戏剧模式，但《陈毅市长》（沙叶新编剧）和《小井胡同》（李龙云编剧）等则继承了老舍《茶馆》的艺术手法，采用"冰糖葫芦式"的戏剧结构方式，具有生活化的特点。

80 年代中后期，新时期话剧进入探索时期，主要作家作品有高行健的《车站》《野人》《绝对信号》、陶骏等的《魔方》、魏明伦的《潘金莲——一个女人的沉沦史》、刘树纲的《一个死者对生者的访问》、锦云等的《狗儿爷涅槃》等。这些被称为**"探索剧"**的作品，表现了新时期中国对于自我、现实政治和历史文化的种种思考，既有追求创新，也有迷茫和荒诞。

"探索剧"受到西方现代主义戏剧的影响，尤其受到《第二十二条军规》和《等待戈多》等的影响，普遍采用象征主义手法，采用符号化的人物和打破时空的穿越手法。探索剧的突出贡献在于它对于戏剧想象时空的拓展，打破现实主义戏剧对于生活的拘泥。探索剧有意将中国传统戏曲的程式、脸谱符号和写意美学，与西方现代剧的多层次性、象征性和荒诞性、哲理性追求相结合，追求片段性叙述和史诗性结构相结合，在现实与历史甚至神话相融合的实验中创新戏剧形式，充分扩张了戏剧的表现内涵。探索剧充分利用现代电子舞台布景和灯光等技术和电影化手法，在不同时空中实行自由切割和转换、写实场景与假定性场景的穿插组合，从而实现跨时空的联想。探索剧还从接受理论受到启发，立志打破"第四堵墙"，让观众、演员、导演三者之间实现交流，扩大了剧场时空和观众的参与度，提升了观众的审美自觉。

（三）90 年代以后的话剧，总体来说受到的关注较少，显得"寂寞"和"荒芜"。

一是**以现实婚姻家庭伦理为题材的剧作**。大体有以"出国热"为背景的《留守女士》（乐美勤编剧）、《美国来的妻子》（张献编剧）、《陪读夫人》（王周生编剧）等；以婚姻家庭伦理为背景的剧作，如《离婚了，就别再来找我》（费明编剧）、《合同婚姻》（潘军编剧）、《情感操练》（吴玉中编剧）等。这些剧作基本采用现实主义的叙述，以都市白领阶层的情感为表现对象，因其大众文化的消费特色，有人称之为"商业戏剧"。

二是**实验话剧**在 90 年代影响较大，主要的剧作有《恋爱的犀牛》（廖一梅编剧）、《鲁迅先生》《圣人孔子》《红星美女》《切·格瓦拉》（张广天等创作）、《霸王别姬》（莫言编剧）、《大神布朗》（蛙实验剧团）、《风月无边》（刘锦云编剧）、《鱼人》《鸟人》《棋人》（"闲人三部曲"）《坏话一条街》《厕所》（过士行编剧）、《我爱×××》《阿 Q 同志》（孟京辉编剧）、《八月雪》（高行健编剧）等。实验话剧中还有一批改编创作的话剧，主要有：《臭虫》，孟京辉导演，马雅可夫斯基原著；《思凡》，孟京辉、刘天池等根据明朝无名氏传本《思凡·双下山》和意大利薄伽丘《十日谈》有关章节改编；《阳台》，让-日奈编剧，黄纪苏翻译和改编；《一个无政府主义者的意外死亡》，达里奥·福原著，黄纪苏改编，演出时加入了许多中国的顺口溜和说书人的弹唱，加入了某些先锋派戏剧的讽刺，甚至还加入了一大段模仿《茶馆》风格的风趣表演；《三姐妹·等待戈多》，契诃夫、贝克特原著，林兆华导演，剧作把《三姐妹》和《等待戈多》合为一体；北京的须弥剧团也曾改编了罗兰·巴特的"非小说"作品《恋人絮语》。90 年代的实验话剧总体上来说，"后现代"的拼贴风尚明显，其演出活动的艺术实验性和文化实验性越来越强。

由于现代电子传媒技术的快速发展，大众文化的日趋繁盛，精英化的话剧已经越来越边缘化；虽然时有一些话剧演出，但基本上以小剧场剧、校园剧、沙龙剧为主要演出形式，并有被喜剧小品所替代的趋向；话剧创作和演出也越来越成为一种以导演和演员为中心的"文化活动"，戏剧的文学性正走向弱化。

第二章　本时期小说

第一节　"革命历史小说"

"革命历史小说" 是中国当代文学的一种重要的小说类型，其核心是塑造革命英雄人物，内容"主要讲述'革命'的起源的故事，讲述革命在经历了曲折的过程之后，如何最终走向胜利"①。长篇代表作品有《林海雪原》（曲波）、《红旗谱》（梁斌）、《青春之歌》（杨沫）、《敌后武工队》（冯志）、《保卫延安》（杜鹏程）、《苦菜花》（冯德英）、《铁道游击队》（知侠）等，《黎明的河边》（峻青）、《百合花》（茹志鹃）、《七根火柴》《党费》（王愿坚）等属于此类小说的短篇佳作。② "革命历史小说"的故事，来源于中共领导下的工农兵在革命过程中的真实经历，此类小说作者正是产生于这一群体中的"工农兵作家"。如《林海雪原》的作者曲波，在解放战争初期曾亲自率领一支小分队，深入牡丹江地区的林海雪原进行剿匪；创作《铁道游击队》的刘知侠，与鲁南地区的铁道游击队曾一起战斗、生活过；《平原枪声》的作者李晓明，在抗日战争时期是县大队的政委；《平原烈火》的作者徐光耀，是锄奸干事；《野火春风斗古城》的作者李英儒是游击队步兵团团长；《敌后武工队》的作者冯志本人就是抗战时期冀中九分区敌后武工队小队长，当年曾屡立战功，等等。这些从生与死的战火硝烟中走出来的"革

---

① 洪子诚：《中国当代文学史》，106 页，北京，北京大学出版社，1999。

② 其他还有《风云初记》（孙犁）、《小城春秋》（高云览）、《红日》（吴强）、《战斗的青春》（雪克）、《三家巷》（欧阳山）、《红岩》（罗广斌、杨益言）、《野火春风斗古城》（李英儒）、《烈火金刚》（刘流）、《平原枪声》（李晓明）、《平原烈火》（徐光耀）、《吕梁英雄传》（马烽、西戎）、《新儿女英雄传》（袁静、孔厥）等。

命者"，他们既是战争的目击者，也是战争的参与者，对战争中民众和战士的生活与情感有着深切的体验。工农兵作家们以自身经历为基础，用"正史视角"演绎中国共产党的革命历史，书写革命英雄，期望通过再现革命历史与斗争场景，写出中国近代以来社会革命的"本质"，进而为新建立的社会主义制度提供合法性和真理性证明，为处于社会转型时期的工农大众提供精神资源和生活准则。

在"革命历史小说"中塑造"革命英雄人物"不仅是时代政治的要求，也成为这一时期小说领域的创作风尚。《保卫延安》中的周大勇、《红旗谱》中的朱老忠、《青春之歌》的林道静、《林海雪原》中的杨子荣、《敌后武工队》的魏强、《烈火金刚》中的史更新、《铁道游击队》中的刘洪等，成为"十七年"时期产生广泛影响的英雄形象。

"革命历史小说"对于"革命英雄人物"的塑造，具体是通过对人物在"党的引导"下、经历长期的"斗争考验"、在获得"人民信赖"的过程中，成长为信仰坚定、智勇双全、品质高尚、大公无私的英雄。

一、**"党的引导"**。革命英雄多是乡村贫寒之子，遭受多种困苦与压迫，兵荒马乱无以为生。他们怀着不同的人生意愿加入到共产党领导的各级组织中，走上改造世界同时改造自我的道路。《林海雪原》中，侦察英雄杨子荣是贫农的儿子，十八岁那年，他家的牛因吃地主恶霸杨大头祖坟上的青草导致家破人亡，杨子荣也险遭"斩草除根"的命运，后侥幸逃脱，脖子上却留下大疤痕，"成为他永远难忘的仇恨"。这既是他遭受残酷迫害的有力见证，也是他不屈不挠、坚决革命的直接动力和缘由。他带着对地主阶级的血海深仇参加了八路军，在党的教育下，这位受苦人懂得了阶级意识和政治理想，他开始认识到仇人"已经不是一个杨大头，而是所有压迫、剥削穷苦人的人，他们是旧社会制造穷困苦难的罪魁祸首"，他明确了自己肩负的重任，就是要把"剥削阶级的根子全挖尽"，这是他的决心和誓言，小说真实地展现了他成长为无产阶级革命英雄的曲折历程。可以说，少剑波、杨子荣、刘勋苍、栾超家、孙达得和白茹等草根民众正是在党的领导下经过革命战火的熔铸成长为具有"侠义"精神和坚强党性的传奇革命英雄。《青春之歌》的主人公林道静原是一个小资产阶级知识分子，因反对家庭包办婚姻，离家出走，当她为个人解放、个人前途奋争而又屡遭挫折的时候，在党的指引下，经过艰苦的自我改造和投身革命实践，最后成为一个和工农群众相结合的坚强的无产阶级革命战士。作者以林道静为代表阐释了知识分子不平坦的道路抉择和命运遭际：从反抗封建家庭、要求个性解放到谋求民族的解放和阶级的解放，从同情劳动人民到为劳苦大众奋斗，从小资产阶级知识分子成长为无产阶级战士，而这种成长正是依赖于中国共产党的领导，这是大多革命知识分子的必由之路。

二、**"斗争考验"**。革命英雄的成长过程是历经磨难的，但他们在革命信念的支撑下，不屈不挠，最终在党的领导下，依靠群众，发挥聪明才智，战胜一切困难，在取得革命胜利的同时也收获了英雄性格及情感的成熟。《红岩》通过描写许云峰领导工人运动，江姐、双枪老太婆开展华蓥山武装斗争，成岗办《挺进报》等革命故事，同时又以重庆中美合作所渣滓洞、白公馆两处国民党特务的秘密监狱为背景，讴歌许云峰、江姐、成岗等共产党人在被捕后，面对国民党特务的严刑拷打、威胁利诱毫不动摇，依然坚守党的秘密的高尚情操，展现了共产党领导下国统区地下革命工作的艰苦卓绝的斗争。《红旗谱》的主人公朱老忠经受了艰难的革命考验，既有中国农民英雄侠义情怀的传统性格，又洋溢着无产阶级革命精神。家破人亡的惨剧，父辈精神的熏陶，走南闯北的经历，艰难困苦的磨炼，使他比父辈有了更多的智慧和韧劲，锻造出了强烈的阶级爱憎和有勇有谋、既坚且韧的斗争精神。现实斗争的残酷和党的教育坚定了他永远跟党走的信念，最后由草莽英雄成长为无产阶级革命先锋战士。《林海雪原》更是逆境重重，小说开始，凶顽残匪就对包括少剑波姐姐鞠县长在内的革命干部和无辜百姓肆无忌惮地屠杀，少剑波等人"剿匪"的直接动力就是顽匪的罪恶行径激起英雄们无比的仇恨。因此，少剑波领导的小分队经受了重重考验，无论是面对凶残的敌人，还是恶劣的自然环境，没有丝毫的动摇、退让、妥协，最终凭借共产党人坚忍不拔的革命意志和不屈不挠的革命斗争精神，完成了党所赋予的神圣使命。

三、**"人民信赖"**。无论是抗战的"民族斗争"还是国共对立的"阶级斗争"，中国共产党领导的"革命胜利"是与其所获得的人民信赖与支持分不开的。《林海雪原》里少剑波率领的 36 人小分队，进入茫茫林海，首先发动群众，当小分队进入夹皮沟了解到群众的生活情况后，小分队全体人员，把自己的两套衬衣衬裤脱给了群众，自己穿着空心棉衣裤，继续行走在剿匪的危险境地。正是关爱群众，剿匪行动才会获得人民支持。奇袭奶头山有蘑菇老人指点迷津，威虎山活捉座山雕有李勇齐的协助，林海雪原大周旋有青年猎手姜青山的配合等。正是依靠群众的配合和帮助，剿匪战斗才能取得最后的彻底胜利。《敌后武工队》中，武工队长魏强率领十几个战士来到敌占区，为了在这个群众基础薄弱的地区站稳脚跟，武工队按照党的指示，首先打击了群众最为仇恨的几个汉奸，鼓舞了人民群众的抗日热情，也使小分队在群众中间扎下了根，接着他又智取敌人炮楼，夺回了被敌人抢走的粮食，得到群众进一步的支持。正是在群众的支持下，武工队取得了越来越多的胜利，有力地打击了日本鬼子的嚣张气焰。《铁道游击队》是一部描写传奇抗日英雄比较成功的小说。铁道游击队在党的领导下依靠群众坚持抗日，搞洋行、打票车、扒铁路、拆炮楼、撞兵车，采取种种秘密和神速的行动，出其不意地袭击敌人。革命英雄对群众利益的重视，已经不是传统侠士的个人道德层面上的救危扶困、路见不平拔刀相助，而是为一个阶级谋取利益，彰显着先进阶级的道德力量。铁道游击队紧紧依靠群众，争取中间势力，建立了微山湖游击基地，牢牢控制住了铁路两侧的交通线，保证了延安与山东、华中地区的安全来往，为全国抗战胜利做出了重要贡献。《苦菜花》更是书写了英雄们成功背后的群众基础，在母亲的感召下，王官庄的女人们支持抗日工作，不仅在后方自觉地担负起沉重的家务和生产劳动重担，不声不响地为革命站岗放哨，照料伤病员，纷纷拿出平时舍不得吃的东西慰问子弟兵，自己饿着肚子节省粮食，甚至从婴幼儿的嘴里挤出一碗米、一瓢面献给革命同志；攻打道水据点前夕，冒雨把热乎乎的包子送到战士手里。这些善良的群众只要知道你是八路军战士，虽然不曾相识，都会伸出援助之手。如漆黑的雨夜，白芸带领卫生员紧急转移伤员遇到河流，危急之中，茅草屋里的一位十五六岁的小姑娘不顾天黑路滑，为战士带路，顺利渡河。小说中认亲的情节更是撼人心魄，为了掩护革命战士，人民不顾自己亲人的安危，纷纷领走革命同志：母亲置闺女女婿姜永泉于不顾，认了一位区中队员做儿子；娟子也没看姜永泉一眼，认走了"丈夫"王东海；花子为了保护革命干部姜永泉而舍弃与自己相依为命的丈夫老起。

"革命英雄人物"的性格特点，可以从以下几个方面来分析：

一、**建立信仰，拥有激情**。革命英雄人物具有高尚的品格和坚定的革命信仰：阶级觉悟高，斗争性强，共产主义信念坚定，充满革命乐观主义，没有个人私欲，为了无产阶级革命信仰甘愿自我牺牲。革命英雄们的这种爱国主义精神，这种充满理想、信念坚定、坚忍不拔、勇往直前、不畏艰险不怕牺牲的奉献精神，是值得我们继承的。《林海雪原》集中地刻画了解放军战士的勇敢、机智、顽强、乐观和忠诚于自己信仰的精神。环境越艰难困苦，敌人越狡猾危险，就越显出解放军战士的勇猛智慧；越是在情节最紧要的千钧一发的关头，就越显示出革命战士"浑身是胆"的大无畏的精神。解放军战士，为着自己的理想，更为着祖国的伟大事业——共产主义事业，在深山老林中战斗。对这些战士来说，死，毫不可怕，鲜血，更是为着这一片他们深爱着的土地，为着他们那可亲可爱的乡亲们所流的，它见证了一个个赤子之心，它的脉搏将永远在这片郁郁葱葱的老林里跳动。穿山风的狂卷，密集的枪林弹雨，都吓不退他们，因为心中的革命信念支持着他们在狂风暴雪中一次次站起，直至最后的胜利，折射出的那种对革命必胜的信念和乐观情怀。《红岩》中，党的领导人许云峰是工人出身，长期从事地下党工运领导工作，有着丰富的斗争经验。在监狱中与狡猾的特务头子徐鹏飞面对面的斗争中，他沉着冷静，巧妙地把敌人引入错误的判断，保护了同志和组织。这显示出他非凡的胆识和过人的机智。尤其是他为了营救同志，以顽强的意志在潮湿阴森的地窖里用手指挖通了石壁，把越狱逃生的通道留给了同志们，自己则带着对革命必定胜利的坚定信念英勇就义。《保卫延安》里主人公周大勇是作者浓墨重彩塑造的英雄形象。作品通过一系列战斗和细节描写，突出地描绘了他英雄性格的特征：对党、领袖、人民的无限忠诚和伟大的献身精神。听到党中央撤离延安，看到陕北的群众倒在血泊之中，"惨烈的痛苦和愤怒煎熬着他的心"。强烈的爱憎、高度的阶级自觉性成为他为人民奋不顾身、创造惊天动地英雄业绩的强大动力。战斗中他总是主动请求承担最危险、最艰巨的任务。在长城线上的突围战中，他身负重伤，带着伤病员和疲惫不堪的战士，被围困在一个小山洞里。面临绝境，他想的是怎样"紧张地为自己阶级的事业战斗下去"，终于率领战士闯出险境。诚如团政委李诚所说，周大勇是一个"浑身汗毛孔里都渗透着忠诚"的人。对于周大勇高昂的革命英雄主义精神，钢铁的意志，勇猛、机智、沉着、灵活的战斗作风，作品有着淋漓酣畅的描绘。青化砭战斗，他冲锋陷阵，个人生死全然置之度外；蟠龙镇攻坚，他智勇双全，出色地完成诱击敌人的任务；尤其是在长城线上，连队陷入敌军重围，与主力失去联系，他凭借坚定的信仰和对党的忠诚，以无比的刚毅和勇猛，无比的机智和沉着，指挥战士痛击敌人。"十七年"革命历史小说中所蕴藏的宝贵的爱国主义、革命英雄主义、崇高理想、豪迈激情，都是我们民族前进中不可或缺的精神养料。

二、**不怕困难牺牲，智勇双全**。革命英雄之所以成为英雄，除了他们对党和人民的忠诚，还有赖于他们面对困难沉着冷静，以超出普通人的智力、体力、应变能力而成为智勇双全的英雄形象。如《林海雪原》《铁道游击队》《烈火金刚》等小说中，杨子荣在危机四伏、险象环生的匪巢里，凭借流利黑话，足智多谋而应付自如；孙达得六天六夜不休息而驰行六百里，又二十四小时疾行三百里，参加战斗；《烈火金刚》中主人公史更新在敌人包围中，不慌不忙，力杀四敌，最后自己安然逃脱；肖飞在敌占区买药、除奸，如入无人之境；《铁道游击队》中刘洪等人扒火车如履平地、搞物资、端洋行、穿着敌人的衣服逃出险境，样样得心应手。《林海雪原》中，杨子荣是一位经验丰富、智勇双全的侦察英雄。通过他智识小炉匠；化装成土匪胡彪，只身打入匪巢，初步取得惯匪座山雕的信任；又一次次战胜敌人的阴谋，特别是舌战小炉匠、活捉座山雕、与战友里应外合智取威虎山等一系列富于传奇色彩的英雄壮举，成功地表现了他超人的智慧和勇敢，揭示了其崇高的精神世界。为了成功打入威虎山，杨子荣苦练江湖黑话，乔装打扮成匪徒胡彪，只身闯入虎穴，以一张从敌人手里缴获的联络图，得到了老奸巨猾的"座山雕"的初步信任。接着，匪徒们用黑话拷问他，以郑三炮和"蝴蝶迷"的私事盘问他，又用突然的军事演习来考验他。这些变幻莫测的诡计，都被杨子荣那敏锐的目光所察觉，果断自如地应付过去。特别是在同被他逮捕审讯过的小炉匠当面对质的时候，他的身份即将暴露，处境十分危险，但他沉着镇定，随机应变，抓住对方弱点，经过一番舌战，终于从精神上击败对手，并借敌人之手除掉了小炉匠，和赶来的小分队里应外合，一起消灭了敌人，取得了"险中求胜"的最终胜利。此外，小说中的其他传奇英雄的历险经历也是有声有色、曲折有致，如刘勋苍在虎狼行走的密林中，独擒刁占一，栾超家在天险鹰嘴石跨谷飞涧、登上奶头山，孙达得为取走杨子荣的情报而连续六天在雪地里步行七百里，高波在二道河桥头的大拼杀等传奇故事，都反映出革命英雄不怕困难牺牲、智勇双全的大无畏精神。《烈火金刚》也刻画了有勇有谋的英雄形象，如八路军战士齐英装扮成鬼子大队长，不但使外号叫"转轴子"的解文华陷入了"迷魂阵"，而且也迷惑住了狡诈的何大拿。党的领导人赵宝中带领部队消灭了抢先占领山头的敌人之后，又把部队从山头上立刻撤下来，因为他知道敌人马上就要用重炮轰击山头，这些英雄用自己的智慧和胆识一次又一次地战胜了残忍凶狠的敌人。作者通过对英雄人物的刻画，谱写了一曲中国人民英勇抗日的爱国主义的乐章，表现了中国人民那种必胜的坚定意志和信心。

三、从小我到大我，公而忘私，终成道德楷模。朱老忠（《红旗谱》）、魏强（《敌后武工队》）、杨晓冬（《野火春风斗古城》）、冯大娘（《苦菜花》）等革命英雄形象一时成为举国传颂的英雄楷模，成为人们学习和仿效的榜样。《红旗谱》成功地塑造了横跨两个时代的农民英雄朱老忠的形象，朱老忠具有中国农民慷慨好义、济危扶困、舍己为人、英勇坚忍的朴实品质，同时又具有强烈的阶级爱憎和斗争精神，当他寻找到革命道路后，又有对理想的执著追求和对党的无限忠诚。《敌后武工队》通过以魏强为首的武工队同日伪军的复杂艰苦的斗争，从炮轰中闫镇侯扒皮开始，接着写独胆英雄刘太生智斗松田、贾正智杀侯扒皮、武工队奇袭南关火车站、巧夺黄庄、火烧梁家桥，直到魏强等智擒松田、刘魁胜为止，起伏跌宕，极富传奇色彩，突出地描绘了魏强、刘太生、贾正、汪霞等革命抗日英雄的动人形象，如战士刘太生怀着为母亲报仇、为乡亲报仇、保卫祖国的心情，骁勇善战，屡次消灭日伪军，最后宁死不当俘虏，拉响手榴弹与敌人同归于尽，壮烈牺牲，显示出他大无畏的英雄气概。女干部汪霞则按照党的指示，很好地开展各项群众工作，深受群众的信赖和爱戴，特别是在她被捕后的斗争中，充分表现了一个共产党员的机智勇敢无所畏惧的品质，表现了她对革命事业的崇高信念和坚定的意志。小说刻画了革命战士勇敢坚强的崇高气度，赞美了中国共产党领导下的中国军民在顽敌面前那种百折不挠、刚毅不屈的高贵品质。李英儒《野火春风斗古城》中的英雄特工更是坚守革命信仰忘我工作，甚至不惜牺牲自己的生命，主人公杨晓冬对党无限忠诚，对胜利有坚定的信念，把个人得失与生死置之度外。为了保证过路干部的安全，他不顾个人安危，毅然亲自护送出城，智斗蓝毛，取得了护送任务的胜利。在他的身上，集中体现了我党干部、地下工作者的智慧超群、机智灵敏、英勇果断、冷静沉着、大公无私、正气凛然、宁死不屈的优秀品质。杨晓冬的母亲在儿子的影响下也投身革命，最后在儿子面前英勇牺牲，使人深刻感受到一位革命母亲的崇高情操。这些革命英雄人物忠诚于革命信仰，对革命事业忠心耿耿，热情勇敢，英勇不屈，具有高尚的革命情怀和道德情操。冯德英在《苦菜花》里也饱含情感地塑造了以冯大娘为代表的英雄母亲形象，深刻地挖掘出了中国革命女性的崇高品德和伟大人格，突出展示了她们作为母亲、妻子默默奉献、英勇牺牲的精神，为中国人民谱写了一曲革命母亲的赞歌，进而成为道德楷模。为了早日打倒日本鬼子，母亲（冯大娘）让年仅15岁的儿子参加八路军，并不顾村子里的流言蜚语让女儿娟子也扛起枪，投身革命，而自己却以日渐衰老的身躯只身挑起全家的重担。在女儿和姜永泉等其他共产党员精神的感召下，母亲也积极地投身于民族解放的斗争中，并且在斗争中经受了严峻的考验。一次敌人为搜索兵工厂，袭击了王官庄，汉奸王柬之出卖了村干部，母亲也被抓住。敌人为了让母亲说出八路军及兵工厂机器的下落，对她百般折磨，都不能使她屈服。最后，敌人把小女儿嫚子抓来，企图以母爱摧毁母亲的意志。敌人把嫚子的嫩手指掰断，母亲心如油煎！尽管女儿的"哭声像最锋利的钢针扎在母亲的心上"，可是在严刑拷打和残酷折磨面前母亲不屈不挠，没有向敌人屈服。为了革命，母亲将所有的痛苦生生咽下，只字不提。黑夜里，她抱着受折磨而死的嫚子，悲恸万分。母亲、花子等为了革命的利益，忍受着巨大的内心创伤献出了自己的至亲，赵星梅、兰子甚至献出了自己的宝贵生命。

总之，革命历史小说强调革命英雄主义、革命浪漫主义和革命乐观主义精神，创造了一系列有着崇高革命精神的光辉英雄形象，他们有着威武不屈、视死如归、大义凛然、百折不挠、执著追求真善美的崇高英雄品质和坚定的共产主义政治信仰。可以说，作家们通过无产阶级英雄形象的塑造建构起故事曲折、形象生动、语言通俗的革命英雄文本，作品洋溢着浓厚的英雄主义色彩和高昂的旋律。因此，英雄身上呈现的完美精神和理想人格给人们以深刻的教育，感召了无数青年为革命献身，激励了一代甚至几代人为理想和信仰而奋斗。但是，革命历史小说也存在不足，作家回避了英雄人物的世俗人生，英雄形象塑造过于理想化、浪漫化，忽视了英雄作为人的复杂个性。

第二节　"农村小说"

"农村小说" 是指共和国"十七年"时期出现的以表现农村变化和农民生活为内容的小说创作，与"革命历史小说"一起，共同成为这一时期小说领域的重要收获。这一时期"农村小说"的繁荣，是由多种原因造成的。其一，全国范围内开展的"农业集体化"运动，在促使中国农村发生巨大变化的同时，也对数千年来形成的农民的价值观念、人际关系和乡俗民风等各个方面造成了前所未有的冲击。表现这一历史变迁，成为作家参与时代的理性选择。其二，中国现代文学自鲁迅开始直到解放区文学，通过对农村农民的描写来展示民族进步的历史进程，已经积累了丰富的叙事经验和审美传统，成为共和国作家直接可以借鉴的文学资源。其三，与本时期所倡导的"新的人民的文艺"的文学主张有关。"十七年"时期农村社会的历史变迁、人与人之间关系的变化、乡俗民风的变动和不同思想意识的碰撞等，都在"农村小说"创作中得到深入细致的描写。

"十七年"时期，"农村小说"的代表作家有赵树理、柳青、周立波、马烽、西戎、李准、王汶石、浩然等。从作家队伍构成看，有民国时期业已成名具有丰富创作经验的老作家，而更多的是新中国成立后成长起来的青年作家。作为"十七年"时期"农村小说"快速发展繁荣的一个重要侧面，本时期形成了多个以不同地域特色而形成的作家群体，比如山西作家群，以柳青、王汶石为代表的陕西作家群，以孙犁为代表的京津冀作家群等。以赵树理为代表，以马烽、西戎、胡正、孙谦、李束为等为主体的山西作家群，长期生活、工作在农村，与农民保持着密切的联系，作品多写山西农村生活与风情民俗。作家常以农民代言人的身份反映自己在农村工作中发现的问题，自觉追求文学作品对人的教育功能和指导生活现实的作用。在审美风格上又有着大致相似的追求，重视文学的通俗化与群众化，体现出依照生活本来面貌进行创作的"写实"风格，形成"十七年"时期"农村小说"领域的著名流派——**山药蛋派**。赵树理的《三里湾》《"锻炼锻炼"》、马烽的《我的第一个上级》《三年早知道》、西戎的《赖大嫂》等都是体现其创作实绩的重要作品。陕西作家群则注意对乡村生活中新事物、新思想、新精神的发现，注重新时代农民英雄形象的塑造。在有意继承新文学现实主义传统的基础上，侧重把时代政治与农民生活结合起来，呈现出比较鲜明的政治启蒙意识与伦理重建的立场。柳青的《创业史》、王汶石的《新结识的伙伴》《风雪之夜》等是其重要的代表作品。以孙犁为代表的京津冀作家群，则更多的是以其作品所反映的区域特色引起人们的普遍关注。

"农村小说"作品，大多将农村政治生活中所发生的重要事件作为叙事中心，聚焦于农村两个阶级两条道路斗争的宏大叙事，相对淡化了对乡村社会风俗画、风情画、风景画的书写以及对家务事、儿女情之类的日常生活内容的关注。作家的叙事态度有别于现代乡土小说的文化批判与诗意情怀，而是全身心地深入到农村生活实际当中，虔诚地向农民学习，改造自己的思想。作家采用平视甚至仰视的姿态描写农民，以农民自身的感觉、立场、观点去描写农村社会现实。由于社会政治、文化语境的变化，中国现代乡土小说的悲剧意蕴与牧歌情调让位于当代农村小说的喜剧气氛与阶级斗争。这一时期的农村小说在语言上追求民族化、群众化、大众化的风格，形成独具地方色彩与生活气息的话语特色，如柳青融庄重与诙谐、严正与抒情于一体的叙述语言；赵树理在广泛吸收群众口语基础上所创造的通俗活泼、简洁生动、朴素幽默、富于表现力的语言特色；周立波将具有湖南山乡地域色彩的方言俗谚与书面语的清丽俊雅相结合所形成的略带幽默、轻松的叙事语调，等等。

"农村小说"的人物形象群落，大致可分为**新人形象、中间人物形象、普通人物形象**和**反面人物形象**四类。"农村小说"作品首先着力塑造的是富有时代精神的社会主义农村新人形象，如王金生、王玉生、范灵芝、王玉梅（《三里湾》），梁生宝、徐改霞（《创业史》），邓秀梅、刘雨生（《山乡巨变》），李双双（《李双双小传》）等。这些人物的思想与行为，因为与时代的政治要求相一致，常常被视为主要人物或英雄形象。"农村小说"作品塑造的最为生动而又性格鲜明、意蕴丰富的人物，是那些横跨新旧两个时代、在进步与落后两种思想之间徘徊的、精神性格相对丰富复杂的"中间人物"形象，如赵树理作品的"小飞娥"、"糊涂涂"、"常有理"、"能不够"、"惹不起"、"小腿疼"、"吃不饱"；周立波描摹的"菊咬筋"、陈先晋、"亭面糊"；《创业史》中的梁三老汉、郭世富；西戎笔下的"赖大嫂"等。他们皆以其独特的个性、复杂的情感与丰富的人性内蕴，给读者以深刻印象。在"农村小说"中，新人形象与中间人物形象，可以作为对衬式存在加以理解。农村新人形象多数属于作家按照文艺政策的要求倾力塑造的对象，而中间人物则是作家多年生活、情感、艺术积累基础上的艺术创造。与作家对农村新人肯定与歌颂的情感倾向不同，中间人物思想性格中落后的言行则是作家批评与否定的东西。显然，农村新人与中间人物其符号意义分别指向农村历史发展新方向和旧传统的维护者；农村新人身上体现出来的集体本位的大公无私，正好与中间人物以家庭本位的自私自利性形成鲜明对比；性格思想上的单纯和明朗无疑是农村新人的鲜明特征，而中间人物精神性格则是以其丰富和复杂引人注目；如果说农村新人在精神气质上代表着本时期文学的政治高度，那么，中间人物无疑则体现出本时期文学人物塑造上的艺术水准。这些"中间人物"之所以塑造得比较成功，根本原因在于作品写出了他们丰富复杂的人生经历与传统文化、伦理、制度的多重联系。旧社会痛苦的生命与情感体验使其萌生摆脱贫穷压迫想翻身的冲动，新社会给他们提供了翻身做主人的历史机遇，但是传统社会"被精神奴役"的创伤也使其一时难以走出"旧"的阴影，以旧的眼光看待新的时代与新的事物。他们无法像年轻人那样很快地适应时代的变革，而是面对突如其来的变革感到无所适从。于是就有了他们对传统的生产方式与生活方式的坚守，对新时代的合作化运动的拒绝。尽管从表面上他们表现出来的是自私自利，其实，他们只是在新的环境中延续了之前的习惯而已，并非刻意为之。正是由于他们对传统伦理的依恋，所以，他们才不愿接受新的伦理，他们更重视的是家庭本位以及相关的人际关系，对集体本位的社会主义新思想有一种出自本能的排斥。他们渴望发家致富，却深深怀疑不同年龄、性格、性别、习惯的群体共同劳动能带来光明的前景。显然，他们是徘徊于新旧两个时代的矛盾人物，正是由于作家揭示了他们精神性格心理中的复杂性、多样性、矛盾性以及观念转变的艰难性，才使得这些中间人物形象拥有了深刻复杂的历史文化内涵，成为"农村小说"对20世纪中国文学的独特贡献。

已创作了大量作品并享有盛誉的赵树理，在新中国成立后依然坚持代农民立言、作用于现实的艺术理念，注重文学的功利导向与道德熏陶，希望自己的小说既能用群众化、通俗化的言说方式反映执政者的政策，体现国家意志，又能站在民间的立场上反映农村的现实问题，传达农民的呼声。农民代言人与人民作家之间、民众立场与国家意志之间难以调和的矛盾始终成为困扰赵树理创作的难题。本时期赵树理的代表性作品是短篇小说《登记》《"锻炼锻炼"》和长篇小说《三里湾》。发表于1950年6月配合新婚姻法宣传的《登记》，以批判封建传统观念、提倡婚姻自由、歌颂新人新事为主题，小说在歌颂两对青年男女为争取婚姻自由而进行正义斗争、宣传新婚姻法的同时，也立足于农民的立场，反映了基层政权中存在的官僚主义与利己主义的思想问题。尽管小说的主题失之单一，矛盾冲突的解决过于匆忙，但小说对老一代农村妇女"小飞娥"的塑造比较成功。小说真切地表现了解放前夕农村妇女自主意识的初步觉醒，对"小飞娥"复杂矛盾的内心世界的刻画成为这篇小说的特色之一。写于1958年的《"锻炼锻炼"》是新中国成立后赵树理短篇小说的代表作，作品发表后曾引起持续性的激烈论争。小说以"大跃进"运动高潮为背景，由村干部与落后群众之间的矛盾入手展开情节，小说意在批判社干部不讲原则的"和事佬"思想与落后群众的损人利己行为。不过，作品在矛盾冲突的发展过程中，两个落后自私的落后妇女"吃不饱"、"小腿疼"的性格的鲜活呈现，以及所隐含的对于干部凭借权力强迫压制群众的讽刺，使得这部作品具有了多重意味。《三里湾》是共和国文学史上最早反映农业合作化运动的长篇小说，但小说叙事的中心并不是合作化运动本身的过程呈现和对社会主义历史发展必然规律的揭示，而是将这一运动看作引发乡村生活变革的诱因，重点呈现的是由此引起的风俗习惯、世态人心的变化与更新。小说围绕三里湾秋收期间扩社、整社、开渠等事件编织情节，在具体描写时，从描写家庭关系和爱情婚姻入手，细致刻画了王、马、范、袁四个家庭相互联系的矛盾冲突和精神变革。这四户人家具体是指合作社带头人、支书王金生家，热心发家致富的村长范登高（翻得高）家，富裕中农马多寿（糊涂涂）家，党员袁天成家。在不同的家庭之间和家庭内部，不仅存在着长辈与晚辈、进步与落后、集体与个体、革命与保守等方面的冲突对立，还有长幼、夫妻、恋人、同学、连襟、婆媳、妯娌、兄弟、姑嫂、亲家以及干部之间、亲戚之间、邻里之间等多重相互缠绕、共生并发的生活矛盾。正是这些矛盾的相互激荡和人物之间的精神情感的复杂波动，真实而细腻地展示了集体化过程中农村各色人等精神世界的风云变幻。《三里湾》这种以农村中习以为常的生活小事，以邻里、姻亲之间的人事纠葛为主要内容来表现农村社会变迁中农民命运和思想感情变化的创作方法，不仅是赵树理自解放区以来所形成的朴素风格的新的延续，也成为"十七年"时期"农村小说"坚守现实主义艺术道路的可贵成就。

赵树理的独特价值与意义在于，他站在民间的立场敏锐地发现乡村基层政权中所存在的突出问题，曲折地表达了农民的愿望，其批判力和敏感度超越了当时的同类作家。赵树理十分注意人物形象的刻画，他的小说成功地塑造了一系列不同性格的农民形象，尤其在中间人物形象的塑造方面，提供了新的时代标高。

柳青的代表作《创业史》（第一部），初版于 1960 年，是反映共和国初期农业合作化时期的另一部重要作品（原计划写四部，后因政治与身体原因，只完成第一部、第二部上卷与下卷的前四章）。《创业史》（第一部）的故事发生在陕西渭河平原下堡乡蛤蟆滩，叙述了互助合作带头人梁生宝领导的互助组的建立、巩固和发展历程。关于小说的创作意图，作者有过明确的说明："这部小说要向读者回答的是：中国农村为什么会发生社会主义革命和这次革命是怎样进行的。回答要通过一个村庄的各个阶级人物在合作化运动中的行动、思想和心理的变化过程表现出来。这个主题思想和这个题材范围的统一，构成了这部小说的具体内容。"小说通过活跃借贷的失败、到郭县买稻种、互助组进山割竹子、整顿互助组、秋后大丰收等情节，形成其错综复杂的矛盾线索，这些矛盾最终呈现为农村社会两个阶级、两条路线的斗争。一边是坚定地走农业合作化道路的年轻共产党员梁生宝，一边是走个人发家致富、反对梁生宝互助组发展与壮大的三股反对力量（农村中走资本主义自发势力的代表富裕中农郭世富，对新社会怀有刻骨仇恨的反动富农姚士杰，党内的自发势力、走个人发家致富的代表村主任郭振山），上述这三个人物因社会地位、思想性格的不同，相互之间也有矛盾，但在反对互助组问题上却表现出惊人的相似。而在这两个阶级、两条阵线之间，还存在着像梁三老汉这样的对互助组怀疑、犹豫的老一代农民。作者真实地揭示了农村社会各个阶级、各个阶层在合作化运动中思想、精神、心理的变化以及他们之间复杂的社会关系，在对农村广阔生活的表现上达到了一定的深度。

小说艺术上取得的成功主要体现在人物形象塑造方面。主人公梁生宝是作为社会主义新人形象的典型来塑造的，他既有一般农民勤劳、朴实、坚忍不拔的优秀品质，又在党的教育下成长为积极、聪明、能干、公正的年轻干部，既谦逊、朴实、厚道、善于思考，又能积极遵循党的指示，富于牺牲精神，坚定地走互助合作的社会主义道路。他徒步去郭县为互助组买高产稻种、组织组员进山割竹子等这些看似平凡的行动，却让人们看到了互助合作的优越性及其光明前景。为体现 50 年代的政治理想和美学理想，突出其作为农村新人形象的先进性，作者有意对人物进行了思想上的提升，有意遮蔽了梁生宝作为农民其身上那些在良莠掺杂的乡村文化熏陶中所可能具有的种种弱点，在一定程度上影响了这一形象的历史真实性。

作品中的梁三老汉，是小私有者农民的一种典型，他勤劳、善良、正直而又有些自私、保守和狭隘。在旧社会他拼命创业却以失败告终，解放后，他分得了梦寐以求的土地，对党和人民政府由衷地感激，但旧社会的苦难生活给他留下了难以抹去的"精神奴役的创伤"。他既不赞成互助合作走集体致富之路，却又常常暗里为儿子成立互助组的事而发愁；他既有老农的倔强、古板，又不乏农民的单纯、善良。小说通过真切描写梁三老汉充满矛盾的内心世界和艰难的转变，既刻画了中国农民由于历史原因所形成的落后、保守、狭隘的弱点，又表现了他们勤劳朴实的品质。因此，梁三老汉的形象具有典型意义。

此外，本时期"农村小说"的重要作家还有周立波、李准、浩然等。周立波出版于 1958 年的长篇小说《山乡巨变》，亦属于表现农村社会两个阶级、两条路线斗争的作品，但与《创业史》（第一部）相比，其对农村阶级斗争的表现，带有更多人为的夸大与虚饰。小说中落后农民"亭面糊"、陈先晋等人物形象的塑造，富有生动感。作品以清新自然的笔调对湖南山乡风情的精彩描绘，为人们所称道。李准是 50 年代成长起来的作家，其创作与当前农村的政治运动、党的政策变化保持着密切的联系。成名作《不能走那条路》通过翻身农民宋老定想买地的故事，及时提出防止农民两极分化的重要问题，小说因此受到文学界的高度评价。1960 年，李准发表了他的代表作《李双双小传》，作品通过描写农村妇女李双双在"大跃进"生产运动中，冲破习惯偏见积极参加集体劳动，展示了新时代女性在自我解放、当家做主的历练过程中的蜕变与成长。李双双这一女性形象大胆泼辣、勤劳正直、精力旺盛的性格特征，在当代文学的女性形象系列中，具有鲜明的独特性。

五六十年代"农村小说"的意义在于，形象地揭示出外在社会运动的变化所引起的乡村社会风俗习惯和世态人心的变化。这些作品除了具有宣扬时代政治理念的价值之外，其对地域文化、乡村风情的描绘，对农村社会新的精神性格的塑造与颂扬，对老一代农民在新旧时代之交引发的精神痛苦与心理矛盾的刻画，尤其是所塑造的中间人物形象群落等，既超越了中国现代乡土小说的价值范畴，也是"农村小说"对20世纪中国文学的贡献所在。

"十七年"时期"农村小说"的不足之处也是明显的。比如过于注重对社会运动过程的叙述而相对忽视了对人物精神性格的深层内蕴的挖掘。绝大部分作品习惯于从政治社会角度夸大农村社会的阶级对立以及人的单一的阶级属性，而忽略了对人物多样化、性格复杂化的关注。注重小说主题与时代一致性的同时，有意弱化基于作家独特生活感悟、人生体验、情感历程的个性书写等。

第三节 "先锋小说"与"新写实小说"

"先锋小说" 是对20世纪80年代中后期出现的一种新的小说类型的称谓，它初现文坛时被人们冠以"探索小说"、"实验小说"、"新潮小说"、"后新潮小说"等不同的名目。"先锋小说"和"十七年"时期的小说相比有着极大的差异性，带有鲜明强烈的探索实验性质。它的涌现，既与80年代中后期开放时代里文学急于突破自身传统的内在审美需求有关，又有着西方现代性和后现代性各种文化文学思潮观念的持续性冲击的深刻影响。"先锋小说"的代表作家作品有马原的《拉萨河女神》《冈底斯的诱惑》、洪峰的《奔丧》《极地之侧》、余华的《十八岁出门远行》《现实一种》、格非的《迷舟》、孙甘露的《信使之函》、苏童的《一九三四年的逃亡》等。

与传统小说相比，**先锋小说的实验性**主要体现在以下几个方面：

反小说——故事情节淡化。先锋小说首先是打破了传统小说的故事性。50年代以来，作家将自己束缚在主题、题材上，"写什么"是他们关注的问题，表现出对社会问题的关注。而先锋小说与传统小说不同，先锋小说重视的是叙述本身，他们在意的是讲故事的形式（叙述形式），而不是故事的内容，为此，他们不惜运用虚构、夸张、编造的手段，拼接、剪贴生活中可能没有而小说艺术中可能存在的各种稀奇古怪的故事情节。在文本特征上体现为叙述游戏，结构散乱破碎，人物趋向符号化，性格缺乏深度，使读者由对人物和意义的关注，转向对叙述过程的关注。故事性是传统小说的要义，而先锋作家颠覆了这一小说的原命题，孙甘露的《信使之函》这篇所谓的"小说"，既没有明确的人物，也没有时间、地点，更谈不上故事。他的每一次写作都是一次"反小说"的语言游戏。格非的《迷舟》讲述的是战争与爱情的古老战争故事。写的是北伐战争时期，孙传芳部下萧旅长奉命于大战前夕潜回故里小河村查明敌情，在回家为父奔丧期间与表妹杏私通，然而在叙述中，整个故事的关键性部位却出现一个"空缺"。萧去榆关到底是去递送情报还是去会情人杏？这在传统小说中无疑是一个精彩的高潮，然而，在文本中却被省略了。这个"空缺"不仅断送了萧的性命，而且使整个故事的解释突然变得矛盾重重。余华的《四月三日事件》是对少年心理的书写，他以一个无名无姓的"少年"视角状写了少年的恐惧，以及对生存环境怪异的感觉，少年穿梭于现实与幻觉之间，用幻觉来审视现在，而在对幻觉与现实的反复辨析中，故事的连贯性不断被打断。

反语言——语言游戏化。在创作姿态上追求自娱写作，追求"语词的快乐"，存在"文本自恋"倾向，具有反主流、反启蒙倾向。先锋小说作家创造性地损坏日常言语中习用的语言序列，重新构造我们对现实的感觉，使读者脱离日常生活氛围，深入到由语言构造的深度性的存在世界，从而对日常生活的卑琐性进行解构，发掘出背离日常生活的价值。莫言的《红高粱》中写奶奶临终一笑：像烙铁一样，在父亲的记忆里，烫出一个马蹄状的烙印。写罗汉被剥皮：耳朵放在磁盘里叮叮咚咚打得磁盘乱响。莫言以个人化的感觉方式有意对现代汉语进行了引人注目的扭曲与违拗，他的小说形成了个人化的语象世界与个人文体，这种文体富于主观性与感觉性，在一定意义上是把诗语引入小说的一种尝试。孙甘露的《信使之函》中"信是焦虑时钟的一根指针"、"信是耳语城低垂的眼帘"、"信是锚地不明的孤独航行"等，几十个充满了诗意的梦呓式的对"信"的述说，在每一句述说下摘录一段信使所送的信中的段落，这些段落同样华美、富于诗意而又没有任何现实或者象征的寓意。孙甘露抽空了语言的现实人文意义，最后只剩下了纯净的言辞，他把小说语言变成了"梦与诗"的结合体。《访问梦境》也是一首不分行的诗，是一篇无主题的音乐作品。作者有意突破小说、诗歌和音乐的文体界限，进行一种叙事话语的实验。

反真实——现实与幻觉的双向转换。传统写实主义依附于存在的客观事实，作品力图还原生活的本来面目。艺术是对现实的再现，而对于先锋作家来讲，现实是混乱又琢磨不定的，唯有自我的感觉世界才是真实的，因此他们沉湎于无穷无尽的幻觉世界。他们放弃了旧有的真实观，放弃对历史真实和历史本质的追寻，放弃对现实的真实反映，文本只具有自我指涉功能。在传统写实主义中，文本和现实世界合二为一，虚构属于艺术表现的形式，是实现"真实性"意图的工具或手段，即通过虚构的手段再现现实、认识现实、认同现实。而先锋小说颠倒了两者之间的关系，不再真实地再现现实，也不再把真实性放在首要地位，而是专注于"虚构"文学话语。马原的"元叙事"指的是作者在小说中直接出现并揭露小说的虚构性，打破了传统小说的"似真"幻觉，混淆了现实与虚构的界限，故事有头无尾经常是片段的连缀，达到了"亦真亦幻"的叙事效果，从而形成了"马原的叙述圈套"。在马原的《虚构》中作者直接在作品中露面，使作者、叙述者和叙述对象三位一体。以此构成元小说的基本框架。所以读者往往难以把作者、叙述者和叙述对象的"马原"区分开来。他时而是"故事"中的一个人物，时而又站在"故事"之外，随着故事的发展而发表评论，通过这样的叙述，作者对叙事时空重新拼接安排。所以，当你走进故事的时候，你不知道它是虚构的，还是真实的，从而造成了亦真亦幻的阅读效果。《虚构》的开头："我就是那个叫马原的汉人。"接着讲了这样一个故事：马原到麻风村考察的经历。在小说的讲述中，作者为了增强真实性，不时提醒读者："我是一个写小说的作家。我格外注意人物的说话的情形"，"我个子高大。满脸胡须。我是个有名有姓的男性公民。说不定你们中间的好多人会在人群中认出我"。作者以自我确认的方式介入作品，以回忆的方式展开故事的叙述，似乎故事是真实可靠的；另一方面，又告诉读者故事是虚构的，"我其实与别的作家没有本质不同。我也需要像别的作家一样去观察点什么。然后借助这些观察结果去杜撰"并且强调"下面的结尾是杜撰的"，于是真实性被瓦解。

反日常——性、死亡、暴力。在这种形式革新的基础上，先锋小说也挖掘了包含的特定意义，这也是与传统背离的，表现在对于与梦境、幻觉等相联系的性、死亡、暴力等主题的关注。表达了作家对于历史、现实、社会、人性等的个性化的体验。残雪的《山上的小屋》，在山上的小屋里，暴怒地撞着木板门，周围是呼啸的北风与嚎叫的狼群，她以一种丑恶意象的堆积凸显外在世界对人的压迫，以及人自身的丑陋与无望，把一种个人化的感觉上升到对人的生存状态的寓言的层次。洪峰在《瀚海》中以生物物种学的眼光，审视了家族的历史，考察了"姥爷姥姥"、"舅舅舅母"、"白雪雪"和"李金斗"、"李学文"两个家族之间的爱欲情仇，以致最后退化的过程，作者以"局外人"的姿态，冷静、超然地叙述故事的发展。余华的《现实一种》较为典型地体现了其小说的基本特点。就主题而言，是常见的复仇故事，然而与传统小说不同的是，他没有提供故事的起因，一切的仇杀都是盲目的冲动、欲望的满足，小说特意选取了兄弟之间的仇杀，从而不动声色地拆解着传统家庭中温情脉脉的血缘关系：哥哥四岁的儿子无意间摔死了弟弟的儿子，弟弟一脚踢死了侄子，接着哥哥杀死了弟弟，最后哥哥因杀人罪被枪决，弟媳把哥哥的遗体捐给国家，让其死无完尸，与这类"连环报"的仇杀故事的传统讲述方式不同的是，余华在叙述这一悲剧时，既无愤怒，也无悲悯，而是以惊人的冷漠和调侃来叙述一系列的杀戮和死亡，以一种极端的叙述对传统伦理文化以及人性本质进行颠覆，呈现出另一世界的图景和人性的丑陋。苏童的《一九三四年的逃亡》作为一篇家族小说，它叙述了一个长工家族的衰败史和逃亡史，叙述了畸形、疯狂的性爱和不可捉摸的灾难和死亡。在这个家庭中，祖父陈宝年在结婚七日之后便离家进城谋生；他的儿子狗崽在九月之夜，追随其父逃到城市，最终夭折；在一场瘟疫中，祖母蒋氏的五个儿女都死去，最后一个婴儿也被抢走，蒋氏最终走进了地主陈文治家。陈宝年一家的衰败仅是无数家族溃败的一个代表，那场瘟疫夺取了枫杨树人的生命，139名男子逃亡城市，这就构成了枫杨树家族衰落的历史。

反文本——由封闭走向开放。传统写实主义作品是绝对独立完整的"这一个"，对于一个作品来讲，它有内在统一完整的秩序，包含一个封闭性的深度模式，而先锋小说破除了这一深度意义模式，认为本文是供"阅读的"，而不是被解释的，文本是语言活动的场所，而不是展示一个完整的世界。

反文化——消解意义。在文化上表现为对旧有意义模式的反叛与消解，放弃了对生活的象征、转喻，以及本质的抽象和形而上的把握，作品不再具有明确的主题指向和社会责任感，消解深度。

"先锋作家"的文本实验，在具体创作中各有不同。从艺术追求方面着眼，大致可以分为以下几类：

一、故事碎片化与叙事游戏。

二、"虚构"的真实。

三、梦幻与诗意化的语言实验。

先锋小说对于当代文学来讲，无疑是一场文学革命，它打破了文学沉闷的局面，更新了人们的文学观念，丰富了小说艺术的表现空间。尤其是对小说叙述方式和语言形式的大胆探索，对当代小说的创新和发展提供了可能性，对后来的小说创作产生了重要影响。同时，先锋作家使小说的艺术形式变得灵活多样。小说诗意化、情绪化、哲理化、散文化、寓言化，传统的文学规范被打破，小说获得了空前的自由。然而，正是由于无限的自由，它的局限性也愈来愈明显。比如先锋小说在小说观念上将叙述和语言视为小说写作活动的全部意义，把象征、虚构和隐喻等叙述手段推向极端，而规避了现实问题，它对意义的放逐也使自身丧失了广泛交流的基础。从它的发展来看，这都是导致其迅速衰落的重要原因，从而使不少作家的写作陷入困顿。再如在"先锋小说"中，人物不得不退居在讲述的故事和故事的讲述的背后。人物变成一个"它"，被瓦解到话语的碎片中，作为缺乏所指的能指词，作为话语的偶然要素和语词的某个单位与全部符号一起游戏，人成为话语表达中的一个符号，或是故事中的一个角色。对人物形象的忽视，无疑是这类小说的弱点。同时，对于先锋作家而言，他们不是"创作主体"，而是写作者，他们不想去承受人类的精神灾难，他们更乐意去玩味这个世界。他们冷漠的叙述态度，一方面来自他们游戏人生的实验态度，另一方面也使他们的苦难叙述缺少了悲剧质素。文学漠视现世价值的代价是丧失了自身的意义。到了 90 年代，不少先锋作家开始有意识地调整文学观念，在作品中注入现实生活因素，关注现实题材。先锋小说的分化和转型，导致了它的终结。

"新写实小说"是 20 世纪 90 年代小说领域的重要现象，它肇始于 80 年代后期，兴盛于 90 年代，继"先锋小说"之后形成创作潮流。"新写实小说"产生与繁盛的原因是多方面的。首先，90 年代进一步改革开放形成的商品经济大潮推动了"世俗文化"的兴起，文学所面对的生活现实进一步世俗化，民众在世俗生活中的喜怒哀乐成为一种新的精神现象，这引起了作家们的关注；其次，文学在经历了 80 年代迎合政治、提出问题以及创新求变等一系列变化之后，试图寻找新的介入现实的方式，调整文学与现实的关系，以期达到对以往革命现实主义的超越。最后，文学阅读的消费性趋于强化，文学接受的目的不再只是寻求真知与理想，而是更多地要求通过文学了解自我的当下处境，缓释不断产生的生存焦虑与精神困惑。"新写实小说"的发生发展，同样蕴含着 90 年代文学转型的某种必然性与复杂性。

"新写实小说"的代表作品有池莉的《烦恼人生》、刘震云的《一地鸡毛》、方方的《风景》、刘恒的《狗日的粮食》等，此外，王朔的小说也常被归入这一类型。

总体而言，**"新写实小说"的基本特性**可以概括为在对以往文学真实性观念的反思基础上，追求文学表现的新的"真实"。具体体现在以下几个方面：

一、**对传统现实主义的反叛，描摹凡俗的小人物**。与"十七年"小说和80年代"社会问题"小说相比，"新写实小说"的人物身上，不再具有崇高的革命理想主义和为真理献身的英雄主义色彩，有意剥离人物与时代政治的关联，而是把凡俗生活和庸常之辈作为描写的主体对象。这类小说作品中的人物，虽然有着工人、干部或知识分子等现实职业身份的不同，但"平庸性""凡俗性"却是一致的。在作品中，他们并不是生活的主宰，反倒常常被各式各样的权力所愚弄，挣扎于生活的边缘。

二、**关注人的生存状态，还原生活本身**。"新写实小说"有意强化对"现实"与"真实"新的认知方式。拒绝"典型环境中的典型性格"，无意去寻求生活的本质，它把生活现象作为叙述的重点。还原生活本相，表现生活中的"纯态事实"，力求最大限度地接近生活的本相或原生态，将日常生活中的吃喝拉撒睡作为最主要的内容。

三、**"生活流"的叙述方式**。与传统现实主义的提炼、集中和"典型化"的方式不同，而是按照日常生活自身逻辑与时空线索铺设情节，展开矛盾，尽力避免对生活素材作人为的加工、剪辑和修饰，追求与平凡生活的对应性。

四、**冷漠、旁观的叙述态度**。作家为了还原生活本相，放弃了五四以来知识分子作家所一再持守的批评、介入和干预"生活"的激进姿态，消解了创作中的主观倾向，以一种隐匿式的、作者缺席的方式"描述"生活，对小人物的喜怒哀乐给予"客观"的叙述，让读者在一种重新"还原"和不加"过滤"的本真的生活中体验人生的况味。通过这种隐藏的视角，人们会相信确实看到了生活本来的样子，他们的观察和感悟没有受到作者和作品文本的干扰，从而使读者获得精神共鸣。

池莉的《烦恼人生》以"生活流"的写法呈现了武汉钢铁厂工人印家厚一天的烦琐生活：住房拥挤、厕所拥挤、奖金分配不公、爱情失意等，生活成了沉重的劳役。作品以二元视角展现印家厚精神上的变异：物质/精神、世俗性的生活经验/浪漫化的生活理想。日常性经验指的是孩子掉床、上厕所、吃饭、挤车、上班迟到、奖金分配、托儿所经历、被工会抓差等琐事；精神理想指的是关于初恋的美好回忆、下乡生活等，这实际上代表着青春、理想、爱情，这两种视角构成了叙述的内在张力。但是与传统小说不同的是，不是理想战胜了现实，而是日常生活对人的改造，把人纳入世俗的生活轨道。印家厚的生活哲学便是如何带孩子上班，能在饭摊上吃上热乎乎的早点，别人涨工资他也涨工资，别人换彩电他也换彩电，他不觉得关心大白菜多少钱一斤会丢人，也不认为洗衣服、做饭、睡觉这些琐事会增加生活的烦恼，反而觉得这种日复一日的生活挺温馨的。由此表明，《烦恼人生》已抛弃了理想主义和浪漫主义，转向了对实在性的生活逻辑的完全认同，同时对此种生活状态，作者也给予了深切的同情。

刘震云的《一地鸡毛》写小林生活状态的烦恼程度。"小林家一斤豆腐变馊了"，这是小说的开头，也是情节的开端。"一斤豆腐变馊了"这当然是一件极其平常的琐事，但正是这些琐事构成了小林的全部生活内容：和老婆吵架、老婆调动工作、孩子入托、排队抢购大白菜、拉蜂窝煤、每天的上班下班以及吃饭睡觉。小林本是一个有理想、有抱负的大学毕业生，但是在这样的"单位"和"家"中最终变成了庸庸碌碌的人，整天为琐事烦恼不已。工作中处处碰壁，生活中一筹莫展，凡俗生活消磨着他的青春和锐气，为了生存他不得不忍气吞声、察言观色。"一地鸡毛"这个标题所呈现的是一幅挣扎于堕落边缘的心理幻影，也是主人公对这种压迫性的生存环境充满恐惧的心理表现。刘震云的《一地鸡毛》除了写日常琐事对人的精神腐蚀，还关注权力对小人物的愚弄。在作品中，所有人物都在权力所编制的网络中挣扎：妻子坐单位的班车上班不是因为局长体恤下情，而是沾了局长小姨子的光；儿子进了理想的幼儿园不是源于邻居的热心帮忙，而是给人家的孩子做陪读；妻子调动工作因找错人而前功尽弃。不仅小林一家如此，他们与小保姆、查水表的老头，同样受到权力之手的左右和愚弄，权力好像无形的网构成了现代人荒诞而无法挣脱的生存处境。小林和妻子的理想和抱负在权力之手和世俗力量的摆弄下变成了患得患失。在此，人是被动的，表现出对世俗生活的无奈认同。

方方的《风景》选择了一个出生不久便夭折的鬼魂"小八子"作为叙事者，叙述了汉口河南棚子一个十三平方米的屋子里，一对夫妻和九个儿女一家十一口人的家庭生活：父亲是个码头工人，性情粗暴，以殴打子女为乐；母亲风骚粗俗，他们在半生中都过着一贫如洗的生活，唯一的收获就是九个儿女。然而方方不仅写出了底层市民物质的困顿，而且还写出了他们心灵的肮脏和丑陋、亲情的冷漠：父亲经常无故毒打子女，而母亲却置若罔闻地坐在一旁跷着腿修剪脚皮。姐姐小香则常常造谣中伤七哥使其被父亲毒打，并以此为乐。在这里没有父母的关爱，也没有兄弟姐妹间的温情互助，由此写出了普通人精神生活的匮乏和空虚。在小说中，七哥的生存方式显得格外令人瞩目，七哥遵循的是"恶"的生存法则，他的生存哲学是"干那些能够改变你的命运的事情，不要选择手段和方式"。在七哥心目中没有善与文明，"恶"就是他的人生准则，在这种生存哲学中，没有任何精神超越的可能性。作者完整地展现了这一群挤在狭窄空间里生活的凡俗小人物，如何由粗糙的生活繁衍出粗糙的心灵，活画出武汉底层市民的灵魂，显现出哲理的深度。

新写实小说不以先验的既定视角去看待生活，而是从人的角度思考现实，同时它在叙述方式上对生活的贴近，以及它对个人感觉的尊重、避免将生活理想化等方面，都对以后的小说创作产生了重要影响。

然而，**"新写实小说"**的不足也是明显的。主要表现为：

自我的消解——"新写实小说"以局外人的叙述角度叙述生活流程，自我的思想情感很少介入作品，这样势必带来作家艺术个性的淡化，有些作家同样写市民生活的琐碎状态，却很难看到他们各自不同的价值判断以及自身的情感流向，他们在尊重现实存在的同时，将自我湮没在尘世生活中。

主体意识淡化——虽然新写实作家切近现实，拥有庞大的读者群，然而，新写实作家零度情感的"非价值"的小说叙述，缺少对现实的形而上思考，更缺少理想的升腾，对于大众的审美迎合多于提升，丧失了作家在文学创作中的主导权和自主意识。

创新性匮乏——新写实作家的作品虽然在语言上自然、流畅，艺术形式圆熟，但总体上缺乏创新和变化，创作重复，没有创新性和对自我的突破，所以，在他们的创作中，缺乏真正的精品。

悲剧感和崇高感的淡化——新写实小说在美学上的缺失在于题材与思想的琐碎，导致了悲剧感和崇高感的匮乏。由于新写实强调对凡人琐事的原色表达，是对庸常大众生活方式的认同，这就决定了他们的审美旨趣是大众化的、日常生活化的，缺乏深沉的爱与恨，也难以起到撼动人心的作用，它只是满足了人们消遣的阅读期待。同时，由于题材的限制，也决定了新写实作品普遍缺少大气度和历史深度。到了90年代中期以后，新写实作家面对创作的困境和各方面的指责，一些作者在维护原有叙事风格的同时，在小说中加入了"抽象性"的成分；另一些作家则走向新历史小说的创作。

第四节 "新历史小说"

20 世纪 80 年代中期至 90 年代初，中国文坛出现了一批历史题材创作，后来被命名为**"新历史小说"**。这里的"新"主要是相对于"艺术反映历史真实与本质"的传统历史小说，尤其是五六十年代的革命历史小说而言的。新历史小说则有意打破革命历史小说的观念与规范，在历史观、叙事立场、人物塑造、艺术手法等方面呈现出新的追求与探索。

新历史小说的出现是自 70 年代末开始的历史反思思潮在文学中的体现，同时也跟解构主义思潮涌入有关。解构主义对"结构"、"中心"、"崇高"、"神圣"、"意义"等的拆解与颠覆，它的反叛性、破坏性对中国作家的创作产生了巨大的影响，其鼓吹"无系统、无中心的绝对自由"的理念给作家以思想启迪。当作家借此重新审视过去的历史尤其是革命历史，便会产生不同于上一代革命历史小说作家的体悟与判断，由此创作出的新历史小说便构成对前一时期革命历史小说的"反叛"，这种"反叛"主要体现在以下几个方面：

一、**反意识形态化，对"民间"、"个人"历史的挖掘与关注**。在革命历史叙事中，"历史"是一个合逻辑、合目的的由低级到高级的发展历程，个人作为历史发展线条中的一环被顺理成章地编织进历史进程中，其动机、行为及价值主要体现在对历史发展进程的作用上。因此革命历史小说书写的是一个高度意识形态化的"大历史"。新历史小说则把整齐划一的"大历史"撕成一地碎片，去除意识形态烟幕，从"民间"与"个人"入手呈现"历史"的混沌与本真及其中的人性真实。宏大的历史事件退至后台成为一个模糊的背景，普通个体的命运悲欢以及人性欲望成为表现的中心。从这一点上看，新历史小说与新写实小说有很大相似性，意味着文学表现对"民间"、"个人"历史的回归。

二、**淡化人物"历史属性"与"阶级属性"，突出恒常的人性、欲望表现**。革命历史小说塑造人物遵循"历史本质"的规定，突出人物的阶级与历史属性，回避人的本能欲望与私人感情，在某种程度上造成了人的简单化、概念化。新历史小说反叛这种单薄的表达，撕破披在人身上的历史与阶级属性面纱，将笔触伸向以往被忽略的人的自然本性与欲望。人性、欲望亘古不变，甚至成为推动历史的强大动力。新历史小说中的很多人物都没有多少"历史感"，跟活在当下的芸芸众生没有多少区别，是作家借古人躯壳表达对恒常人性、欲望的理解。

三、**反叛线性发展的历史观，体现出历史循环论与悲观主义色彩。**革命历史小说表现的是一种线性发展的历史："革命"战胜"反动"，"先进"战胜"落后"，"光明"战胜"黑暗"，"正义"战胜"邪恶"，"新人"取代"旧人"，最终"打碎一个旧世界，创造一个新世界"。新历史小说对历史发展与人类命运大都持悲观态度，"历史"与"现实"有惊人的相似，"历史"不是线性发展而是循环往复，所以在很多作家笔下总是历史背景模糊，人物命运大同小异，甚至让读者感到这些人事就存在于自己身边。

四、**颠覆历史的客观真实性与必然性，强调历史的虚构性与偶然性。**在革命历史小说那里，历史是一个客观存在，按照自己的逻辑变化发展，小说能够再现一个真实客观的历史进程。新历史小说不但无意还原具体的历史人物与事件，而且彻底颠覆历史的客观真实性，并不惜以虚构的方式表达作家心目中更高层次的"历史真实"，很多历史事实与人物被拆解得面目全非。否定历史运动有内在的逻辑规律，更强调历史的偶然命定、世事无常、造物弄人。

五、**突破现实主义的艺术拘囿，追求多种形式的艺术创新。**革命历史小说奉现实主义为最高艺术法则，情节的"真实性"、人物与环境的"典型性"是作家孜孜以求的。新历史小说不满足于现实主义的单一表现，融合吸收魔幻现实主义、表现主义、象征主义、荒诞派、黑色幽默等多种表现方法，打破以往历史叙事的时空、因果等逻辑顺序，采用变形、夸张、戏仿、拼贴、梦境、意识流、蒙太奇、回环复叙等多种艺术技巧，最大限度地丰富小说艺术表现方法。

就内容而言，新历史小说主要呈现了以下几个方面：

一、**"革命"、"战争"与"人性"。**刘恒的《苍河白日梦》所讲的故事发生在清末，曹府二少爷光汉留洋回到家乡，赈济灾民，请洋人办火柴厂，在革命党影响下试制炸药，最终被清政府抓住绞死。然而叙述人是一个百岁老人，讲的是他16岁在曹府做奴才时看到、听到的一切，这种独特视角使得一些内容被遮蔽（如革命党人的活动），另一些内容则被敞开：二少爷是一个"怪人"、"疯子"、"废人"，他的恋母情结、性无能、性变态及自虐，洋工程师与二少奶奶的偷情，"耳朵"（百岁老人的小名）暗恋二少奶奶的"白日梦"……曹光汉由于性变态与自虐狂而走上革命并慷慨赴死，以此证明自己不是"废人"，这种叙述解构了有关"革命"、"英雄"、"牺牲"的神话。"苍河白日梦"既是"耳朵"暗恋二少奶奶的白日梦，又是二少爷曹光汉的革命白日梦。格非的《大年》同样颠覆了关于革命的"动机"与"源起"的意识形态解说。革命引路人唐济尧设巧计诱使豹子参加革命并杀死财主丁伯高，又罗织罪名除掉豹子，目的却是为了得到丁的二姨太玫。有关"压迫与反抗"的革命动机被消解，唐济尧的"革命阴谋"与豹子的阿Q式盲动背后是赤裸裸的欲望。《迷舟》将背景置于北伐战争时期，写孙传芳部下级军官萧于戎马倥偬之余与表妹杏的私情，以及最后被警卫员以"通敌"的口实击毙的故事。笼罩在主人公身上的是深深的神秘与宿命，萧没有死在战场，没有死于情杀，却死在对自己忠心耿耿、还是一个"未谙世事的孩子"的警卫员枪下。作家把萧和杏这条明线营构得跌宕起伏，而把萧和警卫员这条暗线处理得极为隐蔽，从而造成扑朔迷离的"叙事迷宫"。莫言《红高粱》系列破除"民族抗日战争"的宏大叙事，在一个"抗日"大背景下通过"红高粱"这一象征意象，张扬北方农民的原始野性与自由粗犷的生命力："我爷爷"余占鳌杀死与自己母亲姘居的和尚，杀死"我奶奶"九儿婆婆家一对父子，炽烈地爱着九儿，他们在疯长的高粱地"野合"；日寇来犯，他们拉起队伍以原始的武器作自发而惨烈的抵抗，作者以此表达对已逝的野性、血性的追怀。小说由第一人称叙述者加上叙述者父亲（豆官）的视角来铺叙故事，不同人物心理与视角分别叙述同一个故事，每次叙述各有侧重，营造出"多声部"叙事效果。在写实中融入奇异的想象与怪诞的色彩，作者凭着自己的感觉体验随心所欲变换时空，使此地与彼地、历史与现实奇妙地糅合在一起，构成非线性、非逻辑、循环复叙的立体结构。同样，余华《一个地主的死》在对"抗日"题材的另类叙写中塑造了一个另类的"抗日英雄"。一个饱食终日、游手好闲的地主少爷王香火竟然舍命将日寇引入绝境，最后的牺牲也不壮烈。王家雇工孙喜在寻找少爷途中不忘嫖妓，虚跑一趟急着回去领赏。国难当头，民众却津津有味看动物交配，取笑被日寇摧残的女人。日本兵残酷暴虐，但在陷入绝境时唱起怀念家乡的小曲。小说充满对慷慨壮烈的抗日题材作品的戏谑和嘲讽式模仿，展示的是人性的复杂多面与民众的原生态生活。

二、"民间"、"乡土"与"苦难"。张炜的《古船》叙写胶东半岛洼狸镇上隋、赵、李三家四十多年间的家族争斗与命运沉浮。作家以极大的勇气揭开革命历史的血腥、残酷一面：土改时期的"乱打乱杀"，自然灾害中的大饥荒，"文革"中令人发指的暴行。宗法观念、家族势力以及人性恶假借政治运动的名义彻底释放，甚至催生出赵炳、赵多多这样的疯狂打击报复隋家的"毒人"，作者对此给以不无沉痛的针砭与反思。小说以写实为主，融入许多象征色彩明显的意象，写实与象征融合，丰富了作品的艺术表现力。

陈忠实《白鹿原》在对革命历史的书写上可与梁斌《红旗谱》对读，从中可以看出新历史小说与革命历史小说的明显区别。白嘉轩的仁义及其与长工鹿三亲如兄弟的情谊，彻底颠覆革命话语对地主与农民间阶级矛盾的经典论述。朱先生的"鏊子说"消解了革命的"神圣崇高"，白孝文、白灵、鹿兆鹏、鹿兆海等人所走的不同道路及最终结局昭示出变幻莫测的革命风云中个体命运的荒诞。白、鹿家族纷争有时以革命名义出现，更多的却是乡土中国中人性、欲望的搏杀。朱先生的圣人风范与田小娥的悲惨命运，体现出传统文化善与恶的两极，白嘉轩则集两极于一身。作家站在民间与文化立场而不是党派阶级立场，审视从清末到新中国成立半个世纪波谲云诡的历史，以对传统宗法制文化的颂祷哀挽和对农民式革命抗争的反思为主线，努力展现历史的丰富、复杂、荒诞、悲凉，充满忧世伤生的悲悯感。小说在写实中融入魔幻手法（如"白鹿精灵"、朱先生等），呈现出雄浑粗犷、磅礴大气的艺术风格。刘震云《故乡天下黄花》叙写从民国初年到"文革"半个多世纪中一个村庄的动荡历史。各派势力先后不择手段登上舞台，"乱哄哄你方唱罢我登场"，但每一派上台追求的不过是权力及欲望满足，无论是孙家还是李家，最终受害的总是底层百姓。随后的《故乡相处流传》更是把这种历史荒诞发挥到极致，作者让曹操、袁绍、沈姓小寡妇、朱元璋、慈禧太后、六指、陈玉成、孬舅、猪蛋、"我"等历史人物或虚构人物共时性生活在三国、明初、晚清及20世纪60年代，传统的"历史真实"完全消失，取而代之的是虚构、夸张、黑色幽默与狂欢叙事，荒诞、离奇的情节背后是成王败寇、以暴易暴的权力游戏与历史循环。《温故一九四二》取材于1942年河南大饥荒，但内容与正史叙述大相径庭：中国政府腐败不堪，一个外国记者成了灾民的救星，日本侵略者放粮赈灾得到民众拥戴。刘震云这些小说抛弃"谁主沉浮""民族家国"之类宏大主题，直面历史的苍凉与荒诞，既写出上层统治者争权夺利的本性，又写出生存重压下普通民众的懦弱与势利，从中窥探千百年来稳定不变的乡村政治本质。

莫言的《丰乳肥臀》，其惊世骇俗的书名与内容形成极大反差，母亲上官鲁氏艰难养育上官金童和八个女儿，这些女儿嫁给不同的政治势力代表，这些政治势力之间的角逐厮杀便在这个家族展开，上官家族不可抗拒地卷入20世纪中国跌宕起伏的历史进程。小说表达了作家对承受苦难的母亲的同情与歌颂。在阶级身份与政治选择、政治立场与个人品质、财富与道德、血亲伦理与性道德等方面，彻底颠覆革命历史小说的既定规范，引起很大争议。余华的《活着》讲述一位叫福贵的中国农民的苦难史诗，从吃喝嫖赌的地主少爷沦落为孤苦无依的农民，其间，妻子、儿子、女儿、女婿、外孙相继死去，剩下年迈的福贵伴着一只老牛在阳光下回忆往事，解放战争、土改、大炼钢铁、大饥荒、"文革"等历史事件成为孕育苦难的生存背景。小说一改余华早期创作对苦难、血腥以及人性恶的冷漠渲染，表达人对苦难的承受以及活着的坚韧。主体部分由晚年福贵的叙述构成，体现出沧桑历尽之后对苦难的平和超然。而采风者"我"的客观记录则进一步拉开福贵的苦难史与读者的距离，强化了静穆醇厚的"间离"效果。语言由先锋试验转向朴素写实，更能打动读者。

三、"历史碎片"与"风情风月"。苏童的《妻妾成群》解构了五四以来新文学对于"新女性"和"大家族"的启蒙性想象：受过新式教育的颂莲非但没有追求女性独立解放，反而飞蛾扑火主动投入封建大家族妻妾之间争宠吃醋、钩心斗角、嫉妒陷害的牢笼，目睹三姨太因偷情被扔进废井而精神崩溃，五姨太的进门预示着又一轮女性命运轮回的开始。对女性心理的细腻剖析，古典、精致、优雅的情调，以及对旧家族斑驳迷离的历史"碎片"和"光影"的迷恋，这一切带给读者的魅力远胜过苏童其他追求"形式创新"的作品。《红粉》叙述两个妓女和一个男人之间的悲欢离合，秋仪、小萼与老浦的命运沉浮、生离死别被镶嵌进新中国成立初的"改造妓女"、"三反五反"等政治运动中，故事本身被赋予历史真实感，却又颠覆正统的历史叙述，揭示出个人命运与大历史进程间存在的悖反关系。秋仪的泼辣刚烈，小萼的软弱虚荣，各个人物性格鲜明。小说以舒缓多姿的语言写出红颜飘零的别样沧桑与伤感。《我的帝王生涯》以第一人称讲述一个名叫端白的国王在真实个体与帝王身份之间挣扎起伏的一生，伴之以血性残酷的宫廷斗争与亡国惨祸。这篇小说以纯粹的历史虚构表达一种纯粹的人性真实，燮国是纯粹虚构出来的、历史上根本不存在的国家。作者抛弃了关于历史真实的一切概念限定，完全靠想象和某些文化符号随意搭建一座王宫，让主人公在其中演绎自己的命运悲欢。小说细节真实，叙述细腻，语言平静、华丽、婉约。叶兆言的《枣树的故事》，细致描写一个叫岫云的女性在复杂多变的时代中的颠沛流离以及与几个异性的离合，表达了对命运弄人的感叹。《夜泊秦淮》系列包括《状元境》《十字铺》《半边营》《追月楼》四部中篇小说，力图以通俗小说样式再现民国时期的秦淮市井风情，充分体现了作家对历史的熟稔及丰富的想象力，以及浓郁的"怀旧"意趣。《夜泊秦淮》犹如一部民国时期的秦淮风俗画卷，语言流畅，通俗易懂，风格细腻而富有文化意味。

四、**"家族寻根"与"人格拷问"**。王安忆的《纪实与虚构》，是对母系家族史和个人成长史的交叉叙述。通过对逝去的历史的寻找和叙述，"我"试图在历史与自己之间建立某种联系。小说叙事策略主要体现在对历史的戏仿与文本的拼贴上，利用历史的考据推理和臆测想象制造一个瑰丽灿烂又似是而非的家族神话。叙事的可信与否代替了历史事实的真实与否，历史可以用小说的方法来创造。方方的《祖父在父亲心中》，以家族史的形式书写两代知识分子的不同命运。同样是饱读诗书、才华横溢的知识分子，祖父活得顶天立地，死得慷慨壮烈；而父亲却在 50 年代后的政治运动中消磨掉志气与锐气，变得卑怯懦弱，逆来顺受，当从银幕上看到日寇屠杀的情景想到惨死的祖父深受刺激而永远倒下。小说运用交叉叙述将抗战时期和"文革"时期、祖父和父亲，不同时代两代知识分子的心态及人格精神展现在读者眼前，祖父面对日寇英勇就义的凛然正气和摔死在影院门口的父亲形成鲜明对比。作者以冷峻的眼光透视祖父、父亲代表的两代知识分子群体，赞扬祖父身上体现出的知识分子气节，对"文革"中以父亲为代表的知识分子的人性弱点做出剖析与批判。

新历史小说颠覆以往意识形态化的历史一元论神话，反叛革命历史小说的写作观念与写作规范，将历史人物还原为具体的、真实的个体，表达作家对历史与人的独特思考，在创作方法上进行多样探索，这一切给文坛带来思想上、艺术上的新的活力。90 年代以来成绩卓著的历史题材创作不能说全是新历史小说的延续发展，但受其影响则是客观事实。这一切都昭示出新历史小说的重要价值意义。

然而，正如前面已经指出的，新历史小说首先是在反叛革命历史小说这一向度上确证自身价值的，读者也需将新历史小说与革命历史小说"对读"，才能更清楚地认识到新历史小说的特征、成就及地位。如果抽去革命历史小说这一"前文本"，孤立地看新历史小说，它在历史观、文学观及人的表现上的偏颇便会暴露无遗，这些偏颇也会给读者以误导。比如历史虚无感的渲染。新历史小说大都反叛历史真实性、必然性及发展观，强调历史虚构性、偶然性及循环论。这种解构有时未免矫枉过正，甚至一些作家完全抽空历史，将历史等同于任自己操控的游戏乃至儿戏，极力渲染历史虚无感，其结果必然导致"无根"的漂浮感与失重感。如何站在新的高度来诠释历史，在颠覆旧的历史观念的同时努力建构新的历史价值观，应该是新历史小说作家认真考虑的问题。其次是人的主体性的削弱。新历史小说努力剥离人的历史的、阶级的属性，驱除意识形态附在人身上的油彩，重在表现本真的人性及欲望。个体生命、欲望、命运无常、存在的荒诞等成为小说的主要内容，与之相关的生存场景往往以偶然、断裂、模糊、神秘、荒诞、悲剧的面目呈现。在这种背景下，人成为苦苦挣扎却难逃命运捉弄的无助的个体，人的一切努力似乎只能确证自身的渺小与失败，主体性被大大削弱。这同样是一种有害的观念，不能视为历史存在与人的存在本质。最后是文学"神性"的淡化。新历史小说反叛革命历史小说的昂扬乐观基调与理想主义情怀，努力展现历史的颓败与荒凉，人的孤独与弱小，世事无常与命运难测。在这种展现中，读者看到作家所理解的一种冰冷的真实、冰冷的人生，缺少文学的"神性"、"理想性"给予人类心灵的温暖与安慰。无论是新历史小说作家本人还是笔下的人物，在认识到历史与人的悲剧性处境，并把这种悲剧性处境表达出来的时候显得过分游戏与冷漠，缺少"绝望中反抗"的执著与坚毅。

在完成对革命历史小说的拆解与颠覆之后，新历史小说的探索道路越走越窄。90 年代初、中期，新历史小说在远离历史的道路上越走越远，娱乐与游戏倾向越来越重，新历史小说的"新"已经难称得上有多少艺术创新。

第五节　"新武侠小说"

"新武侠小说"，是指发轫于 20 世纪 50 年代初的香港，以虚构的历史上的武侠故事为内容的一个文学流派。这一文学流派以梁羽生、金庸为代表，后来又将台湾武侠文学作家古龙也归入此一派别。为了区别于 20 世纪三四十年代的旧派武侠文学，俗称"新武侠小说"。

武侠小说在我国由来已久。自《史记》列《游侠列传》以来，侠士在社会中就成为一个特殊阶层的代表人物。唐传奇中的若干作品已具备了雏形。到明清时代有了大发展，逐渐成为定型的长篇小说，如《三侠五义》《儿女英雄传》，乃至《水浒传》皆可称为武侠小说。这些作品着力表现侠客、义士替天行道、打抱不平、惩恶扬善的义举。从某种程度上反映了封建社会的黑暗，体现了人民反压迫、求解放的愿望。但是由于时代的局限，在这些作品中，虽然侠客义士武功高强，具有很强的叛逆性，但他们往往为清官效命，去惩除凶恶，也只反贪官，不反皇帝。到了清末民初，武侠小说也有较大的收获，这时的作品开始趋向现实生活。

现代白话武侠小说在社会上崭露头角当以 20 世纪 20 年代出现的向恺然（平江不肖生）、赵焕亭等作家为代表。

向恺然（平江不肖生）以《近代侠义英雄传》揭开了武侠小说的反帝主题。后来中国的武侠小说有"南向（向恺然）北赵（赵焕亭）"之称，二人都是现代武侠小说的重要作家。

《江湖奇侠传》1922 年在《红》（后改为《红玫瑰》）周刊上发表，共有 160 回。向恺然完成前面 106 回，其后为赵苕狂续写。此书反映的是湖南平江、浏阳两县居民为争地械斗，引出昆仑、崆峒两派剑侠的刀光剑影的厮杀。作品题材是个大杂烩，来源于历史轶闻、民间传说以及清人的笔记野史，但作者能把故事讲得十分生动有趣，特别是第 73～81 回的"火烧红莲寺"被拍成电影后，更是轰动一时。与《江湖奇侠传》的荒唐怪异不同，1923—1924 年间出版的 80 回《近代侠义英雄传》则是充满着民族正义的"武侠传记文学"的代表性作品，标志着 20世纪 20 年代武侠小说创作的成熟形态。作者在第一回开宗明义指出，"这部书是为近二十年来的侠义英雄写照"。作者以朴实流畅的语言和纪实性手法，描绘了戊戌政变前后二十多年里各路英雄豪杰，如大刀王五、霍元甲、山西老董、赵玉堂、农劲荪等人侠肝义胆和各种超凡的所作所为，为那时的侠义英雄立传。本书紧紧围绕弘扬民族文化和民族气节的主旨，浓墨重彩地成功塑造了霍元甲这一为国为民的大侠形象，以霍元甲被日本人毒害结束。

武侠小说在 20 世纪 30 年代形成了真正具有"现代"气派的作品，它以 1932年天津《天风报》连载**还珠楼主**的《蜀山剑侠传》为代表。还珠楼主（1902—1961），原名李善基，又名李寿民，四川长寿县人，他自幼深受古典文化的熏陶，兴趣广泛，诸子百家、佛典道藏，无所不窥，曾多次上峨眉山观光、学艺，并学会了气功。幼年的经历为他以后的文学创作打下了良好的基础。《蜀山剑侠传》开启了"仙魔派"武侠小说的先河，深受欢迎，到 1949 年时共出了 55 集，350万字，仅完成原计划的三分之一。此外，还珠楼主还创作了《青城十九侠》《武当七女》《云海争夺记》等近 40 部武侠作品，形成了一个庞大的"蜀山剑侠"系列，轰动了武侠文坛。

进入 20 世纪 40 年代，武侠小说又形成南北两派，北派的成就要远远高于南派，代表作家是**王度庐**，他写出了近现代以来真正的侠情悲剧小说"鹤—铁"系列（《卧虎藏龙》《铁骑银瓶》《宝剑金钗》《鹤惊昆仑》《紫电青霜》等），并使之更具备语言艺术的意味。还珠楼主则以超凡的想象力创造神秘奇幻的神仙境界，其小说颇具唐传奇的"神韵"，而郑证因又以"技击"丰富了武侠小说。南派的姚民哀以讲述民国前后帮会的种种关系使武侠小说贴近了生活，开创了独步武侠世界的"会党小说"。

武侠小说负载着中国的文化传统。侠、义、武，既是行动的准则，又是生活的向往。这些小说，既有个人、家族恩怨仇杀的生动描摹，也有关于国家命运、民族气节的深沉思考。侠，是无畏的战士；而义，又赋予其新的进步的内涵。如此种种，说明武侠小说是真正属于中国文化的产物，因为，以"侠"而言，其有超凡脱俗的品质；就"武"而论，又擅长于技击。小说中的武侠英雄又都是理想化和世俗化兼备的，是中华民族关于"超人"的童话，是对男性精神的颂扬与企盼。

进入20世纪50年代以后，大陆文化界简单化地处理新文学与通俗文学的论争，把通俗小说放到"旧文化"中予以批判和肃清。贯穿着极"左"政治思潮的意识形态，直接利用国家权力不但摧毁了知识分子文化传统，同时也无情地窒息了来自民间的文化传统。表面看来，中国大陆的通俗小说消失了，但是，它却以"寄生"的方式顽强地生存下来，并获得了在特殊语境下的变异性延续，这就是红色经典中的"革命传奇"。如曲波的《林海雪原》、知侠的《铁道游击队》、冯志的《敌后武工队》等小说，往往采用下层民众所喜闻乐见的传统"游侠"、"绿林"、"侠义"的艺术结构、道德观念和审美模式，使小说情节传奇化、人物超人化、战斗场景灵活化，从而大大加强了作品的可读性、趣味性。而且在作品中，敌人之所以要被消灭并不主要是因为他们的政治信仰，而主要是因为他们道德上的恶——即"魔"，英雄总具备超凡的品性、外貌、意志、本领——即"神"，中间掺杂着所有主次人物的血仇——复仇故事或是英雄成长的线索，有时还会有儿女情长的革命爱情。这批小说融入了"英雄、儿女、鬼神"以及"游侠、绿林、侠义"的传统通俗小说因子，呈现出民间传统文化的色彩。

与大陆相比，武侠小说在港台地区则有了新的发展。

20世纪50年代初，香港武术界太极派掌门人吴公仪与白鹤派掌门人陈克夫的门派之争愈演愈烈，遂依武林之旧俗上擂台比赛。比赛之前，香港报刊大做文章，赛后人们余兴未减，依然众口喧腾。当时的《新晚报》总编罗孚遂"忽发奇想"，要他的广西老乡、平时喜欢填词做诗的陈文统马上写一篇武侠小说。1月20日，以"梁羽生"之名创作的第一部武侠小说《龙虎斗京华》，开始在《新晚报》上连载。至8月初，该部长篇连载完毕。这个恍如急就章形式赶出来的武侠作品立即成为流行小说，《新晚报》因此销量猛增，而《龙虎斗京华》马上成为街谈巷议、人人争读的畅销作品。同时，国外的中文报纸也争相转载，首先是泰国，其后是越南、柬埔寨、老挝、缅甸、菲律宾、新加坡、马来西亚等。最重要的是，在香港吹起了"武侠文学之风"。许多大报马上跟风增加武侠小说，参与写作的人越来越多。一年多之后，金庸终于在罗孚、梁羽生的动员之下初次试水，结果一炮而红。《书剑恩仇录》为他的成名奠定了第一块坚实的基石。

从 50 年代初至 60 年代，可视为台湾武侠小说创作的重要发展时期。这一段时间，也是台湾武侠小说家开始活跃的时代。卧龙生从 1958 年起撰《飞燕惊龙》《铁笛神剑》等；司马翎亦于 1958 年涉足武侠文学界，他以"神剑"系列面世，与卧龙生、诸葛青云等并立，有"台湾三剑客"之称。诸葛青云是还珠楼主的私淑弟子，以所谓"才子型"武侠小说而闻名。三人均在 1958 年从事武侠创作，但写作风格基本上还是沿袭了旧武侠一路。古龙的出现却是另辟新径，他以"新派"风貌在台湾武侠文学界独树一帜。虽然他的"新"法与金、梁有所区别（着重于是否忠实历史、细节描写、文字风格方面），但一般人仍将之归入"新派"。因之，20 世纪 60 年代可谓新武侠文学的鼎盛时期。这也是港台兴起的武侠文学走向繁盛的时期。

新派武侠小说取得辉煌成就的，是**"武侠三大家"梁羽生、金庸和古龙**。武侠小说在他们的手中成为真正的"成年人的童话"。他们所创作的新派武侠小说，去掉了旧武侠小说的陈腐语言，开始用新文艺手法构思作品。他们从外国小说中汲取新颖的表现技巧，把武侠、历史、言情三者结合起来，将传统公案与现代推理融为一体，使武侠小说进入了一个新的境界。也正是从他们开始，武侠小说逐渐由通俗读物转变为雅俗共赏的文学创作而登上大雅之堂。

梁羽生是新派武侠小说的鼻祖。1952 年，他的第一部武侠小说《龙虎斗京华》一经发表，就引起轰动。此后他一发而不可收，到 1984 年"封刀"改写历史小说为止，先后共创作了《白发魔女传》《萍踪侠影录》《云海玉弓缘》《大唐游侠传》《七剑下天山》等 32 部武侠小说。作为新派武侠小说的开山之人，梁羽生首次将言情内容引入武侠小说，他的作品借传奇情节写历史风云，使小说在反映时代现实的基础上又具有深厚的历史感，另外，侠义精神也成为其作品所表现的主要内容。但由于梁羽生追求的是正统的侠义观念，信奉的是传统的儒家道德伦理观，这使得他作品中的人物形象和情节结构有类型化、模式化倾向，作品有着明显的类似于古代通俗小说"英雄儿女"、"才子佳人"的痕迹。

古龙是在 20 世纪六七十年代台湾武侠小说大潮中脱颖而出的又一位新派武侠小说大家，他以武侠推理小说独树一帜，与梁羽生、金庸形成三足鼎立之势。古龙从 20 世纪 60 年代初开始写武侠小说，到 1985 年去世，共写了 80 余部作品，整体看可谓鱼龙混杂、良莠不齐。他的早期作品有粗制滥造之嫌，后期的作品则在艺术质量上达到较高水平，如《多情剑客无情剑》《楚留香》《陆小凤》《欢乐英雄》等。古龙小说的最大特点是"奇"，故事情节曲折惊险、悬念迭出，结尾常常出人意料之外。行文跌宕跳跃，句式简短，自成一家；他还善于制造悬念，尤其善于塑造武侠福尔摩斯，在刀光剑影中把表面乱麻般的案件，一一条分缕析，通过严密的推理判断，导出真凶，铲除奸恶。由于内容新、笔法新、句式新，情节离奇曲折紧张，故事复杂多变，极受读者欢迎。

金庸是新派武侠小说的盟主，在新武侠小说创作中堪称代表人物。艺术成就之高，至今无人可比。

金庸原名查良镛，1924 年出生于浙江海宁县。他在海宁修高小时，喜欢平江不肖生的《江湖奇侠传》《近代侠义英雄传》。大学时代便细读司各特的历史传奇小说《撒克逊劫后英雄传》，大仲马《侠隐记》《基度山恩仇记》等，对他后来写作新武侠小说有一定影响。1959 年，金庸与中学同学合资创办《明报》，任主编兼社长历 35 年。同时，兼任长城、凤凰等电影公司编剧等。

从 1955 年至 1972 年封笔，金庸共创作 15 部武侠小说，其中长篇小说 12 部。主要作品有：《书剑恩仇录》(1955)、《雪山飞狐》(1957)、《射雕英雄传》(1958)、《神雕侠侣》(1959)、《飞狐外传》(1959)、《倚天屠龙记》(1964)、《天龙八部》(1966)、《笑傲江湖》(1967)、《鹿鼎记》(1969—1972)等。其中《射雕英雄传》《神雕侠侣》《倚天屠龙记》三部系列长篇，是其代表作。

金庸的武侠小说博大精深、雅俗共赏、融汇古今、艺贯中西，其作品广泛吸收了中国传统武侠小说中的历史、侠情、武功、神奇、趣味等因素，将诸多流派的精华熔于一炉，对武侠小说进行了脱胎换骨的改造，把武侠小说从单纯娱乐层次提升到富于文化哲理、生命体验的较高境界，成为新武侠小说创作的一座高峰。与其他武侠作家相比较，金庸小说具有鲜明的特点：

一、寻宝、情变、家国是其作品的三大主题。他的武侠小说虽然数量很多，但是无论其内容、人物、情节上有怎样的转换和变异，在主题的选择上都不外寻宝、情变、家国三类主题。所谓宝者，一是指宝物、宝图，二是指武功秘术。《神雕侠侣》寻找塞外藏宝图，《倚天屠龙记》寻找武功秘谱，《鹿鼎记》寻找

《四十二章经》。情变，是其武侠小说的又一主题。在旧武侠小说中，侠义英雄是不近女色的。然而在新武侠小说中，几乎所有侠义英雄都被夹裹在三角乃至多角的复杂变幻的恋爱关系之中，都与一些色技双绝的女侠发生需要克服却又陷于两难的爱情纠葛之中。这些色技动人的女侠，常常充任着武侠英雄仇敌或其对手的角色。《射雕英雄传》《神雕侠侣》《笑傲江湖》《天龙八部》等都演绎出种种情变的故事。描写历史上的民族斗争，亦是新武侠小说中一类重要主题。这类主题包含着舍生取义、宁负国人不负国家的思想。金庸的作品一般以历史为背景，多取材于宋元、元明之际的民族关系。对少数民族入主中原的问题，也有较复杂的、符合历史发展的描述。金庸的《书剑恩仇录》《鹿鼎记》《倚天屠龙记》《碧血剑》都包含了这类主题。他的家国矛盾不是表现在中国与外国的斗争，而是表现在中华民族内部的民族之间的斗争。

二、金庸武侠小说成功的关键在于塑造了**众多性格各异、栩栩如生的人物形象**。如郭靖、黄蓉（《射雕英雄传》）、乔峰、虚竹、段誉（《天龙八部》）、杨过、小龙女（《神雕侠侣》）、令狐冲（《笑傲江湖》）、韦小宝（《鹿鼎记》）等。金庸注意写出人物的思想感情，开掘深层次的内心世界。他笔下的人物全然不是不食人间烟火的怪物，而是和现实生活十分贴近的真实的人，从而增强了作品的可信性和真实性。即使一些反面人物，也写得栩栩如生，让人过目不忘，如"黑风双煞"陈玄风、梅超风（《射雕英雄传》）、李莫愁（《神雕侠侣》）等。金庸还注意写人物性格的复杂性，及其性格的动态发展，增强了人物的立体感。

三、武侠小说必然**以情节取胜**，金庸也不例外。他的小说情节曲折生动，引人入胜，而且每部小说互不雷同。如《书剑恩仇录》采用民族矛盾和情爱纠葛交叉发展的结构。两条线索互相纠缠，迂回曲折，变化多姿。《天龙八部》有八条情节线，但作者没有分摊笔墨，而是以乔峰的经历为主线，串联各情节线，使故事沿着乔峰的生活足迹循序发展，眉目清晰。

但是，金庸并不只靠情节来吸引人，他**追求文化、历史、人性的深度**。寓教于乐的构思模式，内容具有隐喻性，这是其实现雅俗共赏的基础与诀窍。金庸的武侠小说诞生于繁荣的商业都市的经济氛围之中，因而，以吸引读者为目的，造就了武侠小说极为强烈的娱乐意识。然而，对于武侠小说娱乐功能的重视，并不意味对于教喻性功能的无视。相反，在他的武侠小说娱乐、打斗的载体之下，负载着极为鲜明的教喻性。这种教喻性因附着生动的情节与鲜明的形象而更为感人、有力。侠是主，武是从，武要为侠服务，侠就是真理和正义。金庸从他的处女作《书剑恩仇录》起，即在历史故事的表现中表彰侠烈。虽然描绘了大量的儿女私情，却不忘国仇家恨，而以民族大义贯穿其间。他的《笑傲江湖》就无情地揭露了权力对人的心灵的腐蚀。金庸小说中的人物有"纵死侠骨香，不惭世上英"之称。他的小说所负载的对于宇宙的哲理意识和生命体验，使得他的武侠小说趋向经典而脱离纯娱乐的较低层次。

四、金庸的武侠小说在华人世界得到广泛认同，其根本原因就在于他的武侠小说是在中国特有的文化氛围中诞生，而又渗透着中华民族的文化精神。这种文化精神的对象化使得它附着于情节描写、人物描写之中，而显现出**情节叙述、人物描写的象征性**来。

他的几乎每一部小说作品都依托于一连串的长途旅行。旅行正是最广泛意义上的人生跋涉，是漫长艰难的人生象征。在旅途中，人们远离家园，漂泊无定，险象丛生，故事连环。这种生活，既酝酿着危险，也提供了机会，从而为侠客们提供了一个个一展身手的生动舞台。在人生的漫游中，侠客们超越了自身的局限、怯懦和渺小。在侠客胜利完成长途旅行而得以凯旋时，这种完结，超越了单纯的胜利光耀，渗透着胜利者艰难跋涉的悲剧意识，从而象征了每一个人在生命过程中全力寻求、全力奋斗的那种归宿感和终极价值。武侠旅途的全程象征着人生的漫漫旅途。

侠客，都是身怀绝技之人。在武侠小说中，武技的描绘理应是武侠小说的重要内容。在金庸的小说中也充满了呼风唤雨的气功、出神入化的点穴、奇谲无敌的剑法、盖世拔山的拳功。在金庸的作品中，这种种武功神艺也被赋予极强的象征意义。在《射雕英雄传》中，某一种武功的描写，常常暗示和体现着人的一种性格。以一根绣花针为暗器，常常暗示着主人心理的阴暗、性格的乖张。而一套"降龙十八掌"的施展，则正是主人公一身浩然正气的象征。武功是人的象征。所谓"东邪、西毒、南帝、北丐"，无一不通过武功的修炼和运用，将其性格凸显于读者的面前。武侠是哲理的象征。在金庸的小说里，武功原理的发挥又往往借助于中国儒、禅、道哲学而施展，武功作为应付自然和社会的手段，实际上也象征着种种立身处世的人生。

《射雕英雄传》在艺术上有较高造诣，成为金庸武侠小说的成名作和代表作。它不但吸收了我国古典小说创作的章法，还广泛融合了西方现代小说的表现技巧，使其在武侠小说中别具一格。小说构思奇特，气势宏伟，寓历史风云、民族变迁于人物传记故事的传奇之中，力度非凡、内涵充盈。小说以人物变迁为线索，反映了宋、金、元之间复杂的斗争，以及由此引起的天下各派武林人物的激烈纷争，描绘了从铁木真兴起到病逝二十多年间广阔的社会生活画面，表现了那个时代武林义侠深沉的爱国思想和民族感情。小说的故事情节曲折复杂，波澜起伏。主人公的命运也大起大落，变幻莫测，令人牵肠挂肚。小说的节奏紧密短促，节节生奇，不尽不止，动人心魄，牵人情怀。小说的人物形象栩栩如生，人物个性单纯鲜明，透明度强。作者往往紧抓住一点生发开去。如郭靖憨厚、坚韧，黄蓉聪明、机智，欧阳克贪色，杨康奸诈，欧阳锋之毒，洪七公之义，一灯大师之仁，黄药师之邪，周伯通之顽等都逼真突出，并有意地夸张渲染，使其出乎意料之外，又在情理之中，富于传奇性，不乏浪漫味。小说中有些情节描写采用戏剧法，让各类人物同时登台表演，互相映衬。如归去山庄、嘉兴烟雨楼比武等都糅进了戏剧舞台的表演方法。小说对于情绪气氛的渲染，有张有弛，时而拼杀，时而幽默风趣，读来妙趣横生。

五、金庸笔下的**武侠世界广大无边**，不止于绿林而涉及整个世界，不止于江湖而涉及江山和庙堂（历史与政治），不止于"单打独斗"而涉及民族战争、千军万马。在"武林"与"历史"的独特时空中，抒发他对人生、历史、世界、生命、人性乃至政治及"国民性"或"民族性"的感悟。

金庸武侠小说的思想内容和表现手法，不仅吸收了现代文化和文学的一些精华，更多的是吸收了中国传统文化和文学的精华，虽然难免有时精芜并存、文野同在，甚至有穿帮与重复，但整体上，金庸武侠小说的生命之根是深远的。

第三章　本时期诗歌

第一节　"政治抒情诗"

"**政治抒情诗**"是"十七年"文学时期出现的一种重要诗歌类型，它以诗的形式抒写抒情主体——"集体（阶级）代言人"对革命历史、政治事件和政治斗争的讴歌与评说，传达诗人崇高的思想觉悟和激越的政治豪情，它常以铺陈的手法、分明的节奏和铿锵的声韵实现诗歌的政治鼓动和精神重塑功能，形成这一时期诗歌创作风尚，聚集了一批诗人。可以说，"十七年"文学时期的几乎所有的诗人，都受到这一风尚的影响，并以自己多寡不一的创作参与到"政治抒情"的潮流中。有代表性的诗人有郭小川、贺敬之、纳·赛音朝克图（蒙古族）、巴·布林贝赫（蒙古族）、铁依甫江·艾利耶夫（维吾尔族）、饶阶巴桑（藏族）、晓雪（白族）、巴图宝音（达斡尔族）、汪玉良（东乡族）、木斧（回族）、哈拜（锡伯族）、库尔班·阿里（哈萨克族）、康朗甩（傣族）等。

何其芳的《我们最伟大的节日》（1949）、石方禹的《和平的最强音》（1950）、郭小川的《致青年公民》（1955）、贺敬之的《放声歌唱》（1956）《雷锋之歌》（1964）、纳·赛音朝克图《狂欢之歌》（蒙古族）、铁依甫江·艾利耶夫《祖国，我生命的土壤》（维吾尔族）、晓雪《祖国的春天》（白族）等，被认为是当代"政治抒情诗"的经典诗作。

在20世纪50—70年代，中国大陆的诗歌发展受到当代政治的影响十分明显。"政治抒情诗"是这一时期诗歌积极介入政治而生成的一种典型的当代颂歌形态，由于这种诗歌形态有助于确证新政权的合法性，增强民族自信心与认同感，激发民众的生产斗争激情，它最终普泛化为当代诗歌的主导样式。这类诗歌歌颂的对象主要为新生的"共和国"、新政权的领导者及"工农兵"。就艺术资源而言，"政治抒情诗"既继承了20世纪二三十年代之交"左翼诗歌"的革命斗争精神，又发扬了中国现代诗歌浪漫抒情传统，同时还吸纳了苏联诗人马雅可夫斯基提出的"无论是歌，还是诗，都是旗帜和炸弹"的诗学理念。

"政治抒情诗"作为"十七年"时期和"文革"时期代表性的诗歌形态，具有当代颂歌的基本特质。它的最突出的特征是题材的政治性，具体表现为：其一，**直接书写重大的政治事件，或从政治角度切入社会现实生活，呈现人们亢奋的政治情绪**。在政治挂帅的五六十年代，现实的社会生活被普遍染上政治色彩，诗歌担负着政治宣传和鼓动的功能，政治事件（斗争）成为政治抒情诗的重要题材。如何其芳的《我们最伟大的节日》抒写的是诗人对新生"共和国"的礼赞与歌颂："中华人民共和国/在隆隆的雷声里诞生/是如此巨大的国家的诞生/是经过了如此长期的苦痛/而又如此欢乐的诞生"；胡风《时间开始了》的题材同样与新中国成立这一政治事件有关，诗人满腔热情地颂扬"祖国"的诞生："祖国，我的祖国/今天/在你新生的这神圣的时间/全地球都在向你敬礼/全宇宙都在向你祝贺"。贺敬之的《放声歌唱》作为一首歌颂新生活、新中国和中国共产党的颂歌，正是以饱满的政治激情，书写了延安整风和"百家争鸣"等重要政治事件，赞美"神话"般的"共和国"翻天覆地的变化，歌唱新时代里人们对未来的美好憧憬，抒发人们内心的激情与昂扬的斗志："啊，多么好！/我们的生活/我们的祖国/啊，多么好！/我们的时代/我们的人生！/让我们/放声/歌唱吧！/大声些/大声/大声！/把笔/变成/千丈长虹/好描绘/我们的时代的/多彩的/面容/让万声雷鸣/在胸中滚动/好唱出/赞美祖国的/歌声！"

其二，**仰视的抒情姿态**。诗人以仰视的视角真诚地讴歌现实与未来及时代英雄，这是"政治抒情诗"的又一重要特征。以贺敬之的《雷锋之歌》为例，诗人将雷锋想象为一个近乎完美的形象加以膜拜和讴歌：

呵，你阶级战士的

姿态

是何等的

勇敢，坚定！

你共产党员的

红心呵

是何等的

纯净、透明！……

雷锋

你是多么欢乐呵！

在我们灿烂的阳光里

怎么能不

到处飞起

你朗朗的笑声？

雷锋

在心灵的深处

你有多么强烈的

爱呵

又有多么深刻的

憎！

爱和恨

不可分割

象阴电、阳电一样

相反相成——

在你生命的线路上

闪出

永不熄灭的火花

发出

亿万千卡热能！

　　显然，雷锋的"高大全"形象的建构与诗人的仰视姿态紧密相关，这种抒情姿态旨在呈现诗人拥抱现实的赤诚之心及对英雄的崇拜心理，它逐渐成为当代颂歌的一种重要的审美原则。

　　其三，**国家"代言人"身份的抒情主体**。政治抒情诗的抒情主体不再是思想与个性独立的"个体"，而是国家或阶级的"代言人"。诗歌中的"我"（或"我们"）要么是无产阶级的战士化身，要么是"人民"、"集体"或"党"的代言人。

抒情主体的"集体"定位，既可以使"个体"在融入"集体"过程中获得精神归宿感，同时又可有效锁闭个人话语空间，防止知识分子独特情思与经验的显露。如郭小川的《向困难进军》中就是以"我们"的身份发出号召的："同志们！/让我们/以百倍的勇气和毅力/向困难进军！/不仅用言词/而且用行动/说明我们是真正的公民！/在我们的祖国中/困难减一分/幸福就要长几寸/困难的背后/伟大的社会主义世界/正向我们飞奔"，显然，诗歌里的号召者已不再是一个极富思想个性和审美趣味的主体，而是极力融入"集体"里的纯粹"大我"。

其四，**富于鼓动性和煽情性的语言**。最大限度发挥诗歌的战斗性和鼓动宣传作用是"政治抒情诗"基本价值指向，为此诗歌努力超越有节制、内敛式的、曲折而隐晦的情感抒发方式，而是极力追求一种简洁、明快、豪壮而激越的情感宣泄方式，强化汹涌澎湃的政治激情之于读者的感召力。再以郭小川的《向困难进军》为例，诗歌运用富于鼓动性和煽情性的语言，号召青年为了建设社会主义祖国，勇于"向困难进军"并积极"投入火热的斗争"中去："骏马/在平地上如飞地奔走/有时却不敢越过/湍急的河流/大雁/在春天爱唱豪迈的进行曲/一到严厉的冬天/歌声里就满含着哀愁/公民们！/你们/在祖国的热烘烘的胸脯上长大/会不会/在困难面前低下了头？/不会的/我信任你们/甚至超过我自己"。诗中"骏马"、"大雁"和"公民们"单独分行，既形成一种比照，有效地凸显他们之间的差异，又给人明快与简洁之感，同时借助设问等修辞手法不仅可启发读者思考，还可能鲜明地展示诗人的观念，从而增强诗歌的感召力。

在诗体形式上，"政治抒情诗"诗人大多借鉴了马雅可夫斯基的"楼梯式"诗行排列方式，如贺敬之的《十年颂歌》：

> 东风！
>
> 红旗！
>
> 朝霞似锦……
>
> 大道！
>
> 青天！
>
> 鲜花如云……
>
> 听
>
> 马蹄哒哒，
>
> 看

车轮滚滚……

这种诗体形式一方面可以增强诗歌的节奏感和韵律感；另一方面作为一种"有意味的形式"亦有助于提高诗歌"力"的传达与表现。另外，以郭小川为代表的"政治抒情诗"，诗人借鉴古代辞赋的形式创造了一种"新辞赋体"：

> 哦，我的青春、我的信念、我的梦想……
> 无不在北方的青纱帐里染上战斗的火光！
> 哦，我的战友、我的亲人、我的兄长……
> 无不在北方的青纱帐里浴过壮丽的朝阳！
> 哦，我的歌声、我的意志、我的希望……
> 好像都是在北方的青纱帐里生出翅膀！
> 哦，我的祖国、我的同胞、我的故乡……
> 好像都是在北方的青纱帐里炼成纯钢！
> ……
> 南方的甘蔗林哪，南方的甘蔗林！
> 你为什么这样香甜，又为什么那样严峻？
> 北方的青纱帐啊，北方的青纱帐！
> 你为什么那样遥远，又为什么这样亲近？
>
> ——郭小川《青纱帐—甘蔗林》

这种诗体诗行大体整齐，采用短句铺饰的方式，大量使用夸张、对偶、排比等修辞手法，使诗歌形成一种宏伟、奔放与开阔的气势，有效增强了当代颂歌的鼓动性和抽象观念的论辩气势。

郭小川和贺敬之作为"政治抒情诗"的代表诗人，他们的诗歌除了具有上述相同的特质之外，还表现出各自独有的诗歌风貌。郭小川在"政治抒情诗"中虽然努力呈现自我融入时代与历史的渴念与决心，但也时常流露出个体生命消融在历史潮流中的疑虑、矛盾、焦虑与迷惘。这种现象集中体现在《望星空》一诗中，该诗一方面书写诗人瞭望壮丽、神秘和浩大的星空时发出的感慨："呵，星空/只有你/称得起万寿无疆！"表现出对壮丽星空的神秘想象及神往之情："在那遥远的高处/在那不可思议的地方/你观尽人间美景/饱看世界沧桑/时间对于你/

跟空间一样——/无穷无尽/浩浩荡荡"。与此同时他也流露出无限的惆怅与茫然："千堆火/万盏灯/不如一颗小小星光亮/千条路/万座桥/不如银河一节长","在伟大的宇宙的空间/人生不过是流星般的闪光/在无限的时间的河流里/人生仅仅是微小又微小的波浪",诗人深刻体会到了在浩渺的时空中个体的渺小和人生的短暂,表现出一种虚无主义情绪。另一方面又表现出投入沸腾的生活和征服自然的"自豪的感情"与"非凡力量":"我们要把长安街上的灯光/延伸到远方/让万里无云的夜空/出现千千万万个太阳/我们要把广漠的穹窿/变成繁华的天安门广场/让满天星斗/全成为人类的家乡"。诗人在一种超越个体与现实的浩渺的时空意识里,体验与探寻着个体生命与历史政治、个体与集体以及感性与理性之间的内在矛盾与关联。可以说,在"共和国"时期,郭小川的不少诗歌充满着内在的矛盾与裂痕,这种现象并非诗人有意僭越已然生成的当代颂歌范式,而是在"一体化"年代寻找新的切入政治题材的基点,以及探寻属于自我独特的诗歌想象空间和语言方式带来的意外收获。

与郭小川"战士"与"诗人"双重身份带来诗歌文本充满矛盾和裂痕不同的是,贺敬之则在"政治抒情诗"中始终追求思想和情感的"和谐"与"纯粹",和抒情主体的"统一性"和"本质化",以及个体融入整体的欢欣与自豪。以《雷锋之歌》为例,诗人从"政治"而非个人体验维度入手,建构了一个近乎完美的"共产主义战士"——雷锋的形象:他经受的是阶级压迫造成的"刻骨的疼痛",以及由此引发的"满腔的愤怒",始终展示的是"勇敢、坚定"的"阶级战士的姿态",以及"纯净、透明"的"共产党员的红心",持续激荡在胸中的是以"阶级"为"本质"的"强烈的爱"和"深刻的憎",以及"高举红旗,向前进攻"的壮举与信心。雷锋的精神及形象特质与无产阶级的"阶级本质"呈现高度的统一与融合。这种抽离个体丰富而感性的生命体验及具体而复杂的历史情境的抒情方式,以宏大的政治命题或政治情绪为书写对象,赋予诗中意象特定的象征性政治内涵,以豪迈的激情推进抽象的观念阐释等,几乎成为 20 世纪 60 年代诗歌的生产方式,成为"文革"时期主流诗歌的一种重要的艺术资源。当时诗坛中较有影响力的诗人如严阵、张志民、闻捷和部分"新崛起"的"工农兵"诗人都加入到了"政治抒情诗"的生产潮流中,有力推动了这种诗体样式的发展、壮大与繁盛。

当然,在 20 世纪六七十年代,"政治抒情诗"在自身的建设过程中也面临许多难以突破的艺术困境:一是,抒情主体的自我放逐,使得"政治抒情诗"锁闭了个人情感空间的同时，形成一种封闭且自足的以歌颂为基调的"大我化"抒情方式，导致诗歌情感不断走向空洞化。与此同时，诗歌的写作者大多追求宏大的抒情结构，使诗歌情感急剧膨胀，毫无节制的情感宣泄，又造成诗歌情感的轻浮与无力。二是，"政治抒情诗"的书写受现实政治或具体政策的强大规约，加之诗人对政治理解日益褊狭，不仅使诗人的思想和感受的敏锐度渐趋下降，也使他们逐渐丧失处理诗学与政治学矛盾的能力，以及超越现实政治的深邃的观察力和预言力。三是，"政治抒情诗"诗学资源相对单一，为了抒写抽象的政治理念，大量的政治标语和口号被引入诗中，诗歌艺术因传达过于密集的政治话语的植入而呈现僵化态势。

第二节　台湾"现代诗"

20 世纪五六十年代，是台湾现代主义诗潮发展的重要时期，并由此成为台湾文坛特色鲜明的文学流派。

台湾"现代诗"运动经历过两个时段：以纪弦 1953 年 2 月创办的《现代诗》为发端，到 1956 年纪弦发起成立"现代派"为第一时段；第二时段是以 1959 年《创世纪》改组扩版为标志，到 60 年代末《创世纪》停刊为止。此间，"现代派"、"蓝星"、"创世纪"是三个影响最大、创作实绩较突出的诗歌群体。

"现代派"诗社正式成立于 1956 年，发起人是纪弦，成员有叶泥、郑愁予、林亨泰、方思、罗行、林泠、黄荷生等。纪弦提出了"现代派六大信条"，认为新诗应是"横的移植"、"知性之强调"、"追求诗的纯粹性"，倡导破旧创新、绝对开放，提出了"新诗现代化"口号。代表作品有纪弦的《阿富罗底之死》、郑愁予的《错误》、方思的《声音》等。

"蓝星"诗社 1954 年 3 月成立，由夏菁、邓禹平等倡议，余光中、覃子豪、钟鼎文等诗人为骨干，参与者还有罗门、蓉子、向明、周梦蝶、夐虹、黄用、张健等。"蓝星"诗社追求在稳健中求发展，尊崇独立自主的艺术精神，注重潜意识的挖掘和内心探索。代表作品有余光中的《莲的联想》《白玉苦瓜》、覃子豪的《画廊》、罗门的《麦坚利堡》等。

"创世纪"诗社形成于 1954 年前后，主要成员有洛夫、张默、痖弦、季红、商禽、辛郁、碧果、叶维廉、周鼎等。诗社同人信奉超现实主义理论，常常把人的内心矛盾、复杂冲突等作为诗歌表现的对象，追求"直觉形相（意象）的瞬间真貌之掌握"。代表作品有洛夫的《石室之死亡》、痖弦的《深渊》、商禽的《逃亡的天空》等。

最初高举现代诗旗帜的是以纪弦为首的"现代派"诗社，他们向世界诗坛学习新的表现手法，追求新诗的现代化等目标，对改变当时极端政治化和狭隘传统观念的诗坛风气，具有极大的冲击力和更新意义。"蓝星"诗社是针对纪弦的一个"反动"，也是对"现代派诗社"强调"横的移植"和"主知"的一个牵制和补充。"蓝星"诗社摄取的是"现代"派中较为温和的一面，"蓝星"以其稳健的风格获得了更广泛的读者。而在现代诗理论上作深入探索的，在创作上勇于"现代"实验的应是"创世纪"诗人群。他们揭起"超现实主义"反理性的大旗，认为梦、潜意识、欲望是人性最重要的根源。"创世纪"诗人群对台湾的现代诗，从语言、表达策略、方法到整体风格都产生了革命性的影响。不过某些作品由于实验性太强过于晦涩而拉开了诗人与读者的距离。

台湾的现代主义诗潮中的代表诗人，当属纪弦、余光中、洛夫等。

纪弦于1953年在台北独资创办《现代诗》季刊。1956年，他组织"现代派"。作为"现代派"的旗手，提出以"横的移植"为核心的现代派六大信条，对台湾现代诗运动的兴起影响重大。纪弦提倡的现代诗，基本上是对喊口号的政治诗与滥情的浪漫诗的反叛。他强调诗必须把过多的情绪过滤，使个人化的感觉升华为客观的呈现。

纪弦喜欢标新立异，他的诗歌创作体现着强烈的艺术探险精神。"当我的与众不同/成为一种时髦/而众人却都和我差不多了时/我便不再唱这支歌了/……我的路是千山万水/我的歌是万紫千红……"（《不再唱的歌》）50年代在倡导现代诗后，他就企图摆脱传统诗歌的田园主题和牧歌模式，倾力表现工业时代的社会现实和城市精神。如《阿富罗底之死》：

把希腊女神 Aphrodite 塞进一具杀牛机器里去

切成

块状

把那些"美"的要素

抽出来

制成标本；然后

　　一小瓶

　　一小瓶

分门别类地陈列在古物博览会里，以供民众观赏

并且受一种教育

这就是二十世纪：我们的

　　诗中运用新奇的比喻和明白晓畅的语言，呈现了他对现代社会的剖析和体验，表现出现代主义的艺术风格。以"希腊女神 Aphrodite"、"杀牛机器"、"美的要素"、"标本"、"古物博览会"等作为意象，表达陌生中熟悉的美的震撼，把传统的"美"与现代大工业机器并置使其呈现荒谬，以嘲弄、戏谑、调侃的方式描摹现代人生的"悲剧性"，揭示了传统被现代彻底瓦解的事实。机械化的大生产，不仅改变了传统的经济结构和生活方式，也扭曲着传统的温情和美。纪弦的诗作，指涉常常非此非彼，情调亦刚亦柔，寓意丰富且充满不确定性。

　　在台湾现代诗发展中，**余光中**有着重要的地位。他不仅在创作上佳作迭出，还以理论批评和组织活动推动了台湾现代诗的发展和分化，属于台湾现代派诗人中的"温和派"。在诗歌创作实践上，他追求现代主义与浪漫主义的结合，重视抒情诗的发展，展现了台湾现代诗的另一面风采。他的诗作中，现实、社会、历史、传统交互对话，造就了其诗作思想内涵的丰富与厚重。

　　从代表作《白玉苦瓜》中可以看出，诗人撷取收藏在台湾故宫博物院的工艺品"白玉苦瓜"为抒写对象，把积聚在心中厚重的历史感和挚爱祖国的情愫，深深地融入所咏叹的对象身上，表达对祖国深厚的怀恋之情。第一节从视觉的角度，写其从从容容、茎须缭绕、叶掌抚抱、完满圆腻、瓜尖翘着新鲜的清莹。在诗人眼里它是中华民族悠久历史的产物，是灿烂文明的具象。诗人饱含深情，把白玉苦瓜的端庄淑美、气象非凡，置身于历史之光的照射之中。第二节由具体物象扩展而去，启动了诗人原始的乡愁记忆，将历史文物投向"茫茫九州"，幻化为心目中的祖国的象征。通过区域空间的隔离来推进诗情的变化，游子热恋故土的情感随之倾注在冰清玉洁的"白玉苦瓜"之身，"钟整个大陆的爱在一只苦

瓜"。"祖国"在诗人心中犹如白玉苦瓜那样完美无瑕。第三节则是诗人艺术追求的象征性表白。随着视角的改变,"隔玻璃"的"奇迹"是一个"自足的宇宙",这一存在是超越时间、永恒不朽的。它又是一首完美的诗——既有现代诗歌技巧的借鉴,又存有中国古典诗歌的神韵,这正是白玉苦瓜象征意义之所在。诗作节奏明快,不拘韵脚。以"一首歌"的听觉来歌咏生命之伟力,"是瓜而苦""成果而甘"又带有味觉的特征。文言修辞与口语的和谐点缀,如"后土依依"、"千畦万睐"与"哪一年的丰收像一口要吸尽"等,更加增强了诗歌的艺术感染力。语境飘逸而温婉,意韵深邃而绵长。

似醒似睡,缓缓的柔光里
似悠悠醒自千年的大寐
一只瓜从从容容在成熟
一只苦瓜,不再是涩苦
日磨月磋琢出深孕的清莹
看茎须缭绕,叶掌抚抱
哪一年的丰收像一口要吸尽
……

《白玉苦瓜》把整个民族的记忆都化入了这纵深的历史感、横阔的地域感以及纵横相交的现实感之中,显现出独特的美学气象。"相对于洋腔洋调,我宁取土头土脑。此地所谓'土',是指中国感。"余光中在《龙族评论专号》上发表《现代诗怎么变?》指出,"中国感"指的是不效颦西人与古人,不依赖文学的权威,实实在在、纯纯真真地发掘中国的江湖传统,并带点方头方脑、土里土气的原乡意识的味道。

在三度空间中,余光中追溯"过去"的同时,又在"现在"找到自己的立足点,探寻大陆原乡的时空坐标进而扩展到对自身处境的认定,诗人在此找到了自己乡愁的归属。透过大陆故土的追寻,为他的自我认同找到了切实的方向,而这也是当代台湾诗歌发展的重要脉络,有着相似成长经历的一些台湾诗人不约而同地在原乡意识上找到了自己。

与余光中相比,**洛夫**的现代诗创作更具前卫性。他在《关于〈石室之死亡〉》一文中说:"希望通过创作来建立存在的信心,便成为大多数诗人的创作动力,

《石室之死亡》也就是在这一特殊的时空中孕育而成。"

由于当时海峡两岸的政局不稳定，由大陆来台湾的诗人在战争中被迫远离大陆母体，以一种漂泊的心情去面对一个陌生的环境，因此内心不时激起被遗弃的放逐感；个人与国家的前景不明，致使诗人们普遍呈现游移不定、焦虑不安的精神状态，为了追求精神压力的缓解，于是创作成为披露内心苦闷的载体。

诗歌《石室之死亡》首辑最初刊于 1959 年 7 月《创世纪》诗刊第十二期，这部浓郁的"现代性"长诗，既是特殊时空的产物，也是一项超现实主义的实验。每首两段，每段五行的章法，主题严肃、结构庞大、内容繁杂、语言新颖、意象丰饶、气势雄浑；在诗中作者尽力摆脱逻辑与理性原则的束缚，在词与词之间进行了非理性的链接。诗作内容丰富，既写了战争、死亡、生存、异化、宗教，也写了家庭、人性、自然、时间、空间等。

洛夫诗作的语言风格离不开意象语言的自觉追求，尤其善用比喻来破坏读者线性推进的思路，以及通过变换"意象"和"语法"在诗歌中的比例，来调整诗人与读者之间的审美接受关系。如：

> 火柴以爆燃之姿拥抱住整个世界
> 焚城之前，一个暴徒在欢呼中诞生
> 雪季已至，向日葵扭转颈子寻太阳的回声
> 我再度看到，长廊的阴暗从门缝闪进
> 去追求那盆炉火
>
> 光在中央，蝙蝠将路灯吃了一层又一层
> 我们确为那么间白白空下的房子伤透了心
> 某些衣裳发亮，某些脸在里面腐烂
> 那么多咳嗽，那么多枯干的手掌
> 握不住一点暖意

暴力行径被美化了，放火焚城却被说成是"拥抱"世界，"暴徒"是在"欢呼"声中诞生的。用通感的手法把困境中的"向日葵"寻求温暖的"太阳"说成是"寻太阳的回声"。"长廊的阴暗"追杀"炉火"，"蝙蝠"吃了"路灯"，暗示着黑暗与邪恶势力之强大，光明与正义被压倒而没有一点暖意。诗作打破常规，违

反常理，没有固定的逻辑语法。格局变化多端，不囿于传统的格式，于丰富的意象铺陈中跌宕不定地前进。繁复的意象中蕴含着生与死、知性与感性、天使与魔鬼的人生重大问题，有着从里向外爆炸性的张力秩序，呈现出一种原始的生命力。作者希望打破石室这个桎梏，复观人的尊严与价值。

在探索人的存在、生死同构问题上，以白雪、白画的肉体、洁白的园林等"白"的意象，以太阳、火、子宫、向日葵、荷花、铃兰、梨花、树根、茱萸、蝉声、孔雀等象征生命，还用黑色、暗影、棺材、骨灰、焚尸、十字架、坟墓、蝙蝠、地狱等喻示死亡。采用超现实主义笔法，从潜意识去发掘人的存在本质，借助于梦魇、呓语、兽性、性冲动、无理性等人的原始本能，表现自我生存的困境与意义，由此衍生出人、物二元的本体论、自我认识、不朽的观念与道德等哲学问题，让人感到死亡笼罩着自己并给人带来恐惧，让读者体会到生命的荒谬。

《石室之死亡》，它成功地借由现代主义的荒谬感，来概括现实中生命的错置与无常。诗人抱着怀疑的态度，凸显一个破碎的、无法定义的时代，然而他并不因此而对死亡产生恐惧，透过不断的书写与创造，又在洗涤恐惧，使生之欲望获得释放。"这是现代主义中最具辩证的思维：亦即书写死亡，正是抗拒死亡；书写沉沦，正是抗拒沉沦。"[1] 在洛夫诗中最为幽暗的角落，反而燃烧着希望的微光。洛夫在《诗人之镜》中说："揽镜自照，我们所见到的不是现代人的影像，而是现代人残酷的命运，写诗即是对付这残酷命运的一种报复手段。"他的报复，其实就是带有抗议与批判的意味。

洛夫以生命与死亡对立的矛盾意象，形成强大的诗歌张力，强烈地表达了自己的生命哲学。一方面以大量的死亡意象契合了存在主义直面死亡的主题，另一方面他并不认为死是终结，而将生的意象与死相伴，形成"生兮死所伏，死兮生所伏"的原始类型。"石室"的"死亡"表达了诗人破坏旧世界、创造新世界的强烈愿望与全部热情。由是，洛夫以生死意象的对立统一打破了传统文学的生死框架，表明唯有面对死亡，才能充分展示生命极脆弱又极坚韧的丰富内核，显示其不能解释的无常无奈与其不可貌视的庄严与尊贵，从而将对生命哲学思索和文学艺术的挖掘延伸至更广阔的天地。

洛夫是"创世纪"诗社的重要诗论家和发言人。他先是提倡"新民族诗型"，后是大张旗鼓宣扬超现实主义理论。洛夫的超现实主义理论从总体上说虽然带有

---

① 陈若明：《台湾新文学史》，台北，联经出版事业股份有限公司，2011。

介绍性质，但他对超现实主义理论的核心是有所把握的，如肯定潜意识世界及其真实性，强调排除逻辑、概念、理则等知性因素以及追求心灵的完全自由。如果说余光中在追求现代精神之余并没有放弃感性表现，那么洛夫则致力于情绪与现实的疏离，诗风倾向于主观。

第三节 "朦胧诗"

"**朦胧诗**"是 20 世纪 70 年代末至 80 年代初在中国大陆诗坛伴随思想解放潮流而兴起的一股带有"反叛"性质的新诗创作潮流。它因章明的《令人气闷的朦胧》对这类"写得十分晦涩、怪僻，叫人读了几遍也得不到一个明确的印象，似懂非懂，半懂不懂，甚至完全不懂，百思不得其解，实在令人气闷"的"朦胧体"诗歌批评而得名。**"朦胧诗"的代表人物有北岛、芒克、舒婷、顾城、江河和杨炼等**。北岛的《回答》和《结局或开始》、芒克的《阳光中的向日葵》、食指的《这是四点零八分的北京》和《相信未来》、舒婷的《致橡树》《祖国啊，我亲爱的祖国》《双桅船》和《神女峰》、顾城的《一代人》和《远和近》、杨炼的《大雁塔》是"朦胧诗"的代表作。

"朦胧诗"作为中国当代诗歌发展进程中的新潮流，其产生与**"白洋淀诗群"**的形成和《今天》杂志的创办紧密相关。"朦胧诗"起源可追溯至"白洋淀诗群"。"白洋淀诗群"是 1969 年至 1976 年间，在河北白洋淀一带插队的一批知青组成的，以芒克、多多、根子为代表的创作诗群。这一"文革"时期出现的"地下诗歌群体"的诗作，其价值指向在于批判现存的社会秩序和充满"暴力"的历史，以及表达个体在激进思潮裹挟下生命的挫败感和恐惧感，自我的孤独、迷茫与苦痛，代表作主要有芒克的《阳光中的向日葵》和多多的《手艺》等。虽说这些诗作传播方式只限于小范围内相互传看或传抄，但它们在彰显自我个性和进行现代主义诗歌实验等方面，为日后人们对"朦胧诗"的探索提供了许多宝贵经验。

创刊于 1978 年的**《今天》杂志**"不再用一种纵的眼光停留在几千年的文化遗产上，而开始用一种横的眼光环视周围的地平线"，它以积极的姿态面向未来，刊发了食指、北岛、舒婷、江河、顾城、杨炼等一批诗人的诗作，这些作品充满着要求重新赢得个性解放和人的尊严的呼声，以及对历史的反思与批判。比如北岛的《结局或开始》热切、真诚而又沉重地呼唤着人的尊严与基本权利的复归：
"我是人/我需要爱/我渴望在情人的眼睛里/度过每个宁静的黄昏/在摇篮的晃动
中/等待着儿子第一声呼唤/在草地和落叶上/在每一道真挚的目光上/我写下生活
的诗/这普普通通的愿望/如今成了做人的全部代价"。这种对理想的人道主义的
呼吁成为"朦胧诗"的一个重要的主题。同时他的诗歌还透射出一种对传统与历
史的强烈怀疑精神："我不相信天是蓝的/我不相信雷的回声/我不相信梦是假的/
我不相信死无报应"，以批判的姿态观照历史是朦胧诗人普遍的自觉追求。而舒
婷的《致橡树》则努力彰显自我的个性："我必须是你近旁的一株木棉/作为树的
形象和你站在一起/根，紧握在地下/叶，相触在云里"，这种强调精神的独立性
及张扬自我个性，是朦胧诗人精神探索的重要向度。在"朦胧诗"的经典指认
中，《今天》杂志所刊发的许多诗歌都进入经典系列，它是"朦胧诗"成长的一
个重要园地。

　　1979—1980 年，随着国家级刊物《诗刊》和地方刊物《星星》等陆续刊载
"朦胧诗"，"朦胧诗"诗潮逐步生成，影响也进一步扩大。由于"朦胧诗"在抒
情姿态、精神向度和艺术形式上的革新，给当代读者的阅读习惯和审美理念造成
了巨大冲击，由此引发了较为持久的论争。"朦胧诗"的反对者主要以老诗人公
刘、艾青、臧克家为代表，他们认为，"朦胧诗""以'我'为创作中心"[1]，是
"诗歌创作的不正之风"和"社会主义文艺发展中的一股逆流"[2]，应加以引导，
避免"走上危险的道路"[3]。另外，诗评家丁力则把"朦胧诗"称为"古怪诗"，
它是"反社会主义现实主义"，"脱离现实、脱离时代、脱离人民"。[4] 这些观点受
到一些积极支持"朦胧诗"探索的诗评家的批评，其中谢冕的《在新的崛起面
前》、孙绍振的《新的美学原则在崛起》和徐敬亚的《崛起的诗群》三篇被称为
"三崛起"的文章最具代表性。谢冕主张以开放和包容的姿态，"不要'急于采取
行动'"，要吸取"太多粗暴干涉的教训"；孙绍振则认为"朦胧诗"出现意味着
"一种新的美学原则在崛起"，朦胧诗人坚守的是"不屑于做时代精神的号筒，也
不屑于表现自我感情世界之外的丰功伟绩"。虽然在 1983 年前后这些支持"朦胧
诗"的观点受到相当严厉的批判，但"朦胧诗"在当代诗坛中的重要位置始终没

---

　　① 艾青：《从朦胧诗谈起》，载《文汇报》，1981-05-12。
　　② 臧克家：《关于朦胧诗》，载《河北师院学报》，1981（1）。
　　③ 公刘：《新的课题——从顾城同志的几首诗谈起》，载《星星》，复刊号，1979。
　　④ 丁力：《古怪诗论质疑》，载《诗刊》，1980（12）。

有被撼动，反而进一步使人们认识和探究它在思想和艺术探索方面所作出的贡献及存在的问题。

20 世纪 80 年代"朦胧诗"崛起，以其**意象的心灵化、陌生化、隐喻性和组合方式的独特性以及语言的新异性**，构成了当代诗歌一道别致的景观。意象的革新是"朦胧诗"实现艺术创新的一条重要途径。在 20 世纪五六十年代，由于主流诗歌的意象承载着巨大的意识形态话语压力，使得意象所指凝固化和空洞化。"朦胧诗"写作者为了摆脱诗歌意象内涵贫乏的困境，他们极力张扬"诗是诗人心灵的历史"的诗歌理念，努力重建意象与个体复杂而隐秘情思之间的内在关联，修复意象的隐喻功能。黄翔的《野兽》这样写道：

> 我是一只被追捕的野兽
> 我是一只刚捕获的野兽
> 我是被野兽践踏的野兽
> 我是践踏野兽的野兽

在这首诗中，"野兽"意象的象征意义不再锁定在"阶级敌人"或"反动派"上，而是指向充满恐怖与暴力年代人性泯灭的现实以及被强权奴役和异化的心灵。"野兽"意象是阶级斗争风起云涌年代人性"恶"的一种隐喻符号，隐藏着"觉醒"个体对历史的激情控诉与理性反思。"朦胧诗"中经常出现的坟墓、鲜血、疯狗、黄昏、雨夜、孤儿、秋天、阳光等意象都折射出一代人那迷茫、痛苦、期待与欢欣交织的复杂心路历程。

"朦胧诗"的艺术革新的另一重要表现在于陌生化意象的运用。在 1949—1976 年，诗歌世界里出现了一批诸如红旗、圣地、太阳、向日葵等象征崇高和圣神的意象，这些意象受意识形态的制约，其内涵与意义基本被锁定且渐趋固化。"朦胧诗"诗人在意象的运用上着意打破意象"板滞化"僵局，采用"陌生化"的方式为意象注入新的时代内涵。以"太阳"意象为例，在毛泽东时代"太阳"意象一般象征领袖、光明、幸福和希望，而朦胧诗人却对这一意象进行有效颠覆和彻底解构。如北岛的《结局或开始》："以太阳的名义/黑暗在公开掠夺/沉默依然是东方的故事"，这里"太阳"成为"黑暗"公开"掠夺"的帮凶，是"罪恶"的代名词，其过去所蕴含的光明与伟大的意义被消解殆尽。芒克《阳光中的向日葵》中的"向日葵"意象也被赋予了新的时代内涵："你看它，它没有低下头/而是在把头转向身后/它把头转了过去/就好像是为了一口咬断/那套在它脖子上的/那牵在太阳手中的绳索"。在"文革"时期的诗歌里，"向日葵"一般象征着服从与忠诚，而芒克的诗中"向日葵"却是具有反抗、叛逆和抗争精神的一代青年人的形象化身，意象的内涵显然发生了"质"的变化。

出于对 20 世纪 50—70 年代主流诗歌浅、俗、直、白特性的反叛，和寻求"文革"时期精神禁锢下诗歌的生存空间，"朦胧诗"诗人着意强化意象的隐喻功能，从而不仅使诗歌情感实现有节制的抒发，同时还使诗歌呈现一种别样的"朦胧美"。比如北岛的《太阳城札记》组诗中"网"、倒下的"老树"、"撕碎的纸屑"、"孤独的桨"、"白鹤"分别是生活、爱情、自由、青春和孩子的隐喻。这些象征性意象融入诗人独特的情感体验、深层感知和丰富想象，为主体内在复杂情思的传递提供了多重暗示，意象的内涵变得更加深厚，这无疑为读者拓宽了诗歌解读的空间。以顾城的《远和近》为例：

你，
一会儿看我
一会儿看云

我觉得
你看我时很远
你看云时很近

这首诗歌里的"你"、"我"和"云"是一组相互关联又具有各自独特内涵的象征性意象，这组隐喻意象所指涉的既是人与人之间永恒的隔膜，又是人类向往自然（或自由）的深情表白，既是无法获得真爱的忧伤与痛苦，又是自我分裂灵魂间的一次真诚对话。再比如，舒婷的《双桅船》里的"双桅船"、"岸"、"雾"、"风暴"、"灯"等意象，也构成了特定时代风暴席卷下寻找光明的个体追求精神独立的隐喻符号。

此外，"朦胧诗"有着较为新颖和独特的意象组合方式，它不仅有效地拓宽了诗歌的审美想象空间，同时还突破了传统直抒胸臆的抒情方式，增强了诗歌思想与情感的表现力和穿透力。如舒婷的《思念》："一幅色彩缤纷但缺乏线条的挂图/一题清纯然而无解的代数/一具独弦琴，拨动檐雨的念珠/一双达不到彼岸的桨橹/蓓蕾一般默默地等待/夕阳一般迢迢注目/也许藏有一个重洋/但流出来的，只有两颗泪珠/呵，在心的远景里/在灵魂的深处"。这首诗里出现了一系列并置的意象："挂图"、"代数"、"独弦琴"、"念珠"、"桨橹"、"蓓蕾"、"夕阳"、"泪珠"等，这些意象构成了一组具体可感的画面，不但把抽象的思念充分具象化，而且浓重的思念经由意象实现有节制地表达，同时还强化了思念之痛苦与绵长。

"朦胧诗"的意象除了并列的方式之外，还有比照的方式。比如顾城的《一代人》："黑夜给了我黑色的眼睛/我却用它寻找光明"。诗中"黑夜"与"光明"两个意象形成鲜明的反差，它们成为两种不同时代的隐喻符号，这一方面显示了诗人对充满悖谬意味的历史与现实的理性思考，另一方面也展示了在荒诞与虚无中受伤的个体反抗绝望和寻找光明的执著探索精神。

北岛在80年代中期为《上海文学》"百家诗会"所写的创作谈中，曾说："我试图把电影蒙太奇的手法引入自己的诗中，造成意象的撞击和迅速转换，激发人们的想象力来填补大幅度跳跃留下的空白。"他的《古寺》一诗里选择了钟声、蛛网、石头、山谷、龙、怪鸟、铃铛、荒草、布鞋、石碑、乌龟等意象，这些密集的意象不但充满"跳跃感"，而且也给人一种破败、荒芜、古旧和残缺之感。不断"切换"的意象构成了一个立体和多层次的象征图谱，融入了创作主体对古老的民族历史、文化的理性沉思："消失的钟声/结成蛛网/在裂缝的柱子里/扩散成一圈圈年轮"，"石碑残缺/上面的文字已经磨损/仿佛只有在一场大火之中/才能辨认"，以及在悲观中所生发的深情祈望："乌龟在泥土中复活/驮着沉重的秘密/爬出门坎"。由于诗人引入了电影的"蒙太奇"手法，诗歌的象征意蕴呈开放态势，读者既能感知围绕"古寺"而展开的意象背后的文化时空，又能触摸诗人所寄寓的深层思考，同时还能获得一片更大且富有弹性的解读空间。

除了意象组合出现新的"有意味"的变化之外，"朦胧诗"在语言方面也呈现出新的特质。这种特质集中体现于语言的含混性。如果说20世纪50—70年代当代诗歌"大众化"所追求的是语义的明晰，那么"朦胧诗"就是要超越这一诗歌发展传统，努力以含混的语言增加诗歌文本的深度和厚度。比如北岛的《走吧》："走吧/落叶吹进深谷/歌声却没有归宿/走吧/冰上的月光/已从河床上溢出/走吧/眼睛望着同一块天空/心敲击着暮色的鼓/走吧/我们没有失去记忆/我们去寻找生命的湖/走吧/路呵路/飘满红罂粟"。这首诗中出现了一些突破语词组合规则樊篱的诗句："冰上的月光/已从河床上溢出"、"心敲击着暮色的鼓"、"我们去寻找生命的湖"，"从河床上溢出"的"月光"、"暮色的鼓"和"生命的湖"都是超越生活"真实"的语词组合,这种"诗化"的语言不仅构造了一个新异的世界,同时还造成语义的不确定性和含混性,有效地增强了诗歌的"朦胧"效果。另外,诗句之间内在的逻辑关联也被打破,诗人凭借自己所见(冰上的月光/已从河床上溢出)、所闻(心敲击着暮色的鼓)、所思(我们没有失去记忆/我们去寻找生命的湖)和所感(路呵路/飘满红罂粟),在散乱离析的语言中勾勒了一个永远不停下探求脚步的生命"过客"的形象,这种借助"含混性"的诗句来建构知识分子形象的方式,是对当代使用浅近语言刻画英雄形象的反叛与超越。

不过,"朦胧诗"的写作仍受新时期国家主流意识形态的深刻影响,不论是诗歌的运思方式还是想象方式都烙上了 20 世纪 50—70 年代主流诗歌的印痕。尤其是在文学(诗歌)参与国家政权合法性建构和思想的合理性确认方面,"朦胧诗"文本仍未彻底摆脱意识形态宏大叙事或抒情的影子,摆脱对知识与权力的倚重。

更为重要的是,"朦胧诗"诗潮的追随者的大多数后续诗作,不管是诗歌的精神高度、思想深度,还是艺术个性方面都缺乏一种持续的革新和超越的努力,朦胧诗人对特定时代社会思潮的跟从与依附,以及缺乏艺术自省精神,使"朦胧诗"在 1982—1984 年逐渐淡出诗坛,而"新生代"诗人则以更加激进的反叛姿态迅速登上诗坛。

第四节　"新生代诗歌"

"新生代诗歌"又称"后朦胧诗"、"第三代诗"或"实验诗",是继"朦胧诗"后出现的又一股新的诗歌潮流。其主要代表诗人有韩东、于坚、翟永明、徐敬亚、默默、多多、万夏、杨黎、李亚伟、马松、杨克等。他们的诗歌理论新异而驳杂,流派、团体不断涌现。为了超越"朦胧诗"的诗歌范式,他们极力推崇反崇高、反优雅、反文化和反语言等诗歌理论,主张诗以平民化的视角、粗鄙的意象、客观冷静的抒情姿态、口语化和粗俗化的语言以及愤世嫉俗的反讽修辞,呈现庸常生活中人内心的孤独感、焦灼感、荒诞感与失落感。

1982 年之后,虽说"朦胧诗"的论争仍在继续,但"朦胧诗"的创作潮流已渐趋衰退,而且当时许多"朦胧诗"诗作仅仅是对北岛和顾城诗歌的简单模仿和复制,不但诗歌里充斥着伪饰的情感,而且形式上也缺少持续革新的努力。另外，"朦胧诗"一方面出现了被过早"经典化"的迹象；另一方面也遭遇了自我突破的困境，这些现象引起了一批60年代出生的青年诗人的不满和担忧，于是他们对诗歌展开了一系列的"反叛"和"超越"行动。

1982年一些诗人提出"打倒北岛"口号后，他们开始有意颠覆"朦胧诗"所形成的诗歌书写模式，创作一种有别于"朦胧诗"的"新的诗歌"，这些诗歌在诗学理念和艺术形态上都发生了显著的变化。1984年以后，"新生代诗歌"创作已形成一定的规模，具体表现在当时出现了大量带有实验性的诗歌社团和各种自办（自印）的诗刊、诗报和诗集，同时还出现了许多由诗人的"结社"写作方式而形成的社团和诗群体，这些社团（诗群）主要有南京的"他们文学社"，上海的"海上诗群"，四川的"新传统主义"、"非非主义"和"莽汉主义"等。1986年《深圳青年报》和《诗歌报》联合举办了"中国诗坛1986现代诗群体大展"，并介绍了60余家"诗派"，这些"诗派"由100多位"后崛起"诗人组成。如此众多的"诗派"和"社团"，有效地推动了"新生代"诗歌的崛起。

"他们文学社" 因《他们》期刊而得名，主要成员有韩东、于坚、翟永明和吕德安等人。虽说《他们》中作者审美趣味不尽相同，但他们的诗歌有共同的诗学主张，即回到诗歌本身、追求个体的生命体验，重视诗歌中日常生活的还原和日常口语的运用。韩东甚至提出了引起争议的"诗到语言为止"的诗歌观念。

"海上诗群" 于1984年在上海成立，主要成员有默默、刘漫流、陈东东、王寅和陆忆敏等人。他们的诗力图呈现个体生命与都市社会环境之间的矛盾和冲突，揭示现代大都市背后人的生存孤独感、荒诞感和"无根"的漂泊感，以及由此产生的精神焦虑，同时他们的诗歌充满"怀旧"气息。

"莽汉主义" 是四川的万夏、胡冬和李亚伟等人组成的诗歌群，他们以绝对"通俗易懂"和随意性的口语，以一种嘲讽的、放荡不羁的口吻和"反文化"的姿态，摧毁和消解"优美"与"崇高"的美学意义，他们的诗作表现出明显的"解构"性。

"新生代诗歌"具有较为鲜明的美学特质。首先，**消解"文化"、消解"崇高"和解构传统**。实际上，"朦胧诗"崛起之后，诗与现实政治和历史文化之间的关系依然受到重视和强调，许多"非诗"的元素仍制约着诗歌的发展。"新生代"诗人认为，人类生存在各种文化网络中，人已被诸多文化形式所围困和异化，人和世界也失去了原有的"本真"状态。于是，他们提出了诗歌的"归真返璞"（"他们文学社"）和"前文化还原"（"非非主义"）等诗学主张，努力颠覆诗歌向文化层面提升的传统。

以杨炼的《大雁塔》和韩东的《有关大雁塔》的比较为例。杨炼的长诗《大雁塔》书写了象征着民族苦难的"大雁塔"的历史："我被固定在这里/山峰似的一动不动/墓碑似的一动不动/记录下民族的痛苦和生命"，"我的身躯、铭刻着/千百年的苦难、不屈和尊严"，"与民族的灾难一起/与贫穷麻木一起/固定在这里/陷入沉思"。在诗中，"大雁塔"不仅是人格化了的意象，而且也熔铸了深厚的历史和文化底蕴，它成为一种民族命运的隐喻符号以及中国文化的原型意象。诗人将个体的人生际遇或世事的评说，借助记忆与想象挪移到被吟咏对象——大雁塔的文化积淀之中，来抒发创作主体的苦难意识、忧患意识和悲剧意识，确认自我存在价值，高扬曾经被践踏的人性和被批判的人道主义精神，提升诗歌的文化底蕴、思想厚度和情感张力。

而"新生代"诗人韩东的《有关大雁塔》则有意解构"大雁塔"意象的文化意蕴：

> 有关大雁塔
> 我们又能知道些什么
> 有很多人从远方赶来
> 为了爬上去
> 做一次英雄
> 也有的还来做第二次
> 或者更多
> 那些不得意的人们
> 那些发福的人们
> 统统爬上去
> 做一做英雄
> 然后下来
> 走进这条大街
> 转眼不见了
> 也有有种的往下跳
> 在台阶上开一朵红花
> 那就真的成了英雄

> 当代英雄
>
> 有关大雁塔
>
> 我们又能知道什么
>
> 我们爬上去
>
> 看看四周的风景
>
> 然后再下来

在这首诗里，"大雁塔"被赋予的文化象征意义遭到解构，它不仅丧失了文化和历史的隐喻功能，也失去了意象所蕴含的丰富想象和深刻内涵，它成为与历史与文化毫无关联的景观，一个仅为我们提供实现所谓"英雄"梦想的平台。韩东一方面以口语化的方式拆解了大雁塔的历史与文化，破除了人们对英雄的讴歌与崇拜，切断了知识精英对大雁塔持久的文化记忆，消解了"大雁塔"意象既有的文化底蕴；另一方面则以极其冷静的姿态呈现一种平淡而又乏味的存在，零度的情感赤裸裸地揭示普通人的日常生活真实情状。

由前述的比较分析，不难发现"新生代"诗人努力坚守一种"非文化"意识，他们让诗歌超越文化的种种樊篱，并向诗的本体回归，以消解一切的方式让诗歌在卸下外在的文化负载的同时，借助语言形式最大限度地呈现事物的"本真"状态。

其次，**鲜明而执著的"反英雄"姿态。**"新生代"诗人有意放弃"朦胧诗"所倡扬的英雄姿态和理想主义立场，力图以平民视角反映凡夫俗子日常生活和庸常生命中的苦乐哀愁或爱恨生死，甚至连日常起居和吃喝拉撒都成为诗歌反复书写的对象。于坚《尚义街六号》即为显例：

> 尚义街六号
>
> 法国式的老房子
>
> 老吴的裤子晒在二楼喊一声
>
> 胯下就钻出戴眼镜的脑袋
>
> 隔壁的大厕所
>
> 天天清早排着长队
>
> 我们往往在黄昏光临
>
> 打开烟盒

打开嘴巴

打开灯

······

李勃的拖鞋压着费嘉的皮鞋

他已经成名了

有一本蓝皮会员证

他常常躺在上边

告诉我们应当怎样穿鞋子

怎样小便

怎样洗短裤

怎样炒白菜

怎样睡觉

等等

诗歌里"老吴的裤子"、"胯下的脑袋"、"排着长队的大厕所"、"穿鞋子"、"小便"和"洗短裤"等都是普通人现实生活中常见的场景，诗人以普通人的眼光客观而冷静地书写日常生活的情状和内心真实感受。包括于坚在内的"新生代"诗人正是让诗歌向普通人的日常生活回归，使人们难以在庸常的生活中获得"时代英雄"的神圣感和崇高感，从而实现"反英雄"和"反崇高"的诗学追求的。

再次，**"口语化"**的诗歌语言策略。"新生代"诗人对诗的"口语化"写作的实验执著而痴迷，他们认为书面语承载着大量的意识形态和人文信息，诗歌要超越"朦胧诗"的传统，关键在于实现语言的自觉，于是，他们以一种粗俗而又口语化的语言，以及反修辞的诗句来颠覆中国现代新诗语言的"典雅"传统，高度自觉的语言意识拓宽诗歌的发展道路。韩东的《你见过大海》：

你见过大海

你想象过

大海

你想象过大海

然后见到它

就是这样

你见过了大海

并想象过它

可你不是

一个水手

就是这样

你想象过大海

你见过大海

也许你还喜欢大海

顶多是这样

你见过大海

你也想象过大海

你不情愿

让海水给淹死

就是这样

人人都这样

　　这首诗不仅通过"拒绝隐喻"的方式削平诗的意蕴深度，更为重要的是，新生代诗人借助一种口语化的诗歌语言，有意摒弃烦琐的话语修辞或滥调套语，以简单而干净的口语呈现抒写对象"大海"的"本真"状态——不管"你见过大海"，还是"你想象过大海"，大海"就是这样"且"顶多是这样"，诗歌以"语言还原"来完成"感觉还原"和"意识还原"。不过，这种"口语诗"受到的更多是"非诗"的指责和讥评。

　　另外，"新生代"诗人甚至将市井粗话、鄙俗字眼引到诗歌中，如娄方的《印象》："把流出的泪水咽进肚子里/在厕所里尽量把屁放响"，俚语粗话已全然颠覆了书面语的高雅性，拆卸了书面语所背负的诸多文化负载。又如男爵的《和京不特谈真理狗屎》："真理就是一堆屎/我们还会拼命去拣/阳光压迫我们/我们还沾沾自喜"，"在真理的浇灌下/我们茁壮成长/长得很臭很臭"。诗人以极其粗鄙的语言和玩世不恭的做派嘲弄了"真理"的权威性和人们对所谓"真理"的崇拜与迷信，从语言的维度展示着诗歌文本实验的可能性。

　　最后，反讽的修辞方式。"新生代"诗人经常以自嘲和自我亵渎的方式讲述

故事和书写现实人生。如李亚伟的《中文系》用调侃口吻和玩世不恭的态度消解大学作为知识殿堂的"神圣性":

> 中文系是一条撒满钩饵的大河
>
> 浅滩边,一个教授和一群讲师正在撒网
>
> 网住的鱼儿
>
> 上岸就当助教,然后
>
> 当屈原的秘书,当李白的随从
>
> 当儿童们的故事大王,然后,再去撒网
>
> 有时,一个树桩船的老太婆
>
> 来到河埠头——鲁迅的洗手处
>
> 搅起些早已沉滞的肥皂泡
>
> 让孩子们吃下。
>
> 一个老头
>
> 在讲桌上爆炒野草的时候
>
> 放些失效的味精
>
> 这些要吃透《野草》《花边》的人
>
> 把鲁迅存进银行,吃他的利息

在诗里边诗人描述的不是自身在"中文系"度过的丰富而充实的大学生活,而是极力嘲讽中文系教师乏味而单调的人生形式,以及他们追求形而上的知识与学问背后所隐藏的功利心和包裹的隐秘欲望:"这些要吃透《野草》《花边》的人/把鲁迅存进银行,吃他的利息"。"撒满钩饵的大河"、"沉滞的肥皂泡"、"爆炒野草","失效的味精"这些带有强烈讽刺意味的诗句,有力地撕开了大学的正经与高贵的外衣,露出其世态百相及"真面目",着实把"中文系"奚落了一番。另外,诗中"中文系"学生的生活情调不再高雅与浪漫,而是相当世俗化:"万夏每天起床后的问题是/继续吃饭还是永远不再吃了";他们追求的不是高深理论知识,而是青春的爱恋:"知识就是书本就是女人/女人就是考试/每个男人可要及格";他们享受的不是真正的"自由"而是"伪自由":"根据校规领导命令/学生思想自由/命令学生/在大小集会上不得胡说八道",诗人正是用反讽的手段撩开大学"中文系"的神秘面纱,使其显露"庐山真面目"。可以说,这种"反讽"

的修辞手法和策略一定程度上增强了现代诗歌的表现力，拓宽了诗歌的审美空间。

"新生代"诗人为了拓宽当代诗歌的发展道路，在消解"文化"与"崇高"、"反英雄"和"语言还原"等方面进行了理论探索和具体实验，也取得了一定的实绩。不过，"新生代"诗歌在解构传统和实施"断裂"的同时，也陷入了诸多难以突围的艺术困境之中：其一，"新生代"诗人在展现"反崇高"和"反英雄"的反叛姿态之时，难免流露出浓重的虚无主义思想，有些还跌入"平庸"与"堕落"的"精神深渊"不能自拔；其二，"口语化"或"粗鄙化"的语言入诗，使诗歌"诗美"或"诗意"荡然无存，有些诗人甚至卷入低级谩骂和嘲讽的旋涡中失去了方向；其三，"新生代"诗人重视诗歌语言的本体价值，提出"诗到语言为止"的同时，又把诗歌带入到"把玩文字技巧"的荒漠之中，诗成为失去鲜活血液和思想精魂的空壳；其四，"新生代"诗人虽善于制造诗歌"事件"，但诗歌文本却整体乏力，虽理论宣言层出不穷，但文本生产却赶不上理论"翻新"的速度。

第四章　本时期散文

第一节　"十七年"散文三家

"十七年"散文创作的发展，可以分为两个阶段。新中国成立初期至 1956 年为第一个阶段。这一阶段，回忆录、纪实性的事件或人物特写以及报告文学一类的创作甚为繁盛，其他品类如抒情散文、小品文、杂文等相对沉寂。从 1956 年"双百方针"起，"十七年"散文的面貌开始发生较大变化。散文创作试图超越现代传统而有所创新，在实践中逐渐形成以追求思想与诗意的熔铸、寻求意境、注重构思和形式为基本特征的"诗化散文"。"诗化散文"的出现，可视为"十七年"散文在不断探索中形成自身特色的标志。这一阶段，在散文创作方面取得明显成绩的作家当属杨朔、刘白羽和秦牧等。其他如吴伯箫、曹靖华、袁鹰、菡子、何为、碧野、陈残云、郭风等，亦在散文创作方面用力甚勤。此外，以"三家村"杂文为代表的杂文创作也值得关注。

杨朔、刘白羽、秦牧是"十七年"文学时期比较有特色的散文作家，被人们冠以"散文三大家"的称谓。

杨朔（1913—1968）早年曾致力于古典诗词的学习钻研，还创作过旧体诗，对古典诗词中的意境氛围有着较深的体悟。50 年代中后期，杨朔自觉地将诗意的探寻融入散文创作当中，为"十七年"散文在艺术形式求新图变方面开辟了先路。同时代许多人纷纷效仿杨朔诗化散文的创作路数，并因此形成了"杨朔模式"。诗化散文的形成与选择有着深刻的时代因素，但也与杨朔的成功经营密不可分。杨朔的诗化散文有着如下鲜明的特征：

一、**精致性**。杨朔的散文努力追求诗歌创作的精致手法，"总要像写诗那样，再三剪裁材料，安排布局，推敲字句"①，设法营造情思结合的意境。这种精致性体现在：首先，在散文的结构安排上，精心布局，曲径通幽。杨朔的每一篇散文篇幅短小，看似天成却是有意为之。不管是抒情还是叙事，文字背后都有一双无形的手，掌控着情感与故事的发展方向。在作品开头和结尾的安排上，更见作者的营构苦心。如在《荔枝蜜》中，作者开头写到对蜜蜂"总不大喜欢"，感情上"疙疙瘩瘩，总不怎么舒服"，看似随意，实已埋下了感情的伏笔。接着，笔锋一转，开始叙事，由荔枝树写到荔枝蜜。"喝着这样的好蜜，你会觉得生活都是甜的呢。"行文至此，便已入题，于是有了第一次的感情变化："我不觉动了情，想去看看自己一向不大喜欢的蜜蜂。"然后杨朔马上便施展他所惯用的叙述手段，通过与养蜂人老梁的对话，逐渐积蓄情感，"它们从来不争，也不计较什么，还是继续劳动、继续酿蜜，整日整月不辞辛苦……"，不动声色地赞美了养蜂人并与时代主题成功对接。最后"我的心不禁一颤"，认识到了蜜蜂所代表的时代精神，完成了对主题的升华。这种通过欲扬先抑使感情一波三折的笔法，在杨朔散文中亦属常见。因而，阅读杨朔散文，常会感到线索清晰，写景状物和记人抒情都有迹可循：开头引人入胜，继而卒章显志，终篇发人深省，所以他的作品容易被模仿；其次，散文征字选词上追求凝练、优美和生动。杨朔的散文语言可算白话文的典范，没有多余芜杂的表述。在文字安排上，错落有致，长短句相间，风格较为纯雅。比较《荔枝蜜》和杨朔早期散文《木棉花》，仅从语言词句上分析，会发现后者用词激进，如"可怕的蒸笼"、"冲动的表情"等，文风激烈，句法结构复杂，充满青春意气，阅读冲击感强烈。但60年代以后的散文，却有着明显的内敛和克制，多了沉稳从容之感。显然经过反复的斟酌，读来较为沉闷，开阔感不足。在文辞斟酌上精心打磨所追求的耐人寻味的"古典化"，有时也不免流于矫情。精巧的情思表达在"十七年"时期能够得到允许，很大程度上源于杨朔对于主题炼意上的另一种"精致"。他能够在对日常事物的言说中巧妙地提炼出时代精神的元素，并将其纳入到集体大合唱的抒情氛围之中。再以《荔枝蜜》为例，歌颂劳动奉献精神的作品在当时多如牛毛，不过多数情感高亢但失之粗率。真正像杨朔这样"动情"的散文很少。杨朔通过艺术的笔法节制了粗放的情感，即使在表达某种富有政治寓意的思想时，也多借用象征或暗喻的手法——就像对于劳动人民的情感认同，用一句"梦见自己变成一只小蜜蜂"来表达，轻盈灵动

---

① 杨朔：《"东风第一枝"小跋》，载《人民日报》，1961-11-02。

中含有意味的质感，精致巧妙，而非口号般直白。当然，这种提炼具有时代局限性，因其只关注到光明的一面而失其深刻性。

二、**日常生活的升华与时代意象的创造**。杨朔散文中蕴含着许多的意象或形象，如蜜蜂、雪浪花、促织、老泰山、月光等，这些意象看似稀松平常，但都被一一赋予深意。杨朔善于通过某个生活场景，或是某个劳动者形象，抑或一个微小的物象和景象，"从一些东鳞西爪的侧影中，烘托出当前人类历史的特征"①。这种写作旨趣，使得他的散文在面对日常生活时，不再如"五四"散文一样停留在对事物恣意把玩中来彰显主体的闲情雅致。例如《雪浪花》中，"凉秋八月，天气分外清爽。我有时爱坐在海边礁石上，望着潮涨潮落，云起云飞"。这种对季候和景物的日常体验，是散文家的基本素养。如果二三十年代的作家接着往下写，会是一篇闲雅散漫的优美小品。但杨朔意不在此，海边闲坐，视线却在不断地聚焦：先是几个年轻的姑娘好奇礁石形状形成的原因，接着镜头一换，"是叫浪花咬的"，人未到声先到，老泰山出现了。接下来的主线就是围绕着老泰山，通过对话展开。拉家常式的对话，不经意间就把普通劳动者老泰山的光辉形象塑造完成。最后，镜头拉远，浪花再次出现，而作者的情感已经蕴蓄到最高点，"老泰山恰似一点浪花，跟无数浪花集到一起，形成这个时代的大浪潮，激扬飞溅，早已把旧日的江山变了个样儿，正在勤勤恳恳塑造着人民的江山"。此时，不论是"雪浪花"还是"老泰山"都已经成为精神的象征，凝定为时代的典型意象。杨朔的散文常写日常生活中的普通人，但他更关注的是平凡事物和人物背后所折射出来的精神姿态，并将其上升至时代意识形态规范下的道德伦理高度，将他们打造成充满革命气息的时代意象。因此，在杨朔看似丰富的散文言说中，所抒发的情感却大同小异，不外乎对祖国美好河山的歌颂、对勤劳朴素的劳动者的赞美和对革命斗争的美好想象等。这种刻意的庄严感反而流于空洞，过分地拔高升华、曲以致深却让平常事物失去了"真味"。

三、**过分模式化使诗化散文走向僵滞**。"杨朔模式"出现伊始，确实给在困境中发展的"十七年"散文带来了可资借鉴的范式。在对主题和结构的理性安排上，对古典文章笔法的运用以及设置"文眼"、追求情感的哲理化表达等方面，都对年轻的散文创作者产生了重要影响。但随着"杨朔模式"不断地复制和自我繁殖，使得这种情致的散文表达沦为公式和模式，陷入艺术的惰性。在"十七

---

① 杨朔：《"东风第一枝"小跋》，载《人民日报》，1961-11-02。

年"后期，由于"左倾"激进主义思潮的冲击，散文的诗化现象呈现出崇高化与纯粹化倾向，越来越僵化、虚浮。杨朔所开创的诗化散文渐渐成为一种丰富的简单。其实，这种模式化的背后，凸显的是"十七年"时期知识分子话语的过度萎缩。如何在散文这种自由性极大的文体中寻找到艺术和政治之间的平衡，是摆在当时散文创作者面前的难题。诗化散文暂时满足了时代对于散文的强大命意，同时也满足了知识分子对审美趣味的隐在坚持。散文的"诗化"，不仅是一种审美风尚，也是知识话语寻求自我平衡和改变的庇护之所。

虽然杨朔诗化散文及其"杨朔模式"最终僵化、失败，但是这种诗化散文的兴盛与发展，代表了"十七年"时期散文家在创作上的积极探索和突破。同时，诗化散文的创作还引起广泛的散文理论批评与讨论，对当代散文文体的建构具有一定贡献。

刘白羽（1916—2005）从 30 年代起就开始散文创作，早期散文风格多忧郁缠绵的情调，但也有部分作品充满慷慨悲歌的浪漫主义气质，这些特征一直延续到其当代的散文创作中。在"十七年"时期，刘白羽的散文创作总体呈现出雄浑壮阔的气势，充满革命的激情与崇高感。在普遍崇尚将散文当诗来写并努力创造散文意境的写作年代，刘白羽的散文自然也带有诗化散文的时代印记。但是，从他创作的《平明小札》《冬日草》等篇目中，可见得他当时略显不同的"对新的美的探索"。这些探索使他的散文呈现了如下特点：

一、**诗意与政论的结合**。在散文诗化的潮流中，刘白羽呈现诗意的手法比较特别，这来自他将激情与政论巧妙结合的"大手笔"。首先，在表现时代主题时，刘白羽散文中所选取的意象背后常常是对革命的历史、人生的思考。这些意象往往具有现实含义，如"红玛瑙"、"灯火"、"急流"、"雪"、"长江"等，蕴含了作者对新时代新生活的热情赞美，对革命英雄主义的褒扬。因此，他的散文和政治抒情诗一样具有一定的鼓动性，以炽热的情感激发革命的朝气与战斗的热情。《长江三日》中作者面对长江，发出这样的感慨："这时一种庄严而又美好的情感充溢我的心灵，我觉得这是我所经历的大时代突然一下集中地体现在这奔腾的长江之水。是的，我们的全部生活不就是这样战斗、航进，穿过黑夜走向黎明的吗？"这种体验充满着诗歌般的激情，气象阔大，文采磅礴。长江的奔腾之势让作者想到自己所身处的时代，不禁豪情万丈："掌握住舵轮，透过闪闪电炬，从惊涛骇浪之中寻到一条破浪前进的途径，这是多么豪迈的生活啊！"其次，刘白羽散文中有较为深广的时空思维。他常常在追昔抚今中将历史与当下结合起来，这使得散文有着较为厚重的历史感，也是他散文写得雄放的重要因素。这种历史感来自作者革命生活与斗争的经历，在散文中常表现为宏阔的空间意象。在《长江三日》中，雄伟的长江激发作者对古人的幽思。"我想到李白、杜甫在那遥远的年代，以一叶扁舟，搏浪急进，那该是多么雄伟的搏斗，那会激发诗人多少瑰丽的诗思啊！"这种以惊叹号结尾的历史想象，奠定了全文的情感基调。接着，作者在文中陆续引用杜甫的《夔州歌》、袁崧的《宜都山川记》中所载屈原的传说、卢森堡的《狱中书简》等，涵咏万千。尤其在对长江三峡的描写上，空间宏阔，历史的长江与眼前的长江在作者心中相互激荡。再次，刘白羽的散文充满着崇高感，这种崇高感不仅表现在他对壮美之物的审美激情中，还表现为主体乐观、战斗的精神面貌。"我们的哲学是革命的哲学，我们的诗歌是战斗的诗歌，正因为这样——我们的生活是最美的生活。"《长江三日》中作者正是带着这样的视角看待长江、看待历史和世界的。刘白羽自觉地将时代话语作为自己散文话语的一部分，坚持散文的教化功能与审美功能，有着强烈的社会责任感。这种使命感也是"十七年"知识分子普遍的自我塑造与想象。最后，"以热烈的感情、生动的形象赋予战斗的思想以感人的力量"①，这是刘白羽散文的最大特点。他的散文写得激情澎湃，意象雄浑粗犷、庄严辉煌，但激情之下理念的思辨与演绎却清晰可辨，这是中国传统政论体散文的特点。但政论文体如果缺乏必要的感情打磨软化，就会陷入概念化而显得单薄浮泛。刘白羽的不少散文就存在着这样的不足。

二、**抒情的优美与古典情调**。除了波澜壮阔的战斗激情外，刘白羽散文还有纤细精巧的一面，这使得他的散文在宏大抒情中仍有精微的细部，可读性较强。《冬日草》和《平明小札》中的作品可称之为典型代表。这些散文作品通常篇幅短小，文字构思甚为精妙，作者是有意将散文当做一种艺术来创作，因而在政治话语高于一切的年代真可谓别开生面。这种风格的形成有两个方面的原因：其一，在刘白羽的文化记忆中，仍保留着怀古幽情和静美之趣。中国古代有着深厚的散文传统，士大夫阶层借散文此种自由性鲜明的言说方式，表达着复杂的文化心理。散文既可以作为道统的载体和工具，也可修养性灵旷然自释。刘白羽的散文中似可见出这种隐秘的文化情结。他既写金戈铁马的激扬文字，也钟情于闲淡

---

① 井岩盾：《评〈冬日草〉和〈平明小札〉》，载《文学评论》，1963（3）。

幽趣。在一篇描写月亮的散文《月》中，作者营造的情调和气氛就将这种幽古情结表达得淋漓尽致。"今夜是冬月，没有浓浓的树影、淡淡的秋风，没有花的清香、虫的吟唱，但空旷、辽阔。走出去一看，只见一丛丛丁香枝条，像炭笔随意画的粗线条，在空中凝然不动，寥寥几笔便勾勒出一幅黑白画，却令人胸襟开朗，仿佛偌大的世界只剩下一片月光"，接着，作者想到了陆游的《入蜀记》和苏东坡《记承天寺夜游》中关于月光的描写，这样写道："但现在我觉得苏东坡的最后两句，却如此逼真，达到形象化的完美境地：那月光，那树影，如在你的面前，甚至连月夜的清寒之感，也都立刻侵袭到你的脸上、身上来了。当然，现在我所以特别喜爱它，也许因为这描叙与今夜情景相似吧！"这些面向个人心灵"向内转"的文字，在刘白羽"十七年"散文创作中为数不多，它是作者闲静之时的休闲笔墨，但却也正折射出他内心深层的美学理想。其二，传统与现代的调和。"十七年"时期意识形态对审美话语在不同阶段具有不同的规训。在刘白羽创作这些不同质素的散文时，当时政治与知识分子的关系相对缓和。"十七年"时期，作家的表达空间相对较大，深植于作家心底的审美现代性的追求开始隐隐复苏，与此同时，作家们又不得不极力在审美与政治之间寻找平衡，努力在传统与现代之间找到适合"十七年"时期的散文表达。因而，刘白羽的这些清新的短章，既有传统散文的风韵，更有现代散文的审美意识，只不过后者表达得极尽克制。

　　刘白羽的散文表达在"十七年"时期具有一定的代表性。时代需要作家利用散文放声歌唱，但作家却努力保持着歌唱的力度与方式。刘白羽两种风格的文字都出自他真诚的表达，是"十七年"散文中一个丰富的维度。

　　秦牧（1919—1992）在"十七年"时期写了大量的杂文、小品、艺术随笔。他的散文观察精微，见解独特，知识广阔，兼具文采、想象和情趣，立意颇为深邃。秦牧的创作丰富了"十七年"散文的形式和表现空间，同时更因在精粹警辟、谈笑风生的杂文小品中表现出知识性和趣味性特征，而受到当时许多读者的青睐，尤其在青年读者群中具有比较大的影响力。知识性和趣味性在秦牧散文中相互交融结合，构成其散文亲切感人的风格和情调。

　　一、知识性。知识性成为秦牧散文的一大特征，首先在于他对散文这种文学形式的认识不拘一格，因而在变幻多端的自由选择中，文体就可以涵盖大量的知识讯息，给人康健益智的审美陶冶。秦牧认为，散文应不拘于表现国际、社会斗争、艺术理论、风土人物志，更应该有知识小品、谈天说地、个人抒情的散文。这种内容的广泛性自然是知识性的必要前提。其次，直接知识与间接知识在秦牧散文中发散式呈现，使人读来深受启迪。秦牧散文中包含着许多生活知识，这些知识有时直接取自现实，有时是从书本、听闻中得来。例如《说龟蛇》一文，"风樯动，龟蛇静"、"烟雨莽苍苍，龟蛇锁大江"。开篇，秦牧从长江上建了大桥沟通两岸的龟山和蛇山之事，想起这些吟咏龟蛇的诗章，直接切入主题，发问："龟蛇对峙，龟蛇被人并提，这事情本身究竟有没有什么含义呢？"这种司空见惯的日常景象，实则蕴含丰富有趣的文化知识。为什么龟和蛇总被联在一道呢？接着秦牧反驳了民间"雌龟偷蛇"说法的穿凿附会。他分别汲取古书典故、神话传说、历史文化等多方面的例证，饶有趣味地陈述着龟和蛇在中华文化中的地位，并说明了龟蛇与治水的关联。文章最后对龟山与蛇山命名的想象，合理而韵味深长。诸如《说龟蛇》这样引证丰富、联想深远的知识散文，在秦牧"十七年"时期创作中甚为多见。生动而不失严肃、厚重但不失趣味，对当时的读者乃至现在的读者都富有感染力与吸引力。再者，这种知识的表达在"十七年"时期是一次可贵的启蒙。显然这种启蒙较为谨慎，它旨在普及读者在生活与艺术方面的知识，而较少触及政治与思想主题，并且注意提升知识和情感呈现时的艺术性。在文体风格上，他选择用一种夹叙夹议的方式来写散文，似如灯下谈心娓娓道来，不乏生硬的思想议论经过艺术的打磨，变得亲切、自然、有味。

二、**趣味性**。趣味性保证了知识言说和思想表达的艺术魅力，也是秦牧散文在"十七年"时期影响深广的重要因素。秦牧散文中知识状态的旨归就是保证散文言说的趣味，以此来打动人、吸引人。正如杨朔的"精致"和刘白羽的"激情"，秦牧的"趣味"是他散文情感结构的核心。趣味性在秦牧散文中，首先表现在语言风格上。秦牧反对散文跑野马，而追求简洁精粹。这出于他杂文写作的习惯，在短小的文章中力求简洁优美，反对任何的败笔冗笔，这也是散文诗化创作思潮在杂文和小品文中的体现。为了使思想表达更明确，秦牧常使用偶句，选择富有生命力的古语、口语，用以体情状物。如在《社稷坛抒情》一文中，秦牧在吟咏屈原的《悲回风》和《天问》时，并不直接引用原诗，而是引自郭沫若的译诗。这种在文中引用白话译诗而非原诗的做法，在秦牧散文中比较常见，由此保证了文章的明白晓畅，读来没有隔膜障碍。读秦牧散文，还经常会感受到由丰富的词汇、铿锵的音节、色彩鲜明的描绘和精彩的叠句等构建起来的斐然文采。面对社稷坛，他认为像这样能够诱发中国人思古幽情的去处可真多："你可以到泰山去观日出，在八达岭长城顶看日落。可以在西湖荡画舫，到南京鸡鸣寺听钟声。可以在华北平原跑马，在戈壁滩骑骆驼。可以访寻古代宫殿遗迹，听一听燕子的呢喃，或者到南方的海神庙旁看浪涛拍岸……"在"十七年"时期，秦牧是少数几个能够专注抒发此种闲情雅致的散文家。同时，他善用譬喻，用以加深对事物的写照，使人感受强烈。在《社稷坛抒情》里，作者对人类智慧和人类文明的比照喟叹不已："每一个人在人类智慧的长河旁边，都不过像一只饮河的鼹鼠。在知识的大森林里面，都不过像一只栖于一枝的鹪鹩。"这种生命体验和感觉，十分生动。轻松的笔调、诚挚可亲的文风和对语言的灵动驾驭能力，使他的散文趣味盎然。其次，趣味性还来自秦牧自觉的读者意识。秦牧认为，散文不仅要承担表现时代的使命，还要有给人愉悦的功能。人们之所以遣兴阅读文学作品，正是在于文学作品本身的魅力和情趣。如果思想正确，但缺乏艺术力量和文学情趣，就让人读了觉得没有味道。他站在读者的角度换位思考，认为文学需要有"文娱性"，读来令人有"山阴道上，应接不暇"的感受，强烈的新鲜感、优美的文采吸引人一路阅读下去，在字里行间不断地让人看到生活、智慧和艺术的闪光，从而保证读者在工作之余享受饶有情趣的文化生活。① 再者，秦牧注重散文中个人风格的表现。他认为散文写作不应回避表现自己。因而，在秦牧的散文中常能看到不落俗套的细微观察，即使在表现重大的时代主题时也别有见地。散文集《花城》就是这种风格的典型代表。如在《星下》一文中，作者并不避讳写个人的某种微妙感情："在星空下，一个人往往会想起许多在白昼里很少想到的事，微醉似地陷入一种思想感情象天马行空般的境界。不管是在孩提时代跟随老人在豆棚瓜架下听星宿故事，或者长成以后在海滩、旷野上散步，望着星群，总是容易跑进那样的境界里去的。"又比如在《海滩拾贝》一文中，"当你拾着贝壳，在那辽阔的海滩上留下两行转眼消失的脚印时，我想，每个肯多想一想的人都会感到个人的渺小"，这样个人化感受的表达，让人看到现代散文的影子。

　　将伟大寓于平凡之中，在知识的絮说中将"崇高"的思想说得有趣、深入人心，这就是秦牧散文趣味性的价值所在。秦牧对"十七年"散文的贡献，既回应了时代的期待，又在某种程度上接续了现代知识分子的启蒙传统。他利用杂文、小品文和艺术随笔等所进行的艺术知识的普及，给单调的时代注入了清新与灵动。

---

　　①　秦牧：《艺术力量和文笔情趣》，见《艺海拾贝》，上海，上海文艺出版社，1962。

"十七年"时期，杂文的创作也具有一定的规模，主要出现在1956年至1957年上半年和1961年至1962年下半年这两个时期。"三家村札记"（指邓拓、吴晗、廖沫沙三人在《前线》杂志的专栏文章），体现了"十七年"杂文创作在"夹缝"中的困境与努力。

第二节　"文化散文"

"文化散文"是20世纪90年代出现的一种新的散文类型，也曾有"学者散文"、"大散文"等称谓。此类散文的描写对象多属于历史记忆或历史风物。作家在散文中所要呈现的既不是对历史真相的还原，也并非为了迎合现世的阅读口味，有意借助于历史演绎故事或制造趣味，而是有感于现世生活中的价值缺失，试图通过历史记忆的重新叙述，有意挖掘和申发能够作用于现实人生的文化价值。"文化散文"总体呈现出内容厚重、格调深沉的特点，能够给予读者隽永的启迪。90年代的文化散文大致可分为两类。一类是回忆性的"文化散文"，以书写关于"文化"的记忆为主要内容。作者大多年事甚高，历尽沧桑，不仅有着丰富的人生阅历，并且一生所从事的职业大多与"文化"有关，主要作家有张中行、金克木、季羡林、萧乾、柯灵等。另一类"文化散文"则是指那些以具有一定文化内涵的自然事物和人文景观为描写对象，有意阐发其文化内涵，以"诗意"沉思为特征的散文创作，此类创作以中年学者和作家为主体，形成90年代后期至新世纪初期散文创作风潮，余秋雨可谓之代表。后者在20世纪90年代曾产生较大影响。

余秋雨（1946—　），有《文化苦旅》《行者无疆》《文明的碎片》《山居笔记》《霜冷长河》等多部散文作品集行世。第一部散文集《文化苦旅》，集中体现了作者的文化思考和艺术个性。余秋雨谈道："《文化苦旅》中的我，背负着生命的困惑，去寻找一个个文化遗迹和文化现场，然后把自己的惊讶和感动告诉读者。"通读《文化苦旅》，"惊讶与感动"充溢其间，这些大致可以从以下几个方面加以理解：

一、**对文化现象思考的精英立场**。凭借于长期从事艺术文化研究和高校教学的积累，余秋雨对于现实文化走向与文化历史现象的思考，是敏锐而深刻的。为此他所选取的书写对象，大都有着浓郁的"文化意味"。表面上看，出现在余秋雨散文中的多是特定地域风物、山水景观，比如敦煌莫高窟、阳关、柳州的柳侯祠、四川的都江堰、三峡、庐山、苏州、天柱山、洞庭、西湖等，与一般的游记并不存在太大差异。但细读之下就能鲜明感受到作者投注于这些物象之上的浓烈的感情与深刻的感兴。作者在这些物象的书写中，并不着眼于它们外形的奇特或附着的神秘传说，而是其所激起的作者在古今贯通的联想中所得到的启迪与振奋。面对着莫高窟和"道士塔"，他惊诧的是价值连城的经卷被无知的王道士"一箱子，又一箱子。一大车，又一大车"地让外国人连哄带骗地运到世界各地，悲愤于"偌大的中国，竟存不下几卷经文！"作者想不通的地方太多了：当时的"中国是穷，但只要看看这些官僚豪华的生活排场，就知道绝不会穷到筹不出这笔运费。中国官员也不是没有学问，他们也已在窗明几净的书房里翻动出土经卷，推测着书写朝代了。但他们没有那副赤肠，下个决心，把祖国的遗产好好保护一下"。作者的感悟是澎湃的："看莫高窟，不是看死了一千年的标本，而是看活了一千年的生命。一千年而始终活着，血脉畅通、呼吸匀停，这是一种何等壮阔的生命！""它似乎还要深得多，复杂得多，也神奇得多。""它是一种聚会，一种感召。把人性神化，付诸造型，又用造型引发人性，于是它成了民族心底一种彩色的梦幻，一种圣洁的沉淀，一种永久的向往。""它是一种狂欢，一种释放。在它的怀抱里神人交融、时空飞腾，于是，它让人走进神话，走进寓言，走进宇宙意识的霓虹。在这里，狂欢是天然秩序，释放是天赋人格，艺术的天国是自由的殿堂。""它是一种仪式，一种超越宗教的宗教。佛教义理已被美的火焰蒸馏，剩下了仪式的玄秘、洁净与高超。"在《阳关雪》里，作者要找到这样的答案："文人的魔力，竟能把偌大一个世界的生僻角落，变成人人心中的故乡。他们褪色的青衫里，究竟藏着什么法术？"正是在这样的感兴中，不仅表露了作者的文化情怀，更为重要的是作者立足现实探析历史生命的别致眼光。

　　二、**文化思考呈现出多侧面和多维度**。《道士塔》中作者通过王道士、官员和外国人面对国宝"经卷"的态度与处理方式，既呈现了王道士的无知与愚昧和中国封建时代官场的腐败与官员的昏庸，同时把中外文化观念予以了比较，给人以多方面启发。《柳侯祠》《洞庭一角》等篇什里作者所发现的"贬官文化"，作者并未从否定或批判的角度着眼，而是从中悟出了贬官在文化传播与文明建构方面的价值与意义。在被发配的岁月里，"他已不是朝廷棋盘中一枚无生命的棋子，而是凭着自己的文化人格，营构着一个可人的小天地"。"唯有在这里，文采华章才从朝报奏折中抽出，重新凝入心灵，并蔚成方圆。它们突然变得清醒，浑然构成张力，生气勃勃，与殿阙对峙，与史官争辩，为普天皇土留下一脉异音。时代文人，由此而增添一成傲气，三分自信。华夏文明，才不致全然黯暗。朝廷万万未曾想到，正是发配南荒的御批，点化了民族的精灵。"（《柳侯祠》）在《三峡》《庐山》《寂寞天柱山》等作品里，作者所倾心的是中国古代文人与山水河川之间物我两融、天人合一的神奇境界。"有了这么一些传说，庐山与其说是文人的潜隐处，不如说是文人渴望超拔俗世而达到跨时空沟通的寄托点。于是李白、白居易、欧阳修、苏东坡、陆游、唐寅等文化艺术家纷至沓来，周敦颐和朱熹则先后在山崖云雾之间投入了哲学的沉思与讲述。如果把时态归并一下，庐山实在是一个鸿儒云集、智能饱和的圣地了。"（《庐山》）诚然，余秋雨对于文化的思考也不乏质疑与批判，而且是"发现"中的批判和"批判"中的"发现"。看西湖，他认为"西湖的盛大，归拢来说，在于它是极复杂的中国文化人格的集合体"。这里有奇异的"俗"——"一切宗教都要到这里来参加展览。再避世的，也不能忘情于这里的热闹。再寂苦的，也要分享这里的一角秀色。佛教胜迹最多，不必一一列述了，即便是超逸的道家，也占据了一座葛岭，这是西湖最先迎接黎明的地方，一早就呼唤着繁密的脚印。作为儒将楷模的岳飞，也跻身于湖滨安息，世代张扬着治国平天下的教义。宁静淡泊的国学大师也会与荒诞奇瑰的神话传说相邻而居，各自变成一种可供观瞻的景致。"即使是"野泼泼的"的名妓苏小小也以"另一种人格结构调皮地挤在西湖岸边凑热闹"。来到这里的白居易、苏东坡也只是"搞了一下别人也能搞的水利"，丢失的却是他们作为那个时代"巅峰和精英"的文化良心的作用；"梅妻鹤子"的林和靖，只是"把隐士真正做地道、做漂亮了"。中国知识分子的"机智"与"狡黠"就只能变现为"不能把志向实现于社会，便躲进一个自然小天地自娱自耗。他们消除了志向，渐渐又把这种消除当做志向。安贫乐道的达观修养，成了中国文化人格结构中一个宽大的地窖，尽管有浓重的霉味，却是安全而宁静。于是，十年寒窗，博览文史，走到了民族文化的高坡前，与社会交手不了几个回合，便把一切沉埋进一座座的孤山"。而与之形成"奇特对峙"的苏小小，则可以看做"梦"与"美"的"圣符"。作者认为，苏小小"一直把美熨贴着自己的生命"，而传说中既妖又仙的白娘子，"她的理想最平凡也最灿烂：只愿做一个普普通通的人"。"她找到了许仙，许仙的木讷和委顿无法与她的情感强度相对称，她深感失望，她陪伴着一个已经是人而不知人的尊严的凡夫，不能不陷于寂寞。这种寂寞，是她的悲剧，更是她所向往的人间的悲剧。"（《西湖》）《贵池傩》中描述了作者看完乡村的傩祭傩戏之后所陷入的困惑。

"山村，一个个山村，重新延续起傩祭傩戏，这该算是一件什么样的事端？……文化，文化！难道为了文化学者们的考察兴趣，就让他们长久地如此跳腾？""我们，相对于我们的祖先，总要摆脱一些什么吧？或许，我们过去摆脱得过于鲁莽，在这里才找到了摆脱的起点？要是这样，我们还要走一段多么可怕的长程。傩祭傩戏中确有许多东西，可以让我们追索属于我们的古老灵魂。但是，这种追索的代价，是否过于沉重？"《苏东坡突围》里，一批"品格低劣的文人"：舒亶、李定、王圭、李宜之乃至大名鼎鼎的沈括，用"可耻的围攻"酿成了"乌台诗案"，最终使苏东坡贬谪黄州。《历史的暗角》里的费无忌，"见不得美好"又"见不得权力"，"办事效率高"又"不怕麻烦"，在"博取同情"的同时，又绝"不会放过被伤害者"，他"用谣言制造气氛"却又"最终控制不了局势"。入木三分的刻画，使我们看到小人心理不仅损害个人也损害民族。作为对立的两种文化人格——君子和小人，在余秋雨的散文中呈现出强烈的对峙性。作者在这些以往人们已经司空见惯的现象中所涌起的强烈的感兴，既睿智又深刻，启人心智，意味绵长。

三、**对于文化的再解读**。与以往我们在散文或杂文作品中所看到的议论有所不同，余秋雨借散文对于文化现象、地理风物的理解，是一种独特性鲜明的个人化的解读。他笔下的三峡，引人关注的不是它的奇险，也不是惊涛拍岸的雄壮，更非人们耳熟能详的神话与传说的瑰丽，他当然更无意于像刘白羽《长江三日》那样，去有意找寻奔腾澎湃的江流与"革命历史"之间的隐喻关联，他所看到和悟到的是"人文三峡"——李白独自一人"朝辞白帝"的飘逸与潇然、舒婷在神女峰下所抒发的"与其在悬崖上展览千年，不如在爱人肩头痛哭一晚"的柔美之情。三峡身旁的王昭君、屈原、"托孤"的刘备等，一同成为"人文三峡"的重要符号。在《文化苦旅》中，余秋雨的再解读是与他对于中国文化历史中一些现象的价值再现紧密连在一起，《风雨天一阁》《都江堰》可谓代表。当作者把"天一阁"视为"一种极端艰难、又极端悲怆的文化奇迹"时，引发作者敬钦仰慕之情的，是"范氏天一阁，自明至今数百年，海内藏书家，唯此岿然独存"的惊天价值与极端的传奇性。"天一阁"何以能够如此？全仰赖其创始人范钦。范钦正是中国历史上罕见的一位"基于文化良知"而具有"健全文化人格"和"超越"意志力的"智者"！"只要是智者，就会为这个民族产生一种对书的期盼。他们懂得，只有书籍，才能让这么遥远的历史连成缆索，才能让这么庞大的人群产生凝聚，才能让这么广阔的土地长存文明的火种。""鉴于这种情况，历史只能把藏书的事业托付给一些非常特殊的人物了。这种人必得长期为官，有足够的资财可以搜集书籍。这种人为官又最好各地迁移，使他们有可能搜集到散落四处的版本；这种人必须有极高的文化修养，对各种书籍的价值有迅捷的敏感；这种人必须有清晰的管理头脑，从建藏书楼到设计书橱都有精明的考虑，从借阅规则到防火措施都有周密的安排；这种人还必须有超越时间的深入谋划，对如何使自己的后代把藏书保存下去有预先的构想。当这些苛刻的条件全都集于一身时，他才有可能成为古代中国的一名藏书家。"而这个人就是范钦。作品对范氏家族数百年历尽艰难困苦保护文化的历史传奇的书写，不仅推出了范钦及其范氏后代的雄奇不凡的人格，也重现了中华民族文化发展过程的艰难与传奇。都江堰和李冰，已是中国历史教科书上的常识内容，而余秋雨却第一次把"都江堰"看做"中国历史上最激动人心的工程"。"有了它，旱涝无常的四川平原成了天府之国。每当我们民族有了重大灾难，天府之国总是沉着地提供庇护与濡养。""有了它，才有诸葛亮、刘备的雄才大略，才有李白、杜甫、陆游的川行华章。说的近一些，有了它，抗日战争中的中国才有一个比较安定的后方。"而这个工程的创造者李冰，也仅仅只是一个郡守。"他大愚，又大智。他大拙，又大巧。他以田间老农的思维，进入到最澄澈的人类学思考。他没留下什么生平资料，只留下硬扎扎的水坝一座，让人们去猜想。"作者在对都江堰意义与价值的重释中托出了活生生的李冰——一个人神兼具、平适可亲的新形象。

《一个王朝的背影》中，余秋雨对传统的"民族正统意识"给予了严肃的检视。"年长以后，我开始对这种情绪（指狭隘民族主义——笔者注）产生警惕。因为无数事实证明，在我们中国，许多情绪化的社会评判规范，虽然堂而皇之地传之久远，却包含着极大的不公正。我们缺少人类普遍意义上的价值启蒙，因此这些情绪化的社会评判规范大多是从封建正统观念逐渐引申出来的，带有很多盲目性。"余秋雨强调，需要肯定的是"满族是中国的满族，清朝的历史是中国历史的一部分"，"汉族当然非常强大，……问题是，不能由此而把汉族等同于中华，把中华历史的正义、光亮、希望，全部押在汉族一边。与其他民族一样，汉族也有大量的污浊、昏聩和丑恶，它的统治者常常一再地把整个中国历史推入死胡同，在这种情况下，历史有可能作出超越汉族正统论的选择，而这种选择又未必是倒退。"[1] 康熙盛世之基的奠定正是这位卓有见识的帝王"比明代历朝皇帝更

---

[1]　余秋雨：《一个王朝的背影》，见《山居笔记》，5 页，上海，文汇出版社，2002。

热爱和精通汉族的传统文化！"（《一个王朝的背影》）康熙对本民族文化与汉族文化相互交融的认同感，使两种文化在交织融会中发展，最后形成了一种兼容并蓄的大民族文化，一种欣欣向荣的健康的文化生态逐渐形成。

四、古今对比的思维方式和叙事感兴抒情相结合的艺术特征。20 世纪 80 年代后期和 90 年代前期，中国社会在改革开放过程中所经历的转型冲突和精神重建，累积了大量的社会矛盾，文化失范与精神冲突日渐鲜明。根植于"拜物教"土壤之中的西方商品意识在中国的泛滥，官商勾结、腐败丛生、贫富差距持续扩大。由社会公共领域和权力领域失信导致社会整体道德意识淡漠、公序良俗败落、人格趋向卑微、文明建设陷入困境。正是这些现实的困惑与危机，促使作者开始了寻找文明真谛的苦旅，也是余秋雨运用"古今"对比、"中外"比较的用意所在。《道士塔》里王道士的愚蠢行径，在世纪末的中国现实生活中，不但延续着，而且演变为盗掘古墓、偷窃文物、为盖房不惜毁弃文化遗迹甚而大肆倒卖的暴行；《莫高窟》的独一无二的价值申述，暗含着对一味追求经济发展、罔顾文明建设的质疑与责难；《柳侯祠》《庐山》等篇章中对于古代知识分子人格与价值的颂扬，无疑是对现时代在"工具理性"、"科技理性"牵导下"人文精神"败落的有力批判；《都江堰》中李冰作为中国古代一个基层官员为民造福、恪尽职守的所作所为，映照出今日腐官庸吏的猥琐无行与昏聩败坏。李白、朱熹、唐寅、陆游、朱耷、苏东坡等古代文人充满雅致、灵性、自由与创造的世界，与今日之多被权禄招安的知识界，形成了鲜明的对照；用一个家族几百年的努力保护文化典籍的范氏一门，使得今日众多为富不仁的巨商富贾显得渺小而粗鄙。诚然，作者在作品中并没有时刻有意地设置上述这种比较，但作者充满激情的连续性的喟叹，无疑来自于"古是今非"的价值判断，成为其散文征古喻今的情感基础。

叙事感兴抒情的结合，并不同于以往"叙事抒情议论"的简单叠加。在余秋雨的散文中，"叙事"、"抒情"始终被"感兴"所统辖，构成作者所说的"惊讶"和"感动"："惊讶"——发现的惊喜与意会的震撼；"感动"——主客体形成对话的奇妙与穿越古今、触发想象的快意。范氏一门的故事叙述，作者的"感兴"统率着细节的选择、节奏的把握、情绪的强弱甚至遣词口吻的弛缓。正因为如此，关于范钦家族的叙述，并不追求完整，并有意舍弃了其中的种种发生过的冲突。（《风雨天一阁》）；对于《莫高窟》，显然需要叙述的历史精彩实在是太多了！作者只把开凿莫高窟的第一人乐樽和尚的简要叙述作为引子，而后便是作者面对

"傲视异邦古迹"莫高窟的激情包裹着的"感兴"了,作者情不自禁地运用排比句式,铺陈泅漫,警言隽语,喷涌不已。显然,"感兴"在他的散文中制约着结构、节奏、情感和话语。

五、**陌生化境界的创设,极富感染力**。余秋雨在散文创作中的追求,既不是某种风格的定型,也不是传统意义上某类意境的营造,也并非依托议论形成深刻有力的"杂文"风貌,而是全力呈现主体的"文化发现"与"价值重释"。为此,以往散文创作的各种手法方式都可能被随意糅合、灵活使用——创设陌生化境界,造成对读者的震撼,形成感染力。写柳宗元,他以"贬官文化"为范畴,既凸显了柳宗元因"不得意"而收获的辉煌,又对中国古代皇权与知识分子的关系作出了别致的反思;中国藏书史和藏书家,一般公众对之陌生的一个重要原因就是藏书并没有进入中国文化史的构成之中。范钦家族几代人为保护藏书形成的传奇,正是于此带给读者以极大震撼;《白发苏州》看不到对评弹虎丘、苏绣园林、吴侬软语、小城雨巷等一般景物的单一描摹,"苏州"成为一种文化符号。作者的思维穿行古今,纵横捭阖。从隐匿的官员到暴动的百姓,从阴柔之气写到阳刚之力,最终在苏州的街巷间感受到无数的门庭里隐匿着的"无数厚实的灵魂",从而获得了一种"奇特的经验"。《一个王朝的背影》从承德避暑山庄起笔,笔触却蔓延在整个清朝和大中华时空当中,帝王将相、文人武士依此穿行在朝堂、山庄、长城、木兰围场之间,阔达的思维场域给读者一种气势恢宏的感受。"人文三峡","鸿儒庐山",被百姓传说化的唐寅、徐渭,"富可敌国的财神"沈万山与江南名镇周庄,令李白、苏东坡、王安石等文豪们留恋不已的"天柱山","最激动人心"的都江堰,等等,余秋雨的这些发现,构成了一个个陌生化境界,超越了以往人们关于上述人事情景的固定认识,具有强烈的新鲜感。

超越时空,驰骋思绪,点化意象,托出"人文山水",亦是余秋雨创设陌生化境界的一个方面。天一阁、道士塔、莫高窟、牌坊、庙宇、笔墨、吴江船、废墟,不该"寂寞"的天柱山,繁花似锦却又脆弱得如一颗泡沫的"西湖梦",嘈嘈切切窸坎镗鞳的"夜雨"等,都在作者眼中呈现出富有文化气息的别致与深蕴。《千年庭院》中的岳麓书院,民族气脉于此得以绵延;《笔墨祭》中的一支毛笔,浓缩着中国文人千年来的精神历史;在《乡关何处》中,"文明的碎片"的意象是上林湖边的那些精美瓷器的碎片所映射的。那些"经过湖水多年荡涤"的碎片,"釉面铿亮,厚薄匀整,弧度精巧",却又亘古无言地落在上林湖畔,静静地与湖水相伴,看着"默默的山,呆呆的云"。正是这些"碎片",使作者想起了故乡诞生的黄宗羲、朱舜水、王阳明等文化名人在"文革"中被"全部砸烂"的遭际。作者由此生成的困惑是深刻的："我们的故乡，不管是空间上的故乡还是时间上的故乡，究竟是属于蒙昧、属于野蛮，还是属于文明？我们究竟是从何处出发，走向何处？"

　　余秋雨散文的不足也是明显的。有些作品因对历史处理时未能兼顾历史真相的全面，常常受到批评。后来的《山居笔记》《千年一叹》《行者无疆》等，文化激情不再如《文化苦旅》那样饱满，做作痕迹已显现，遣词行文亦不如先前滑润自如；对文化的阐释，似有刻意之嫌。

　　余秋雨散文在90年代引起的强烈反响，具有重要的文学和文化意义。一方面表明散文经过80年代沉寂之后的再度繁荣；另一方面也预示着中国进入消费社会过程中读者对于文学阅读兴趣的转移。

第五章　本时期戏剧文学

第一节　《茶馆》

发表于 1957 年的三幕话剧《茶馆》，是老舍戏剧创作的高峰，也是中国当代戏剧文学的扛鼎之作。

剧作以一个名为"裕泰"的北京大茶馆在清末戊戌政变失败后、军阀混战的民国初年、抗战胜利后内战爆发前夕三个时代横跨五十多载的兴衰盛变为背景，讲述了以茶馆掌柜王利发为首的一群小人物在旧中国动荡年月中经受的苦难，"用这些小人物怎么活着怎么死的，来说明那些年代的啼笑皆非的形形色色"。① 茶馆掌柜王利发信奉祖传的经商原则"多说好话，多请安，讨人人的喜欢"，为经营这份家业殚精竭虑，然而茶馆却随着时局每况愈下，任凭时代更迭，终难摆脱被盘剥敲诈的命运；吃皇粮的旗人常四爷刚强耿直，常感时忧国，对清廷腐败、洋奴横行、贩儿卖女等社会乱象多有针砭之词，因一句"大清国要亡"招来牢狱之灾；民族资本家秦仲义自命不凡，沉醉于实业救国的梦想，可抗战胜利后，他的工厂却被政府当做逆产没收……历经三个时代的命运沉浮后，三人白首相聚，百感交集：改良经营"越改越凉"的王利发不明白"我可没做过缺德的事，伤天害理的事，为什么就不叫我活呢"；渴望自食其力的常四爷，面对凋零世道、衰颓国势，也只有悲凉一叹："我爱咱们的国呀，可是谁爱我呢"；破产的秦仲义只剩一腔愤懑和自嘲："有钱哪，就该吃喝嫖赌，胡作非为，可千万别干好事"。三个风烛残年的老人撒起捡来的纸钱为自己祭奠，通过一种自我解嘲的

---

① 老舍：《谈〈茶馆〉》，载《中国青年报》，1955-04-04。

仪式道尽人事的无奈与苍凉。最后茶馆被霸占，王利发悬梁自尽，剧作在宪兵司令部沈处长的一声"蒿！（好）"中猝然落幕。除了这三个贯穿性人物，剧中还汇集了上至前朝贵胄、下至流氓地痞，几乎囊括整个北京市民社会的三教九流、五行八作的行踪：两个大户人家为争夺一只鸽子兴师动众；破产贫农无奈卖女，却被老太监收买为妻；两个逃兵打算合买一个媳妇，好不容易攒下的银元又被特务贪污；刘麻子干着买卖人的营生还大言不惭"我要是不分心，他们还许找不到买主呢"，最后稀里糊涂被当逃兵抓走，丢了性命；江湖骗子唐铁嘴专发国难财，巴不得世道越乱越好；前国会议员对国事失望，远离庙堂，潜心修道；京师名厨、说书艺人面临手艺失传痛心疾首；太监的侄媳妇做着复辟帝制的梦，给自个儿封了个皇后……这些各具典型的人物以各自的生活故事、命运遭际，轮番再现了旧时代令人啼笑皆非的人间世相。

对于老舍50年代的戏剧创作而言，《茶馆》的出现是一个"异数"。老舍在新中国成立后"十七年"间创作了不少配合形势宣传而艺术价值不高的作品。《茶馆》的前本《秦氏三兄弟》①原也是为宣传"新宪法的颁布"而作。后来友人的建议激发了老舍积蓄已久的创造经典的冲动，遂改变初衷，根据原本一场发生在茶馆中的戏为基础另起炉灶，发展成一个描绘旧时代社会面貌的戏。②在重新构思的剧作中，老舍有意识地"避生就熟"：在题材上，躲开政治斗争问题，探囊取物般将笔触伸向自己擅长表现的旧时代市井生活领域，将全部目光聚焦于小人物的命运，"把他们集合到一个茶馆里，用他们生活上的变迁反映社会的变迁"③；相应地，在写法上也启用了自己擅长的戏剧样式和艺术风格。

一、"人像展览式结构"。在《茶馆》中，老舍放弃了传统话剧围绕一个中心人物、抱定一件事发展剧情的结构法，而采取了以人为主、以人带事的"人像展览式结构"，其特点是，以刻画人物群像为主，多人多事多穿插，以总体的象征性反映社会风貌。这种结构无疑突破了传统话剧舞台的限制，极大拓宽了戏剧的表现生活的容量。老舍有意识地突破编剧常规，挣脱情节链和过分戏剧化的框

---

① 写于1957年，发表于1986年11月《十月》第六期。

② 老舍把《秦氏三兄弟》的初稿拿给"北京人"艺读给时任院长的曹禺和总导演焦菊隐等人，曹禺被戏中第一幕第二场发生在一家旧茶馆里的那段戏深深吸引，建议老舍以此为基础另起炉灶写一部戏，老舍痛快地接受了这个建议，三个月后，《茶馆》问世。

③ 老舍：《答复〈茶馆〉的几个问题》，载《剧本》，1958-05-31。

范，称自己的写法多少有点"新的尝试"，"没完全叫老套子捆住"。① 这种"新的尝试"不无受到其小说创作思维的影响。② 老舍将其小说创作中着意人物刻画的美学观念，及其小说塑造人物的成功经验用于戏剧创作，于是有了《茶馆》这样一部以人物取胜、以生活化见长的话剧。老舍凭着自己的生活经验和对世界的独特认知，选择"老北京大茶馆"和"三个旧时代的生活横截面"作为"人像展览"的时空场域，刻画了出入茶馆的 70 多个人物，其中有名有姓者多达 50 人。对于众多人物，老舍不仅以"主要人物自壮到老贯串全剧"、"次要人物父子相承"的编剧策略，有效避免了人物群像戏可能造成的一片混沌，而且"始终把眼睛盯在人物的性格与生活上"，让每个人物都带着各自的身份背景、生活经历、性格特征和目的上场，在日常生活场面的铺陈中完成一个个具有典型意义的人物速写。③ 因此《茶馆》中每一个出场人物，即便戏份极少，也能有血有肉、个性分明地立在读者或观众面前。

"人像展览式结构"的独到之处还在于，并不着意展现人物完整的人生历程，即便是贯穿性的主要人物，也刻意虚化其生活背景，仅截取人物在茶馆中的真实片段加以呈现，却能收到言少意多的艺术功效。这得益于老舍对每一幕戏中最能凸显人物性格的"重头戏"的精选，这些"重头戏"看似随意穿插，却于世态万千中极其精练地展示特定时代国人的生活情状、精神形态，并折射社会进程的重要关节。这一构思，为老舍纵横自如的铺排功夫和"神龙见首不见尾"几笔点亮人物的精到笔力提供了挥洒空间。老舍的这种艺术功力在《茶馆》第一幕中体现得最为充分，这幕戏以不长的篇幅一下就活画了 20 多个各具神采的人物，并以小见大、以一当十地勾勒出整个清末社会朝廷腐败、犬牙横行、民不聊生的纷乱世相：晚清末年，人声鼎沸、生意兴隆的大茶馆里接连上演了"鸽子之争"、"贫农

---

① 曾有人认为《茶馆》故事性不强，缺乏一根主要的"红线"，建议老舍抓住剧中"康大力参加革命"这一件事情去发展剧情，但老舍拒绝了，他在《答复〈茶馆〉的几个问题》中说："抱住一件事去发展，恐怕茶馆不等被人霸占就已垮台了。我的写法多少有点新的尝试，没完全叫老套子捆住。"

② 老舍在《闲话我的七个话剧》等文章中毫不讳言自己借用写小说的经验来创作戏剧。从他的第一个剧本《残雾》开始，就是按着写小说的方法，仗着"文字"与"生活经验"这两件工具大胆地尝试剧本创作，并不过多地受舞台限制。如何写好人物始终是老舍小说创作中所考虑的核心问题，他认为"创造人物是小说家的第一项任务"，甚至认为"写小说的动机，有时候不是源于有个故事，而是由一个或几个人"。（《怎样写小说》）在戏剧构思上，老舍也多次强调"不因事而忘了人"。（《戏剧语言》）

③ 老舍：《对话浅论》，载《电影艺术》，1961-01-31。

卖女"、"秦常分歧"、"秦庞斗嘴"、"常四爷被捕"、"庞太监买妻"等彼此之间无甚关联的故事，每个故事都是三言两语就达到高潮，矛盾冲突"一触即离"，转入下一个场景；各组事件之间还穿插着江湖骗子、人贩子、朝廷爪牙等社会渣滓的各种肮脏勾当，以及茶馆掌柜、众茶客对不同事件持有的微妙态度。时代洪流中错综复杂的矛盾通过多元分布的人物关系得到生动展现，不同人物的命运在相互映射中，暗含诸多意味深长的历史文化隐喻，留下无尽的释读空间——这些都为《茶馆》增添了动人的艺术魅力。

二、"侧面透露法"。老舍坦言自己不十分懂政治，不熟悉政治舞台上的高官大人，"没法子正面描写他们的促进和促退"①。然而《茶馆》要表现三个旧时代，无法完全回避政治问题。老舍的最佳选择就是采用"侧面透露政治消息"的办法，这种办法同样是在"人像展览"的层面上得以展开：即利用鲜活生动的人物形象，把对他们的表现范围限制在茶馆这个"中国社会的典型缩影"中，通过他们在不同年月的生活情状和精神形态折射世道风云，社会文化变迁蕴含政治上的变迁。第一幕中，两户人家为了争夺一只鸽子兴师动众大闹一场，引发一个卖杂货的老人感慨："八十二了，没人管！这年月呀，人还不如一只鸽子呢！"透露了清末社会的贫富差距。第二幕中，茶馆老伙计李三在清朝覆灭十几年后坚持留着辫子，他为自己"说道儿"："改良！改良！越改越凉，冰凉！……万一把皇上改回来呢！"一个不懂政治的平头百姓，只能凭着朴素的生活经验维护自己的一点"先见之明"，却也洞见了某种恶性循环的历史怪相。第三幕中，王利发迫于生计向老客户要茶钱："唉！'茶钱先付'，说着都烫嘴！"；说评书的先生抱怨生意不好："这年头就是邪年头，正经东西全得连根儿烂！"；手艺无用，只能包办监狱伙食的名厨则自嘲："现而今就是狱里人多呀！"众人的感叹透露了优秀的文化传统，必将随着日趋没落的社会走向终结的实情。老舍让每个人物脱口而出的都是跟他自己切身相关的事，坦露的是他自己的命运遭际，可又都与时代挂钩，这样一来，"就使观众既看见了各色的人，也顺带着看见了一点儿那个时代的面貌"②。让日常会话成为透视时代的一个窗口，这种侧面透露法避免了政治说教的生硬，构成了一种含蓄蕴藉的戏剧审美效果。实际上，这都得益于老舍以平民化视角和不动声色的写实态度，让人物和事件自身呈现，才使《茶馆》具有一派贴近生活

---

① 老舍：《答复〈茶馆〉的几个问题》，载《剧本》，1958-05-31。

② 同上。

本真的现场感，更具有一种自然而然由凡俗世相触及人生底蕴的力道。

三、**"闻其声如见其人"**。《茶馆》最为引人入胜的艺术魅力还在于对话的生动性。在茶馆这个有限的叙事空间里，戏剧外部冲突淡化，戏剧语言的能量则得到最大化的释放。可以说，正是鲜活生动的京味话语支撑起了《茶馆》众生云集、百态迭呈、地域色彩浓厚的艺术世界。《茶馆》对话的生动性，突出体现在对人物神形毕现的立体刻画、地道纯熟的京腔京韵和悲喜交融的幽默风格等方面，从中亦可窥见老舍小说语言风貌的延续，然而又有创新和发展。

老舍将对话视为"人物性格最有力的说明书"①，在小说创作中，就一向重视利用对话揭示人物性格，让人物在适当的时机开口说话。针对戏剧体裁的特殊性，老舍把对话视为戏剧塑造人物的主要手段。因篇幅限制，戏剧对话还必须"在人物头一次开口，便显出他的性格来"②，以便为人物后来的发展腾出空间。因此老舍在戏剧对话的经营上力求精当、传神，以达到人物塑造上立竿见影的效果。剧中的人物往往一出场、一开口就能取得"闻其声如见其人"的收效，三言两语就能把人物基本的性格特征和精气神儿全部抖落出来。

第一幕中二德子挑衅常四爷的一段戏，堪称在精当的对话中刻画人物性格、展示人物关系的典范。公差二德子无事生非，对常四爷耍威风："我碰不了洋人，还碰不了你吗?"句句飞扬跋扈、蛮不讲理，把清廷爪牙仗势欺人的丑恶嘴脸暴露无遗。常四爷不甘示弱："你要怎么着?""要抖威风，跟洋人干去，洋人厉害!"显示了有血性的旗人对外来侵略的愤懑和对朝廷公差的蔑视。松二爷则小心翼翼地劝解："来，坐下喝一碗，我们也都是外场人。"一句话透露了胆小怕事的心理。王利发赶上前圆场子："哥儿们，都是街面上的朋友，有话好说。德爷，您后边坐!"老练的行话，尽显了茶馆掌柜息事宁人、化解纠纷的功夫。马五爷一句"二德子，你威风啊!"立马降住了二德子，在众茶客面前抖尽了"吃洋饭的"威风。接着一句"有什么事好好地说，干吗动不动地就讲打?"表面主持公道，实则隐藏了自己出面制止二德子的深层心理动机，最后朝常四爷甩下一句"我还有事，再见!"内心的傲慢流露无遗。这短短的一段对话中同时刻画了五个人，每个角色不过三五句话就得以音容毕现、个性昭然。尤其是马五爷，统共三句话就揭示了这个人物的身份、来历、性格、做派，还顺带透露了那个时代清政

---

① 老舍:《戏剧语言——在话剧、歌剧创作座谈会上的发言》，载《剧本》，1962-05-01。
② 同上。

府怕洋政府的政治形势和崇洋媚外的社会心理。因此，马五爷这个人物在《茶馆》里虽然只有这么一次亮相，只说了三句话，却"抖尽了威风"，给人留下难以磨灭的印象。

老舍还善于从日常生活会话中选取最能体现人物性格特征的片段加以精练的展现。裕泰掌柜王利发一出场就周旋于茶馆各色人物之间，其谦恭周到、机敏善变的性格特征都是在日常接物应事的对话中得到展现：对房东秦二爷连声招呼、满口奉承，"您在我这儿坐坐，我脸上有光！""您的小指头都比我的腰还粗！"用谦卑和热情封堵对方想涨房价的念想；打发来蹭茶的唐铁嘴"先生，你喝够了茶，该外边活动活动去！"心里不待见，嘴上仍客气，谁也不得罪。秦二爷和常四爷对穷人的态度产生分歧，一个要"轰"，一个要"帮"，王利发则两面讨好，一面夸常四爷"积德行好"，一面又劝道："这路事儿太多了，太多了！谁也管不了！"为的是给秦二爷找台阶下。几个生活剪影，立刻叠印出王利发精明能干、人情练达的生意人面，以及随和风趣的个性特征。

四、"开口就响"、"腔亮味足"。只有洞悉人物性格，才能写出"掏心窝子"的话来。正如老舍所强调的，创造出高度性格化的语言的前提是剧作者必须"知道他的人物的全部生活"①。老舍有旧时代的生活经验，对《茶馆》中老北京市民形象再熟悉不过，用他自己的话说，好像给这个人物"批过'八字儿'与婚书，还知道他们的家谱"②。对笔下人物的熟稔，使老舍能够从人物的生活全貌出发考虑人物在特定情境下该"说什么"以及"怎么说"。所以剧中人物的台词，虽然是根据一时一地的剧情而设，却是从人物"生命与生活的根源里流出来的"③，故而能达到"开口就响"、"话到人到"的效果。第一幕中秦仲义和庞太监那场自始至终含而不发又针锋相对的斗嘴历来为人称道：秦仲义回应庞太监的招呼："庞老爷！这两天您心里安顿了吧？"庞太监回："那还用说吗？天下太平了，圣旨下来，谭嗣同问斩！告诉您，谁敢改祖宗的章程，谁就掉脑袋！"——老舍只写了这两个人物在茶馆里偶然相逢的几句问候，但是会话背后的生活信息却相当丰富。如果我们联系上下文，知道秦、庞二人一个是有钱的维新派，一个是有势的保皇派，以及晚清末年新生的资产阶级与守旧的封建势力之间的紧张关系，就能深深体味到这几句看似平常的"日常问候"中暗含了多少意在言外的讥讽和威

---

① 老舍：《戏剧语言——在话剧、歌剧创作座谈会上的发言》，载《剧本》，1962-05-01。
② 同上。
③ 同上。

胁。并且,人物的身份、教养、性情都在这种外松内紧、外柔内狠的戏剧语言中得到了揭示,这也充分展示了老舍戏剧语言洞幽烛微的艺术功效。

"开口就响"的另一方面在于语言的"音乐性"。《茶馆》的对话不仅耐看,而且耐读、耐听,它带着人物各自的语声腔调、神态气韵,能使人闻其声见其人,并且句句是"念出来就能被听懂"的俗白浅易的大白话。这源于老舍对戏剧语言"音乐性"的自觉追求。老舍写戏剧对话,总是根据人物的性格去揣想他的语声、腔调和习惯用语,然后"出着声儿去写对话",耳朵通不过的,就得修改。因为他深知,戏剧对话最终要由演员到舞台上说给观众听的,对话不仅要反映人物身份教养、思想感情、秉性气质,还要力求"把人物说话时的神色都表现出来,需要给语言以音乐和色彩,才能使其美丽、活泼、生动"[1]。

《茶馆》语言的生动性还来自鲜活纯熟的京腔京韵。原汁原味的京味话语,不仅营造出使人身临其境的老北京生活氛围,更成为剧作体现"民族气派"的重要支撑点。松二爷要赔摔碎的茶碗说"外场人不作老娘们事";常四爷看不惯国人迷信洋货说"这得往外流多少银子"、"我老觉乎着咱们的大缎子、川绸,更体面";王利发问松二爷的黄鸟"哨的怎样"、茶馆老伙计李三感慨"改良!改良!越改越凉,冰凉!"……这些台词全是老北京市民生活中地地道道的大白话,带着老北京市井口语的脆生劲儿,充盈着民间生活化语言的灵动与机趣。老舍不仅能够娴熟运用北京用语里的方言俚语、特殊词汇和习惯句式,而且能在日常口语基础上进行精心的艺术锤炼,把白话"真正的香味烧出来","把顶平凡的话调动得生动有力",使日常语言升腾为音义兼美的戏剧语言。这就使得戏剧语言兼具通俗性与文学性,既充满生活气息,俗白浅易,又富有文学魅力,俗而能雅,能准确地传达人物的精神气韵。

《茶馆》语言的生动性与老舍式的幽默也大有关系。老舍在《茶馆》中从容挥洒寓悲于笑的艺术风格,以喜剧的笔法处理悲剧的内容。最典型的体现就是,对人物的嘲讽、对时事的针砭皆寓于滑稽可笑或黑色幽默的话语中。江湖骗子唐铁嘴的"我已经不吃大烟了!我改抽白面儿啦!"、"大英帝国的烟,日本的'白面儿',两大强国伺候着我一个人,这点福气还小吗?",用可笑的话讽刺了人物愚昧而不自知的可耻本性;特务吴祥子向王利发索要贿赂,一句"你聪明,还能把那点意思闹成不好意思吗?"嘲讽了人物无赖、狡黠的嘴脸;王利发无奈收留

---

[1] 老舍:《语言、人物、戏剧——与青年剧作者的一次谈话》,载《剧本》,1963-01-31。

了庞宅逃出来的一对母子，牢骚了一句："好家伙，一添就是两张嘴！太监取消了，可把太监的家眷交到这里来了！"生动摹状了这个饱经世故、有点自私的生意人的心理感受。这些幽默的话语在技巧上吸收民间曲艺的些许长处，比如相声抖包袱的技巧，但又不流于一般的逗哏，而是笑中蕴藏着严肃和悲哀。这些幽默言谈在特定的戏剧语境当中，能成为"既明快又深刻的惊人之语"①，既引人发笑，又发人深省。老舍还擅长用幽默的方式，写出令人心酸的语言。这种幽默带有老北京人打哈哈的性质，或是以笑代愤，或是自我解嘲，有一种"难言的苦趣"（吴组缃语）。第三幕中，秦、常、王三人白首相聚，常四爷取出花生米招呼大家吃，秦仲义说："可是谁嚼得动呢？"王利发自嘲道："看多么邪门，好容易有了花生米，可全嚼不动！"一腔的悲愤、辛酸、无奈，却以幽默自嘲、打哈哈的方式表现出来。老舍式的幽默源于其"一半恨一半笑看世界"的思维方式，对剧作"悲喜交融"的艺术特色的形成有着直接影响。

《茶馆》凝聚了老舍一生的生活经验与艺术积累，承载了老舍潜隐的民族情怀、寓悲于笑的艺术风格和独特的文化批判精神。应该说，《茶馆》表现三个时代的史诗性叙事结构，契合了那个时代文学面向社会、解释历史的趋势，然而老舍以写实笔法与独特的戏剧结构实现了日常会话与宏大叙事的完美融合，最大程度地弱化了当时话剧流行的二元对立的冲突模式，避免了那个时代文学图解政治之弊，也因此具备了超越时代、垂范后世的品格。《茶馆》不仅获得国内剧坛的经典指认，更赢得国际社会的广泛赞誉，被称作"东方舞台艺术的奇迹"。

不可忽视的是，作为"东方舞台艺术奇迹"的《茶馆》，其不朽的魅力是老舍和北京人民艺术剧院的焦菊隐、夏淳等导演，以及于是之等表演艺术家们共同铸就的。从戏剧的角度看，《茶馆》所提供的文学剧本缺乏一般舞台演出所需的强烈的戏剧性，其平淡而厚实的生活内容和依靠三言两语速写出的人物群戏，要实现原汁原味的舞台呈现有相当大的难度。老舍本人也曾说："《茶馆》这出戏，当作剧本读一读也许很有趣，拿到舞台上去可真不好演。"② 然而通过"北京人艺"的导演和演员们对原作的深入研究与艺术再创造，《茶馆》最终由剧本经典迈向了舞台经典。不过也应看到，当年演出台本和老舍原作之间存在着一些裂缝，例

---

① 老舍：《喜剧的语言》，见《老舍文集》，第十六卷，574 页，北京，人民文学出版社，1991。

② 老舍：《看〈茶馆〉排演》，载《戏剧报》，1958-04-01。

如焦菊隐对剧作"埋葬三个旧时代"的主题定位，以及不同于原著的结尾处理，在今天看来是值得商榷的。从另一角度讲，《茶馆》文学剧本的规定性也促成了"北京人艺"演剧风格的形成与成熟：焦菊隐通过导演《茶馆》，在斯坦尼斯拉夫体系"真实体验"与民族戏曲"写意美学"的融合之上所开创的具有中国特色的演剧风格，及其在话剧民族化道路上的成功探索，也是老舍剧作的写实笔法、民族色彩等鲜明特性所导引的结果。新时期以来，"北京人艺"的舞台上涌现了《小井胡同》《天下第一楼》《北街南院》《北京大爷》等一系列深受观众喜爱的"京味话剧"，这些剧作在戏剧构造、文化运思等方面皆有《茶馆》遗风，构成了当代戏剧舞台上耐人寻味的"《茶馆》现象"，这也从另一个角度证明，《茶馆》作为全面体现民族风格的戏剧典范，时至今日依然葆有强劲的生命力。

第二节　"革命样板戏"

"革命样板戏"是"文革"时期对一些舞台艺术作品的特殊称谓，最早的"样板戏"是指京剧《智取威虎山》《红灯记》《沙家浜》《海港》《奇袭白虎团》、芭蕾舞剧《白毛女》《红色娘子军》和交响音乐《沙家浜》八部作品，其后出现的一些舞台艺术作品如《龙江颂》《平原作战》、芭蕾舞剧《红嫂》等也被列入其中。**作为"文革"时期"政治化"审美的代表，"革命样板戏"集中反映了这一时期的艺术理念和美学追求。**

"革命样板戏"及其类属的大部分作品，都与"十七年"时期的"革命现代京剧"的创演活动以及连续进行的"戏改"运动之间有着紧密的关系。1950 年，为了推动戏曲改革，成立了"中央戏曲改进委员会"，戏曲领域中以"改制"、"改人"、"改戏"为主要目标的戏曲改革运动持续深入开展。50 年代末在"以现代剧目为纲"的号召下，全国掀起创演现代戏的风潮。60 年代初，毛泽东在关于文艺问题的两个批示中，对戏剧部门"社会主义改造"情况表示出强烈不满，更加速了戏剧革命的步伐，激进文艺观念在这一时期所提倡的现代戏里已初露端倪。1964 年，北京举办了规模空前的全国京剧现代戏观摩大会，集中展示了革命现代京剧的成果，"样板戏"的剧目雏形大多由此产生。① 究其源头，又可追溯到延安时期的评剧改革。因此，"文革"时期的"样板戏"现象，实际上是自延安评剧改革至"十七年"、"戏改"运动背景下戏剧革命化的自然延续。指导"样板戏"创作的"根本任务论"、"三突出"、"两结合"等文艺观念，也是早在"文革"之前就成为创作定势的"左翼"文艺观念极端推进的结果，是毛泽东《在延安文艺座谈会上的讲话》确立的"文艺为工农兵服务"的方针，以及"政治第一、艺术第二"的价值观在共和国时期文艺创作中的持续贯彻。

在被树为"样板"的戏剧作品中，革命现代京剧《红灯记》无论在艺术成就还是社会影响力方面，都位居前茅，其"样板化"过程也是当时激进文艺观逐步落实于戏剧的一个典型缩影。《红灯记》讲述的是一个没有血缘关系的祖孙三代围绕密电码的争夺与日寇顽强斗争、前仆后继完成任务的故事：共产党员李玉和以铁路工人身份为掩护从事地下工作。一次传送"密电码"任务时，由于叛徒王连举的出卖，与母亲李奶奶、女儿李铁梅先后被捕。三人与日本宪兵队长鸠山展开斗争，后李玉和与李奶奶英勇牺牲，铁梅继承父亲革命遗志，在群众帮助下将密电码送到抗日游击队员手中。该剧改编自沪剧《红灯记》（沪剧又改编自沈默君的电影剧本《革命自有后来人》），由中国京剧院编剧翁偶虹执笔写出初稿，总导演阿甲在初稿基础上修改写出第二稿，后来作为"政治任务"又经过数次改造，于1964年全国京剧现代戏观摩大会上演出，引起轰动。1970年投拍电影前又经过几番删改，以1970年5月演出本为定本确定下来。与《红灯记》一样，《沙家浜》《智取威虎山》等剧目也同样经历了反复改造不断升华的"样板化"历程。"样板化"过程中的改造，主要集中在主题思想的升华和英雄人物形象的纯化方面，通过消解原作中存在的"人情人性"等世俗化内容，进一步凸显党性和阶级性，以期达到完全实现审美"政治化"的目的。**"阶级性"是"革命样板戏"及其类属作品极为鲜明的重要特征。**

一、《红灯记》的故事内容原本展现的是30年代中国人民同日本侵略者之间的民族冲突，为了配合现实政治的需要，使民族解放斗争中的革命历史题材成为

---

① 这些革命现代京剧多数不是原创，而是根据其他文艺作品移植、改编而得，如《红灯记》之前已经有了影片《自有后来人》、哈尔滨京剧院的《革命自有后来人》、沪剧《红灯记》等多个版本；《沙家浜》先是由上海人民沪剧院根据崔左夫的一篇革命回忆录《血染着的姓名——三十六个伤病员的斗争纪实》改编成沪剧《芦荡火种》，尔后被移植为现代京剧；《智取威虎山》则根据小说《林海雪原》并参考同名话剧改编。

具有现实教育意义的作品，创编者们运用阶级分析的观点，将历史上中日民族矛盾的本质阐释为"中国无产阶级"与"日本帝国主义"之间的矛盾。这样一来，李玉和就不仅仅是民族英雄，而是"多年来同仇共苦的工人"的代表，同时是"无产阶级革命战士"的化身。反面人物鸠山则是代表大资产阶级利益的"日本军阀"，李玉和对鸠山的斗争则成为无产阶级对资产阶级的斗争。剧作在剧情结构、人物塑造到台词设计等一系列艺术处理上的问题，都围绕这根阶级斗争的红线展开。例如：剧本通过强化李奶奶"痛说革命家史"的情节，展现"中国工人阶级的斗争史"；李玉和赴宴斗鸠山一场，有意制造中国"穷工人"和日本"阔大夫"的阶级对立，安排二人围绕"公私观念"展开辩论，表现"两个阶级"、"两种世界观"之间的激烈斗争。阶级斗争的主题同样贯穿于其他几部样板戏中，《沙家浜》《智取威虎山》《奇袭白虎团》等无不是通过主题升华对题材进行了契合"文革"政治意图的演绎，创造了一个个"共产党领导下的无产阶级革命排除万难最终取得胜利"的革命寓言。

二、"革命样板戏"在对人物形象的塑造过程中也贯穿了鲜明的阶级意识。阶级性是角色最主要的甚至是唯一的特征，角色在剧中的主次秩序完全根据"三突出"原则预设的人物等级模式所决定。其实所谓"三突出"强调的只有一个突出，即在所有人物中突出主要的英雄人物形象。"革命样板戏"以塑造高大丰满、光彩夺目的无产阶级英雄人物为首要任务，烘托出的英雄典型无一不具有高度的政治觉悟和崇高的内心世界，且作为代表正义力量的一方永远在舞台上占据主导性地位。关于英雄人物的塑造，自延安时期毛泽东在《在延安文艺座谈会上的讲话》中要求文艺工作者站在无产阶级的立场上塑造工农兵的英雄形象开始，实现"工农兵英雄人物占据舞台"就一直是戏剧革命的重要任务。发展到"文革"时期，"根本任务"①的确立使塑造"高大全"的无产阶级英雄典型成为戏剧表现的唯一合法对象，塑造英雄人物的目的是对人民进行革命思想路线的教育。而能够承担起国家意识形态宣教功能的英雄人物，必须是"坚决捍卫毛主席的革命路线的忠诚战士"，是"无产阶级先进思想和崇高品德"的化身。这种语境下，艺术

---

① "根本任务"的提法最早出自江青《谈京剧革命》，称革命样板戏的首要任务是要塑造出当代的革命英雄形象；初澜在《京剧革命十年》中肯定"塑造无产阶级英雄形象是社会主义文艺的根本任务"；《纪要》则将"根本任务"作为一个命题进行强调，"要满腔热情地、千方百计地去塑造工农兵的英雄形象……这是社会主义文艺的根本任务"，这就使其成为文艺创作的出发点和文艺批评的根本标准。

家如何塑造英雄人物不单纯是艺术处理的问题，而是"站在什么立场，为谁服务的问题，是拥护、执行，还是反对、抗拒毛主席无产阶级革命文艺路线的问题"，甚至是"区别无产阶级文艺家和资产阶级文艺家的分水岭"。极"左"的思想路线必然规约着其时文艺对英雄人物的想象。《红灯记》创编者就在对原作人物形象的修改中，摸索出一条符合政治意图的创作原则：首先根据"为无产阶级英雄立传"、"创造共产党人和革命工人的典型"的目标，确立李玉和在全剧中的绝对中心地位；继而在艺术安排上，凡无助于突出李玉和的，不论在艺术上有多大魅力，一律舍弃不用，凡是有助于突出李玉和的，就是一个细节也不轻易放过。在这种理念指导下，沪剧《红灯记》和影片《自有后来人》中的李玉和爱抽烟、好喝几口酒、爱和女儿开玩笑的生活细节被认为"有损英雄形象"而删去；李奶奶讲述革命家史中有一句"李玉和救孤儿东奔西藏"，"藏"字也被认为有损英雄形象而改成"为革命东奔西忙"；原来因剧场效果不佳而删去的"粥棚脱险"一场戏，因为能够展示李玉和与劳苦群众同甘共苦的情景，能表现他从事地下工作的勇敢机智而予以恢复；"刑场斗争"中不顾戏"温"为李玉和增加了大段唱腔大抒革命豪情，而当时从艺术角度对这场戏提出批评的人都遭到了严厉批判。为了突出主要英雄形象，凸显革命教育意义，"样板戏"改动中是不惜以牺牲戏剧性为代价的。也就是说，"样板戏"剧情的设置并不是从有"戏"无"戏"、有"情"无"情"出发，而是看是否有利于拔高英雄人物形象，是否有利于政治意识形态的传达。"样板戏"中的英雄人物形象，几乎都是通过这种舍"戏"保"道"的原则，在不断的纯化中走向高大完美，最终成为典型的政治符号。

　　与英雄人物形象走向"神化"的情形相对应，反面人物形象往往走向"妖魔化"的极端，这源于"样板戏"在正反面人物关系的处理上的等级预设：一方面，为了体现阶级斗争的尖锐性、激烈性，"样板戏"着力在正反面人物之间营构夸张的阶级对立、冲突；另一方面，为了体现战无不胜的革命乐观主义精神，不论何时何地，英雄人物都应当对反面人物占有绝对的压倒性优势，反面人物气焰再嚣张也不能盖过英雄人物的革命正气。《红灯记》对正反面人物关系的处理正是这一模式的典型体现。比如在第一场戏结尾出现一个很有意思的细节：一群日本宪兵追捕交通员而来，王连举一指方向，按常理，日军伍长应该喊："追！"但剧本中却是伍长惊慌地喊道："卧倒！"全场日本宪兵齐齐仓皇卧倒，幕落。在这一场日寇横行、充满压抑恐怖的戏剧氛围里，也不忘展现敌人内心的虚弱和对共产党的畏惧，以达到"大长革命人志气、大灭敌人威风"的效果。再如"粥棚遇险"一场戏中,李玉和侥幸躲过搜查,却面带胜利者的轻蔑微笑从容退场;"赴宴斗鸠山"一场,李玉和岿然不动,即便受刑后也依然昂首挺胸怒斥敌寇,鸠山则围着他团团转、坐立不安。在"革命样板戏"正反面人物的较量中,正面人物往往凭借阶级身份和高度的政治觉悟永远占据精神上的绝对优势,象征着"无产阶级战胜资产阶级"是阶级斗争的唯一归宿,体现了主流意识形态对阶级本质属性的纯粹化表达。

不仅对正反面人物处理存在等级预设,正面人物之间也存在主从关系。《红灯记》一家三代前仆后继的故事中,李玉和本不是故事的中心,而创编者在改编过程中,有意强化李玉和戏份,削弱李奶奶和铁梅的戏份。因为"革命样板戏"中主要英雄人物,只能由成熟的无产阶级革命者、代表共产党领导力量的角色担任,李玉和的阶级身份最符合这一要求。李铁梅作为革命继承人,作为一个成长中的革命者,其精神蜕变的过程尽管最容易"出戏",却只能作为李玉和的陪衬。因此原作中铁梅出狱后独立智斗叛徒的精彩戏份被删去,改为铁梅在群众帮助下将密电码送出,最后一场则是游击队歼灭日寇的武戏展示,铁梅只能完全淹没在集体里,配合着群众路线、"武装斗争"路线的意义呈现,隐匿了原本大放异彩的个人的思想行动。《沙家浜》中强行将郭建光塑造为一号人物,阿庆嫂降为二号人物,将新四军乔装吹鼓手混入司令婚礼的结尾改为武力进攻,亦可作如是观。

三、"革命样板戏"贬斥个人主义立场上的"人情味"、倡扬阶级论立场上的"阶级情"。其改编过程中,人物所有的感情都被赋予鲜明的阶级属性,纯粹的个人情感内容则在不断删改中几乎消失殆尽。《红灯记》以一个家庭为视点展开革命叙事,在原作中尚含有较多表现伦理情感和家庭生活内容的因素。但当时认为《红灯记》"这个戏表现的政治斗争是非常残酷的","假如按照资产阶级的主张,要写什么'复杂的内心'、'性格的矛盾'、'五分钟的动摇'等等,这个戏就毁了"。① 在"革命样板戏"的改编中,任何可能模糊政治主题意义呈现的因素都将受到批判,因为个人情感和生活内容的描写很可能冲淡以致抵消政治斗争的主题,所以必须加以改造。《红灯记》的创编者认为,"只有冲破亲子之爱、骨肉之情的旧框框,大抒革命之情,才能更深刻地揭示英雄人物的精神世界"。于是在改编中,充分利用"没有血缘关系的一家三代"的人物关系设计,着力将骨肉情

---

① 左明:《在艺术实践中有破有立》,载《文汇报》,1965-03-13。

升华为崇高的阶级情；从剧情安排到细微的台词设计，都有意淡化人伦亲情的内容，而将阶级情感、革命情感渲染到无以复加的程度。最直接的就是李玉和临刑前直抒对阶级情义的歌颂："人说道世间只有骨肉的情义重，依我看阶级的情义重于泰山。""痛说革命家史"是《红灯记》中抒发阶级感情的最精彩的一章，也是将剧作的伦理亲情升华为阶级情，同时激起阶级仇恨、实现叙事的教育意图的重要关目。这段"革命家史"的诉说，不是为了展现人物身世命运的悲苦，而是重点显现了革命历程的艰难曲折以及革命者前仆后继的英勇惨烈，同时强调了革命者在并肩斗争中建立起来的深厚的"阶级情义"，为的是激起铁梅和观众们对阶级敌人的恨，与对阶级友人的爱。如同这段戏所表达的情感状态一样，围绕"阶级斗争主题"展开的"革命样板戏"，主要展现的就是"阶级友爱"与"阶级仇恨"两种截然相反又相辅相成的情感内容，歌颂阶级友爱与宣泄阶级仇恨，则成为体现任何一个英雄人物精神世界的主要手段。

　　尽管革命主题很大程度上抑制了个人情感的表达，但不能否认剧中许多动人的场面依然包含个人情感的流露：李玉和被捕时，铁梅失声痛哭，李奶奶也用颤抖的声音劝"不许哭"；李玉和临行前充满隐喻与双关的嘱托，流露安慰母亲、怜爱女儿之意；"痛说革命家史"一场中祖孙二人强烈的感情交流催人泪下；刑场上李奶奶看着满身伤痕的儿子，悲痛地呼唤"儿啊儿啊"，李玉和劝慰："妈，您不要心酸。"当李玉和要对铁梅说出隐藏多年的秘密时，铁梅立刻阻止道："您就是我的亲爹！"这些场景所展现的不是一家胜似一家人的情感，仍有可能逸出阶级叙事意图成为引发观众共鸣的因素。然而，个人情感的流露在剧中篇幅很少，表达上也是非常节制的，它们的出现只是为阶级革命情感的抒发作铺垫，个人情感的悲痛终将化为继续革命的力量推动剧情的发展。

　　"革命样板戏"以弘扬"阶级性"为要义，"满腔热情、千方百计"地塑造出"阶级情义重于泰山"的"无产阶级英雄形象"，人类其他的情感类型遭到放逐，因此，才会出现"革命样板戏"中无论正反面人物的个人情感生活皆处于隐匿状态的现象。比如李玉和虽有家庭，但未娶妻；洪常青与吴清华只能维持同志关系；柯湘的丈夫在柯湘未出场前就已经牺牲了；阿庆嫂虽有丈夫但剧情交代他到上海"跑单帮"去了；连《沙家浜》结尾胡司令娶亲的一节戏也在改编中被删去。但是观众在看戏的过程中其实并不会注意到这些人物感情生活的空缺，可以说新的意识形态也造就了样板戏有别于传统艺术的审美风貌。

　　四、"革命样板戏"的反复修改不仅使原作的内容在最大程度上符合了主流意识形态，它对传统京剧的形式也作了契合意识形态的改造。当时国家依靠一体化体制力量集中了全国最优秀的编剧、导演、演员和舞美工作者，他们在"标社会主义之新，立无产阶级之异"的观念指导下，以"古为今用"、"洋为中用"的艺术气魄，在人物音乐形象、舞蹈形象的塑造，以及舞台调度、舞美设计等方面，对传统京剧艺术形式进行了创造性的运用和千锤百炼、精益求精的打磨。"革命样板戏"在寻求"革命的政治内容与尽可能完美的艺术形式相统一"的过程中，客观上使京剧艺术从剧本文学到导表演艺术得到了丰富与拓展。然而一切艺术形式上的创新都是为了"塑造光辉的无产阶级英雄形象"这一中心任务服务的。因此构成"革命样板戏"舞台秩序的每一个环节实际上都是为了政治意识形态的实现，同样烙印着鲜明的阶级性特征。

在人物音乐形象的塑造方面，"样板戏"根据正反面人物的"阶级本质"严格区分音乐旋律和唱腔风格：引进现代音乐的创作方法为主要英雄人物设计贯穿全剧的主题音乐，设计"有层次的成套唱腔"，以刚健清新的唱腔风格树立起无产阶级英雄的美好形象。如为李玉和设计的主旋律具有节奏宽广、高亢明亮、气势如虹的特征，尤其是李玉和在"赴宴斗鸠山"和"刑场斗争"时几段昂扬激荡、淋漓奔放的唱腔，与人物崇高、壮美的精神品格相得益彰。而对于反面人物的念白和唱腔，必须暴露其丑恶、残暴、阴险的阶级本质，"但不能美听，不能使人们乐于学唱"①。英雄人物要极尽最美的艺术手段去表现，反面人物则不能在艺术上喧宾夺主。因此当年扮演鸠山的演员袁世海也自觉收敛其艺术锋芒，不用花脸洪亮、威武的唱腔和念白来炫耀这个反面人物，而是让他的唱、白有所控制，既不让他有更多的渲染，又能揭示出他色厉内荏的凶残实质。一切艺术上的创新都是从主题思想和人物需要出发，客观上说，一定程度上改变了传统京剧"角儿中心制"的演出形态。"革命样板戏"表演中对传统京剧行当制的突破，也是从人物思想感情的需要出发大胆尝试的结果。例如在抒发革命豪情时，李奶奶在老旦基础上融入花脸的唱腔，铁梅在旦角基础上融入小生的唱腔，从而打破了行当与流派的限制。从另一角度讲，由于革命样板戏中人物阶级身份凸显、性别身份退隐，传统京剧艺术表现旦角身形和声腔美的程式不再适宜表演的需要，行当与流派界限的模糊与突破也就顺理成章了。

---

① 肖甲：《〈沙家浜〉的诞生》，见《京剧〈沙家浜〉评论集》，246页，北京，中国戏剧出版社，1965。

在人物舞蹈形象的塑造方面，"革命样板戏"通过京剧象征性的形体表演，实现了意识形态的高度符号化，塑造了一系列具有固定意义的表情和身体符号。李玉和被捕，临行前母亲倒酒为他送行，李玉和庄重地从母亲手中接过酒，面对观众，两膀平抬，捧着酒碗在胸前晃动了一下，猛地端起，仰脖一饮而尽——这一系列夸张性的舞台动作，直观地放大了人物睥睨一切的英雄气概。李铁梅完成密电码传递任务后的"亮相"造型：左手紧握拳头，右手四十五度角高举红灯，丁字步，正视前方，目光炯炯——展现了在血与火洗礼中成长起来革命接班人的形象。这种通过身体符号来表现意识形态的表演手段，是"样板戏"新创的舞台表演语汇，又是传统京剧固有的程式化、脸谱化的艺术本质特征。只是在样板戏舞台上，这种带有鲜明阶级性特征和革命内涵的身体符号，才呈现出一种阳刚、豪迈的美学风貌。

"样板戏"舞台场面的调度和环境气氛的渲染，也都鲜明地体现了英雄人物主宰舞台、反面人物陪衬英雄人物的原则。画面构图也不是单纯的艺术技巧问题，而是政治立场站在哪一边，突出谁、歌颂谁的问题。在"样板戏"中，显然都是用最好的画面构图来突出英雄人物所向无敌的英雄气概。70年代多部样板戏被拍摄成电影，影片根据"源于舞台，高于舞台"的原则，利用银幕空间和镜头艺术对原作进行了进一步取舍和强化。以电影《红灯记》为例，一切艺术手段仍然是围绕着揭示主要英雄人物李玉和的阶级本质而展开。电影利用机位角度、用光、构图、蒙太奇等技术进一步强化了"三突出"原则，使英雄形象更纯正高大，使阶级敌人更丑恶卑琐。其中"赴宴斗鸠山"一场戏镜头运用得最为典型——鸠山凶相毕露："我是专给下地狱的人发放通行证的！"（俯拍中景）李玉和针锋相对："我是专门去拆你们地狱的！"（仰拍半身）鸠山恐吓："劝你及早把头回，免得筋骨碎！"（俯拍中景）李玉和怒目："宁肯筋骨碎，决不把头回！"（仰拍近景）鸠山嚎叫："宪兵队里刑法无情，出生入死！"（俯拍半身）李玉和斩钉截铁："共产党员钢铁意志，视死如归！"（仰拍特写）通过高、低、仰、俯的镜头交错运用，制造出李玉和与鸠山精神境界和气势上的两极对比。同样在这场戏里，李玉和受刑后再次上场，仍然英气勃勃，傲然挺立，厉声怒斥日寇，一束银色光环映照在李玉和洁白的衬衫上，鸠山则蜷缩在昏暗的阴影里。"刑场斗争"一场，李玉和屹立在参天劲松作衬景的高坡上，怒斥偏于一隅的鸠山。通过明与暗、高与低的视觉画面，寄寓了创作者鲜明的阶级爱憎。

"无产阶级革命文艺"选用京剧艺术样式为树立样板的"试验田"，与京剧剧种具有得天独厚的大众化特征、宣教功能和象征性特点有关。"样板戏"正是通过象征性极强的京剧舞台语汇，塑造出了符合国家文化需要的高度符号化的"无产阶级英雄典型"。京剧所特有的鲜明、夸张、抒情、写意的审美形式，又能使"样板戏"中爱憎分明的阶级情感得到强化，使戏中的革命情境更加强烈、动人，从而赢得震撼人心的剧场效果。也正因此，"革命样板戏"虽与"文革"政治有着千丝万缕的关系，在"文革"后很长一段时期饱受诟病，但"革命样板戏"中质量较高的剧目如《红灯记》《智取威虎山》《沙家浜》等仍以"红色经典"之名在戏台上长演不衰；那些纯正高大的英雄形象、高亢激昂的音乐旋律至今仍然具有激动人心的力量，能使人获得一种久违的崇高感。实际上，由"革命样板戏"建构的话语体系和情感结构，也仍然在今天"再造红色经典"的文艺创作中延续。通过评奖机制促进主旋律文艺生产的"国家舞台艺术精品工程"、"五个一工程"，以及不断涌现的主旋律影视文学创作热潮仍然持续表达着"再造红色经典"的愿望。在新的语境下，对"革命样板戏"及其创作观念的"红色经典"价值，有必要做出重新的反思和认定。

第三节　"探索剧"

20 世纪 80 年代中国剧坛最引人瞩目的现象莫过于"探索剧"的崛起。"探索剧"，亦可称"实验剧"、"先锋剧"，这一概念其实囊括了形形色色的剧作与演出形态，它们或许秉承不同的艺术理念和艺术手法，但其共同的特征是在艺术形式创新方面所具有的鲜明的实验性、先锋性。

"探索剧"诞生的直接动力来自 80 年代初日益凸显的戏剧危机，以及西方现代主义思潮影响下的戏剧观念的变革。在当时关于戏剧观的争鸣中，戏剧界普遍意识到，数十年来中国剧坛独尊易卜生式的社会问题剧模式和斯坦尼斯拉夫斯基导表演体系，造成了戏剧观念和形式的单一。只有革新戏剧观念和手法，才能打开新局面。基于对传统现实主义戏剧模式的反叛，大批戏剧探索者广泛向古今中外戏剧，尤其是向西方现代主义戏剧和民族戏曲的审美理念、艺术手法"取宝"，在剧本创作、导表演艺术、舞台设计以及观演关系等各个方面，展开积极深入的探索，进行各种突破常规的实验。其宗旨是为了实现戏剧叙事自由，促进观演互动。此次戏剧探索的路径，是调动一切艺术因素丰富舞台语汇，其思想基础则是承认戏剧艺术的综合性、剧场性、假定性，确认戏剧表演的中心地位。

　　新时期戏剧探索最初是从突破传统的舞台表现形式开始的。较早出现的带有实验性质的话剧是谢民的《我为什么死了》，讲述一位青年女子在"文革"中被迫害致死的故事，以鬼魂的回忆、倒叙的形式来结构剧情，大量地使用旁白与观众直接交流，融说故事与戏剧表演为一体，使人耳目一新。马中骏、贾鸿源的《屋外有热流》同样出现人鬼同台的超现实情节，剧作在舞台时空的自由转换、象征手法的运用上进行了大胆探索，通常被认为是这一时期"探索剧"的发生起点。另有《原子与爱情》（李维新等编剧）、《灵与肉》（刘树纲编剧）、《血，总是热的》（宗福先编剧）、《秦王李世民》（颜海平编剧）、《阿Q正传》（陈白尘编剧）、《路》（马中骏、贾鸿源编剧）等一些较有影响的作品，都在演剧样式上有所创新，显示出异于传统现实主义话剧创作方法的动向。然而，真正自觉进行先锋艺术实验并产生重大影响的作品，当属1982年诞生的无场次小剧场话剧《绝对信号》（高行健执笔、林兆华导演）。

　　高行健是20世纪80年代中国戏剧革新浪潮中在理论与实践两方面兼具先锋性的探索者。他从事戏剧创作之初就明确表达了对戏剧现代性的追求。其戏剧观念深受布莱希特、阿尔托等人的戏剧实践和民族戏曲的影响，认为戏剧本质上是一门综合的表演艺术，必须反叛以剧本为中心的话剧传统，抑制话剧中过分强大的文学因素。主张从戏剧源头、从姊妹艺术那里广泛汲取表演手段，丰富和发展戏剧的舞台语汇。充分发挥戏剧的假定性和剧场效应，使戏剧成为一种立体的、"完全的"戏剧。1982—1986年间，高行健共创作了《绝对信号》《车站》《独白》《现代折子戏》（包括《模仿者》《躲雨》《行路难》《喀巴拉山口》四折）、《野人》《彼岸》等多部戏剧，并以剧场为阵地，逐步实践着他的戏剧理想，建立起一种以演员表演艺术为核心的戏剧样式。**综合性、剧场性、假定性作为高行健戏剧观念的基石，贯穿其整个戏剧实践的历程。**

　　一、《绝对信号》在运用戏剧艺术的假定性，实现戏剧时空自由转换方面做了初步尝试。该剧讲述的是失足青年黑子受车匪利用，混上守车，伺机扒窃，后在同学小号、恋人蜜蜂和老车长的警醒下幡然悔悟，并自觉与车匪殊死搏斗的故事。剧作者着意在一种特定情势下表现人物内心的隐秘活动，采用了一种主观化的时空结构方式，根据人物的意识流动随时插入戏剧动作，造成现实、回忆和想象三个时空的叠化交错，从而打破了传统剧作时间的逻辑连续性和一维性。巧妙的叙事策略，使这部剧情平常的社会问题剧成为一部耐人寻味的心理剖析剧。新的时空结构则让戏剧叙事获得空前自由，也为扩张戏剧叙事的深广度提供了可能。与此相应的则是舞美设计上由写实趋于写意、抽象化。《绝对信号》的舞台布景，仅用几根铁管勾画出简单的车厢轮廓，用几把椅子交代守车的环境特点。这样一种简洁、空灵的舞台布景能够为剧本内容和人物心理提供多维的场景：时而是黑子回忆中与蜜蜂幽会的河边，时而是小号回忆中和蜜蜂相遇的姐姐的婚礼现场。而这种多维的时空关系最终需要通过演员有区别的表演，辅以灯光、音效，以及观众想象力的参与实现顺畅的转换。从中可以看到，"景随人生"的戏曲美学原则在"探索剧"舞台上的巧妙运用和创造性发挥。与此同时，演员的表演被摆到了突出位置——高行健设计人物内心的想象和回忆，甚至人物之间的内心交流，不是通过旁白或潜台词来表现，而是直接通过演员的表演外化为分明可见、可听、可感的舞台场面。例如剧中黑子和蜜蜂相逢后展开了一段"内心的对话"：伴着列车交会时快速的节奏和巨大的轰响，还有人物急速的心跳声，一束白光在两个人物的脸上移动，二人开始互诉心声，蜜蜂在内心追问黑子何以对自己态度冷淡，表白对黑子的思念；黑子则在内心回答蜜蜂的话，表达不想在她面前暴露自己作案动机的焦灼、难堪。二人一问一答并非现实中发生的直接交流，而是各自说着自己内心的话。剧本提示："演员在表演时应使注意力高度集中，同时用眼神说话，对话可以用气声，以区别这以前的表演。"① 而随着白光和音效的消逝，二人又回到了现实中沉默的常态。这种表现方法在追求"写实再现生活"的剧本和话剧舞台上是不可能出现的。然而在充分承认舞台假定性的前提下，编剧可以灵活地调动各种叙事手段，扩大人物的心理容量，演员可以尽情施展表演技能，在演出中取得十分新颖生动的剧场效果。努力开拓心理时空，让话剧自由深入人的意识领域，这一点也代表了新时期"探索剧"共同的审美诉求。

其实戏剧本就是一门假定性艺术，只是传统话剧遵循现实主义创作原则，为了在舞台上制造一种逼真的生活幻觉，强力掩盖戏剧的假定性、叙述性，要求实景布局和"当众孤独"的体验式表演，使观众和演员之间始终存在一堵无形之墙。高行健等探索戏剧家们恰恰要推倒这堵墙，破除舞台幻觉。因为他们发现，戏剧相较于影视艺术的最大优势正在于台上台下直接交流的剧场性，戏剧要创造这种令人神迷的剧场性，就必须拆除以往戏剧舞台上使观演分离的一切阻障。为此，他们一反追求形似、现实至上的造剧方式，在布莱希特"间离"理论以及民

---

① 高行健、刘会远：《绝对信号》，载《十月》，1982（5）。

族戏曲自由时空观和叙事手段的启发下，充分调动戏剧舞台的假定性、叙事性因素，随心所欲地构建各种各样的时空关系，甚至让戏剧叙述者以各种各样的方式出场，毫不掩饰地告诉观众自己在"演戏"。《十五桩离婚案的调查剖析》（刘树纲编剧）中的一男一女两个"叙述者"，同时又是故事中的主要角色，他们一会儿出戏一会儿入戏，当众换装改变形象进入角色扮演；《魔方》（陶骏等编剧）中的"主持人"也是自由出入剧情，甚至采访演员和观众，对剧情和人物评头论足。诸如此类的舞台试验，都是利用非幻觉式表演，制造间离效果，打破"第四堵墙"，使戏剧表演获得像文学语言一样充分的自由。

二、高行健等探索戏剧家们还通过缩短物理距离的方式拉近观众和演员之间的心理距离，促进观演互动。《绝对信号》采用小剧场的演出形式即是对演剧空间所作的一次突破性尝试，并迅速在全国各地掀起小剧场运动的热潮。① 在演剧空间的探索中，出现了《母亲的歌》（胡伟民导演）中心舞台、四面观众的演出形式，《挂在墙上的老 B》（孙惠柱执笔）在公共食堂或会议厅撂地摊的演出形式……表演空间的封闭性被拆除，传统的镜框式舞台纷纷被弧形舞台、中心舞台、T 形舞台或多平台、多表演区的剧场所替代，新的戏剧空间中产生了相应的新型观演关系，观众可以带着更多理智的思考参与到戏剧活动中。

三、高行健对戏剧语言和戏剧动作的探索也是新时期"探索剧"的重要收获。高行健对长期以来话剧重语言（对话）轻动作的偏颇强烈不满。为了颠覆这种传统，重新确立动作在戏剧中的地位，高行健探索了戏剧语言、戏剧动作的多种可能性。他在《要什么样的戏剧》② 一文中表达了他对戏剧语言的全新认识：戏剧语言并不只限于台词，它还包括形体语言；戏剧语言应该在舞台上成为形体动作和心理活动的直接投射，而不是文学修辞；戏剧语言不仅仅表述人物的思想感情，还可以实现观演之间的交流；戏剧语言不只诉诸文字，还诉诸声音，可以具有像音乐一样的表现力，"而且能比音乐更积极地调动观众的想象力和感受力"。基于对戏剧语言的重新认识，高行健提出了多声部复调戏剧的理论，即借鉴交响乐的手段探索一种全新的戏剧表叙方式，让多个角色同时说话，或让多组

---

① 1989 年南京举办了中国第一届小剧场戏剧节，演出了《童叟无欺》《屋里的猫头鹰》《火神与秋女》等 16 台剧目，并展开了对小剧场戏剧美学特点的探讨；1993 年北京主办了"'93 中国小剧场戏剧展暨国际学术研讨会"，演出了《留守女士》《思凡》《热线电话》等 13 台剧目，继续发掘了小剧场戏剧的发展潜能，促进了对中国小剧场戏剧特色的探讨。

② 高行健：《要什么样的戏剧》，载《文艺研究》，1986（4）。

对话同时展开，造成众声喧哗、多义并现的效果。《车站》初步进行了这一理论的舞台实验。剧作以一个荒诞变形的戏剧形式表达了作者对生活的理性思考：一群不同年龄、不同身份的人为着各自的目的在郊区车站等车进城，竟然一等十年无车靠站，只有一个"沉默人"率先离开，其余人尽管困惑、焦急、抱怨，却依然在无望的等待中白白消耗生命。剧中最多七个声部同时说话，每个人各说各的事，或两两交谈；"沉默人"的主题音乐则时时回荡在舞台上，和等待的人们形成具有象征性的"声象对比"。高行健在演出建议中特地指明对这类语言的舞台处理"不去求其语意分明"①，因为传统话剧语言传情达意的功能已经完全被拆解，等车的人们着魔一般重复不停的话语，并不具备任何实在的意义，纯粹是为说话而说话。创作者的意图很显然不是为了让观众听清说什么，而是造成一种复合的语言的印象，诉诸观众的心理感受。"说话"的真正意义则体现在，它作为一种贯穿全剧的"戏剧行动"——"人人要走而又受到自己内外的牵制竟然走不了"②，正是这部抒情喜剧主要表现和嘲弄的对象。不过，这部剧的演出，只是就形式层面上的多声部技巧进行了试验，尚未构成主题意蕴上的复调。

　　1985 年推出的"多声部现代史诗剧"《野人》则进一步实践了高行健"多声部复调戏剧"的理论。这部剧时间纵越古今，空间变幻无定，人物芜杂、事件纷繁，表现出宏观展示社会与人生的史诗性构架：生态学家调查森林保护情况，及其爱情婚姻上面临的两难困境，贪婪的人们过度砍伐引起水灾，人类学家探寻有无野人的秘密，记者寻找史诗《黑暗传》的歌师……不同内容的线索既相对独立，又根据生态学家的意识流动交织在一起，形成了多主题、多层次对比的复调结构，总体呈现开放性、无序性等特征。高行健认为，这种"把不同的主题用不同的方式组合在一起，而难得有什么简单明了的结论"的戏剧形式"更加符合现时代人感知和思考的方式"。③ 也有人批评《野人》是各种现实问题的拼凑，许多主题的堆砌，缺乏浑然统一的艺术氛围，只有史诗剧的形式而缺乏史诗性的内涵支撑。然而值得关注的是，这种情节组合方式在新时期"探索剧"结构法中却具有广泛的代表性。新时期"探索剧"作家大多摒弃了非此即彼的价值判断与直线式因果关联的叙述模式，以

---

　　① 高行健：《对〈车站〉演出的几点建议》，载《十月》，1983（3）考虑到观众的接受能力，"多声部"的设计在实际演出中多被弱化了，诸如林兆华导演的《野人》中删去了不少合唱和多声部交叠的部分，舞台处理和剧作呈现很大的不同，体现了这种理论在实际操作中的难度。

　　② 高行健：《对一种现代戏剧的追求》，载《文艺研究》，1987（6）。

　　③ 高行健：《要什么样的戏剧》，载《文艺研究》，1986（4）。

蒙太奇、意识流等新颖的手法结构剧情，呈现出崭新的戏剧思维和审美旨趣，丰富了戏剧的叙述手段和表现容量。

四、《野人》还实验了高行健向"总体戏剧"复归的戏剧理想。高行健对传统话剧仅仅"因事说话，以话叙事"的单调贫困的艺术语汇强烈不满，宣称"戏剧需要拣回它近一个多世纪丧失了的许多艺术手段"[1]。因此他一直致力于多种艺术元素综合表现的戏剧实验，从讲究唱念做打的民族戏曲和其他姊妹艺术中借取表演手段融入话剧，让声、光、布景、服装、道具等各个环节在戏剧中发挥各自独立又整体协调的艺术功能。《野人》一剧中，伴随着剧情发展出现热烈淳朴"薅草鼓舞"，高亢喜庆的"上梁号子"，颇富神秘色彩的"赶旱魃傩舞"，老歌师唱诵的庄重肃穆的民族史诗《黑暗传》，娶亲仪式中吟唱的忧伤绵长的民歌《陪十姐妹》，粗犷有力的伐木舞、野人舞……民间的非文人文化和原始宗教仪式中的各种艺术手段交相辉映，在载歌载舞、百戏杂陈的多媒介综合中营造出一种极富民族风情的舞台气氛，充分显示出现代戏剧的巨大活力。在综合运用舞台艺术手段方面，陶骏编剧、王晓鹰导演的《魔方》亦可谓登峰造极，这个被称为"马戏团晚会式"的戏剧采用了情节组合式结构，在九个各自成章的片段中融合了哑剧、相声、钢琴演奏、广告文艺、时装表演、舞蹈等多种表现形式，由一位主持人将情节与内容上毫不相干的各个部分串联起来。和高行健、陶骏等人一样，许多"探索剧"作家都感到舞台上单一的对话表演模式过于沉闷，想方设法丰富戏剧手段，以满足当代观众多样化的审美需求。于是各种各样的舞台试验纷纷涌现：无场次戏剧、抒情散文剧、歌舞故事剧、音乐抒情剧，等等。其实都旨在打破传统戏剧的固定范式，把戏剧从"话剧即语言艺术"的狭窄胡同里解脱出来，发掘戏剧作为表演艺术的无限功能，恢复戏剧作为表演艺术的综合特征。

在这一阶段比较前卫的"探索剧"还有《周郎拜帅》（王培公编剧）、《街上流行红裙子》（马中骏、贾鸿源编剧）、《挂在墙上的老 B》（孙惠柱编剧）、《红房间·白房间·黑房间》（马中骏、秦培春编剧）、《搭错车》（王延松编剧）、《十五桩离婚案的调查剖析》（刘树纲编剧）、《一个死者对生者的访问》（刘树纲编剧）、《WM》（王培公编剧）等。这一系列"探索剧"，在艺术形式方面打破了斯坦尼斯拉夫斯基模式长期统治中国剧坛的单调局面，在舞台时空的自由性、演员表演的

---

① 高行健：《对〈野人〉演出的说明与建议》，载《十月》，1985 (2)。

假定性、观演交流的剧场性等方面都做出了卓有成效的探索。但同时剧坛上也出现了一些为先锋而先锋的哗众取宠的现象，还有一些过分加大内容上的哲理性而轻视艺术形象塑造的创作倾向，难免再度造成观众新鲜感消失后对剧场的疏离，因此"探索剧"热潮在 1985 年后很快走向低迷。

80 年代中期以后，以独特视角阐释现实人生的剧作更受欢迎，这些剧作中，传统的写实主义创作方法与现代主义表现手法走向融合，使话剧舞台又呈现出新的发展态势。《狗儿爷涅槃》与《桑树坪纪事》的上演轰动中国剧坛，被认为是新时期以来戏剧探索走向成熟的标志。《狗儿爷涅槃》（刘锦云编剧，刁光覃、林兆华导演）以现代意识烛照传统，通过一个饱经忧患、痴迷土地的农民在四十多年来农村世态变迁中的遭际，揭示中国式农民独特的文化心态。对民族心理的剖析与反思，彰显剧作在思想艺术上的深刻性。剧作采用叙述体结构，在叙述主体狗儿爷的回忆和幻觉中展开其一生与土地的生死纠葛和心路历程。现实主义、表现主义等多元融合的艺术表现手法，凸显了该剧表演与导演艺术上颇有成效的创新。《桑树坪纪事》（朱晓平编剧，徐晓钟导演）以史诗性的眼光透视 60 年代西部农民的生存状况，也是一部现实主义戏剧，但又不是传统意义上的现实主义戏剧。它在表现形式和舞台艺术处理上，汲取新时期以来戏剧艺术探索的各种成功经验，融汇多种舞台手段，如运用歌队、舞队的叙述手段制造间离效果。运用富有象征意味的民间仪式，传达出丰富的文化信息和深邃的历史反思，使舞台演出取得了震撼人心的戏剧效果。这两部剧作都在写实与写意、现实与超现实、表现与再现的结合中，昭示出探索戏剧的巨大潜力。此外还有《黑骏马》（罗剑川编剧）、《寻找男子汉》（沙叶新编剧）、《荒原与人》（又名《洒满月光的荒原》，李龙云编剧）、《中国梦》（孙惠柱、费春放编剧）、《商鞅》（姚远编剧）等一批优秀剧作，这些剧作既追求丰富的思想内涵，又在演剧形式创新方面兼收并蓄——既继承现实主义戏剧美学传统，又借鉴现代主义表现手法，实现了内容与形式探索的整体跨越，体现了当代探索戏剧的新流向。

新时期戏剧探索不仅在话剧领域展开，**戏曲界亦在探索风潮的涌动中展开了"内容上熔铸剧作家的现代意识和主体意识，形式上则寻求'剧'的彻底解放"**①**的艺术探索与实践。**出现了川剧《潘金莲》（魏明伦编剧）、《田姐与庄周》（徐棻、胡成德编剧），京剧《洪荒大裂变》（习志淦编剧）、《曹操与杨修》（陈亚先

---

① 郭启宏：《传神史剧论》，载《剧本》，1988（1）。

编剧)、《膏药章》（余笑予等编剧），湘剧《山鬼》（盛和煜编剧），莆仙戏《新亭泪》（郑怀兴编剧）、《秋风辞》（郑怀兴编剧），淮剧《金龙与蜉蝣》（罗怀臻编剧）等一批带有探索性色彩的作品。新时期戏曲领域探索的成就突出表现在剧本文学层面，这得益于一批锐意创新的戏曲剧作家，他们在创作上力求突破传统戏曲主题范式和思维方式的束缚，在文化观照、哲理思辨层面实现了对传统戏曲文本平面化、单向度格局的超越。

总体来看，80 年代探索戏剧家们通过纷呈嬗递的舞台试验，在戏剧观念和形态上对传统话剧进行了彻底的反叛和解构；对戏剧叙述性特征的重新挖掘，对戏剧表现手段的种种探索，催生了戏剧新的富有活力的叙事方式，使戏剧获得了艺术表达上的更大的自由。这些无疑对中国当代戏剧改革具有积极的影响。在探索精神感召下，当代戏剧样式呈现出一种多媒介总体融合的趋势，舞台面貌日新月异；相应地，表导演的艺术创造在当代戏剧实践中的地位日益凸显，以舞台性思维进行创作越来越成为当代剧作家写作的一种趋势，因而剧本文学形态也在舞台形式革新的牵动下发生了深刻变革。90 年代先锋戏剧继续在形式实验之路上开拓创新，努力将舞台综合推上一个更新的境界；然而先锋戏剧实验在形式技巧领域下的功夫远远大于剧本内涵的开掘，使当代戏剧出现了"唯形式"、"精神矮化"的现象。

后　记

中国现当代文学史的编写，自 20 世纪 80 年代以来一直是学术界热议的话题。在这个领域里既有丰硕的收获，也有绵延不断的讨论与质疑。撰写一部理想的中国现当代文学史，也一直是学术界同仁和高校专业建设的努力方向。不过，"完美"似乎依然遥远。近年来，人们所谈论的有关中国现当代文学史编写的问题却越来越多——要么是越写越厚，要么是越写越深，要么是越写越个人化、圈子化。学科共识淡化，阐释方式繁多，教师学生无所适从，以至于中国现当代文学史的课程，教师讲起来没劲，学生说起来头痛。这种现象让我们深感忧虑。

为此，在编写之初我们就反复想过，迄今为止，中国现当代文学史已出版了几百部，我们有无必要再写？如果写，我们的特色应该有哪些？我们是否应该编写一套简约、通俗、实用而又清爽的文学史？

基于以上考虑，我们确定了本教材的一些编写要求：

1. 本教材的适用对象首先是一般师范院校、新世纪以来升为本科的地方院校以及独立学院的中文系学生，其次是自学考试的学习者和文学爱好者。

2. 为了适应上述院校对汉语言文学专业学生的培养要求和一般自学者的知识需求，本教材采用现当代合为一体的方式。确立文学史简约原则，追求对中国现当代文学的经典化处理。基本内容以代表性作家作品分析为主，突出作家的特点与贡献。大力缩减作家生平、创作历程和文学史知识性等内容，对中国现当代文学史实施最大限度的简约化。

3. 本教材在具体撰写过程中，力求简洁明晰，深入浅出，以大众化的表达方式为主，注重可读性。

4. 对作家作品的文学史定位，力避拔高、虚饰、重复及个人化偏嗜。评价节制，戒除过度阐释。对作家作品作特征解读，点到为止，为教师讲授多留余地。

5. 本教材分为上、下两编，上编为"中国现代文学"，下编为"中国当代文学"。每编各 5 章，分别是概要、小说、诗歌、散文、戏剧文学。上编各章以作家分节，下编各章按"创作类型"设节。

6. 本教材同时编辑了相配套的作品选本《中国现当代文学经典选读》。作品选本辑有所选作家的简传，借此使同学们对作家活动能有一个简要而全面的了解。

值得一提的是，在学习和研究中国现当代文学发展史时，应尊重和遵循文学发展规律，时刻把握文学评判的正确方向。优秀文艺作品反映着一个国家、一个民族的文化创造能力和水平，衡量一个时代的文艺成就最终要看作品。党的二十大报告指出，我们要"坚持以人民为中心的创作导向，推出更多增强人民精神力量的优秀作品"。习近平总书记也强调，要运用历史的、人民的、艺术的、美学的观点评判和鉴赏作品。这就要求我们实事求是地审视作品的艺术质量和水平，也要客观辩证地思考文学现象和文学思潮，以正确的立场为出发点，坚守创作以人民为中心的原则，更深入地理解中国现当代文学发展的历史进程，以及中国文学的未来方向。

本教材的撰写分工如下：

上编：

第一章：席扬；

第二章第一节：谢刚；第二节、第五节：陈灵强；第三节老舍：金晔；第三节沈从文：谢刚 蔡登秋；第四节赵树理：席扬；第四节张恨水：薛昭曦；

第三章第一节、第二节、第三节艾青：任毅；第三章第三节穆旦：巫洪亮；

第四章第一节：黄科安；第二节朱自清、第三节、第四节：古大勇；第二节冰心郁达夫：席扬 薛昭曦；

第五章：林婷。

下编：

第一章：方维保；

第二章第一节：龚奎林；第二节：曹书文；第三节：余竹平；第四节：张文民；第五节：张喜田；

第三章第一节、第三节、第四节：巫洪亮；第二节：江少英；

第四章第一节：薛昭曦；第二节：席扬 刘文辉；

第五章：林山。

各位参编者为教材的完成付出了辛劳，在此表示真诚的谢意。

　　全书的编纂体例、大纲、具体要求和文字通稿工作由主编席扬完成，因此教材中的各类问题均应由主编负责。教材难免存在不少问题、讹误和缺漏，敬请大家批评。

席扬